麦读
MyRead

走向上的路　追求正义与智慧

献给阿夫纳（Avner）

司法 裁量

JUD ICIAL

DISCRETION

〔以〕阿哈隆·巴拉克　著
（**Aharon Barak**）

孙海波　孙嘉奇　译

中国民主法制出版社
全国百佳图书出版单位

序　言

　　本书探讨的是法官的审慎，即他必须在自己司法工作的框架内，从多种行动方式中作出选择。我并不打算处理有关这一主题的所有内容，因为这点必定是一项艰巨的任务。它将涉及整个司法功能的运行。我的关注相对有限。它不包括法官得出结论的整个思考和权衡过程。它涉及的是法官在思考和权衡各种要素之后，仍发现自己面临着多种选择可能性，且所有的可能性都是合法的。我想回答的问题是这样的：当法官面对有不止一个合法解决方案的法律问题时，他应该如何进行司法裁量？

　　然而即便如此，这个框架也太过宽泛。法律问题可能是指事实问题（约翰是否以每小时 60 英里的速度驾驶汽车？），它也可能是指规范的适用问题（约翰在特定情况下是否过失驾驶？），或者可能是指规范本身的性质问题（什么是过失？）。在本书中，我主要从最后一个角度来讨论相关的法律问题，即：法官在"疑难案件"中如何裁量？在这些案件中，法官面临着关于法律规范本身所蕴含的多种合法可能性，他应该作何选择？

　　以下是此类问题的例子：在无法发现具体立法目标的情况下，法官应该如何解释具有多种语词含义的制定法规则？法官是否应该偏离先例？他是否应该承认一项新的义务或权利？他应该如何填补制度中的漏洞（lacuna）？

　　这些难题在司法裁判过程中具有非常重要的意义。有时，它们的答案决定了整个制度的方向和特征。这些问题位于每个制度发展的十字路口。它们确立了稳定与变革之间的平衡。解决这些问题的内在困难在于，在特定冲突的决定（裁判）与一般规范的制定（立法）之间始终存在着紧张关系。司法的职能要求法官关注具体冲突中的各方以及它们之间冲突的性质。立法职能则需要关注整个制度的一般规范秩序、司法部门的机构性问题以及不同政府机构之间的相互关系。我曾说过，当事人希望解决他们之间的特定冲突。但是，裁决疑难案件的法官不仅要考虑具体的个案，他还必须考虑到过去及其与过去的融合，以及未来及其对发展的期望。这三重目标很难实现。因此，解决疑难案件也很困难。

法官在疑难案件中如何进行司法裁量呢？本书的观点是，司法裁量不是绝对的，司法裁量是有限的。其限制来自总体的规范体系、司法部门之间的机构性问题以及各机关之间复杂的关系网络。考虑到所有这些因素，就可以从中筛选出一些裁量的可能性。有时只剩下一种可能性，有时则筛选得并不完整，会留下多种可能性。法官必须客观行事，但他别无选择，只能根据个人经验和作为法官的世界观作出决定。因此，本书的论点是，归根结底，在疑难案件中，法官的司法哲学是其经验和世界观的产物，这些要素决定着他的选择。本书试图描述通往法官司法哲学的各种路径。同时试图说明，法官在运用自己的理念之前，必须走过漫长的道路。有时，他并不需要这种哲学，因为客观的标准可以解决所面临的问题。但有时，在疑难案件当中，法官——仅凭自己和自己的世界观——会采取某些立场，并根据这些立场和世界观来判决案件。本书试图揭示这一过程。

我不是一名哲学家。我的专业领域不是法理学。我是一名法官，我的专业领域是司法裁判。法理学是关于法的理论，这与关于裁判的理论是两回事。然而，二者之间存在着密切的联系，这尤其体现在疑难案件当中。本书旨在帮助法官形成其作为法官的世界观，本书并不包含具体问题的解决方案。它不是立法或判例法的汇编。它致力于构建一个适当的司法世界观模型。这是一种纯粹的个人尝试，因为要在有限的个人经验的基础上构建一个全面的论题无疑困难重重。在我能够接触到的范围中，我会试着处理有关这一主题的文献。由于缺乏哲学训练以及对欧陆语言掌握得不够充分，我的任务变得更加艰巨。从一开始，我就没有把构建一套哲学模型作为自己的工作目标。我的工作处于规则与现实、理论与实践、裁判哲学与裁判行为之间的细微缝隙之中。它的目的是使作为行动者的法官能够处理在其工作中出现在他们面前的难题，这些难题迫使他们权衡作为其司法工作基础的各种考量要素。

这本书不是关于以色列法律的。也不是关于以色列法官的，它涉及的是一般的法律和裁判。问题具有普遍性，每个法律体系中都会存在司法裁量的现象。司法裁量权的使用会引发一些共同的问题。因此，我使用了许多国家和不同司法辖区内的法律材料。当然，尽管问题是共同的，但解决方案却可能有差异。不同国家的法官进行裁量的方式也可能有所不同。因此，我的确尝试提出在任何国家法官都应考虑到的不同因素。这些考量因素是共通的，但各国在平衡这些因素时可能会有所不同。司法裁量的使用应融入国家的总体文化。因此，我自己在疑难案件中进行司法裁量的方式与我在自己国家（以色列）担任法官的亲身经历密切相关。

我对疑难案件中司法裁量的兴趣可以追溯到我作为一名法科学生的时代。在阅读一个案件时，我不止一次发现，自己既同意多数人的意见，也同意少数人的意见。这让我感到非常惊讶。不是每个法律问题都只有一个合法的解决方案吗？为什么多数意见和少数意见所提供的解决方案在我看来都是合法的呢？作为一名法学教师，我进一步研究了这个问题，区分了合法的解决方案和适当的解决方案。但我经常会遇到这样的问题，什么是适当的解决方案，在形成该解决方案时应考虑哪些要素？作为以色列的总检察长，我看到了政府部门（立法、行政与司法）的行为。我意识到，如果解决方案出自其中的一个部门，那么它不一定适合另一个部门。每个部门的机构性问题和部门之间的相互关系问题都会影响其解决方案的明智性。如今，我已经成为最高法院的大法官，所有这些都成为摆在我面前的实际问题。我必须为每个问题提供解决方案，避免其再次成为问题。突然间，我发现自己面对的都是疑难案件，而我和我的同事们都肩负着妥善解决这些案件的个人责任。一个不适当的解决方案可能不仅会伤害到案件的当事人，也会影响到整个司法系统。它可能会损害公众对司法的信任。个人责任感会变成一种压力。我开始重新思考事物的根本性一面，并对司法过程的本质产生了怀疑。我不得不有意识地给自己一个交代，我在做什么，为什么要这么做。为此，我总结了自己的经验。

现在我觉得我已经到了自我总结的阶段，我想把我的思考公之于众，并把它们倾倒入智识抗争的熔炉之中。我的想法是邀请大家进一步思考司法的功能。这些关键点并不是新的，它们是对旧观念的翻新，似乎每一代人都必须重新评估司法的功能及其问题。

我的话先是说给我的同事们听的，他们和我一样，遇到了只有依凭司法哲学才能提供答案的棘手法律问题。归根结底，只有法官们才能确定我的方法是否有用。一套好的理论真正的检验标准在于它在现实中兑现的程度如何。然而我的话并非只针对法官。法官并非在真空中工作。他需要在有当事人的冲突中作出裁决，而当事人本身也有律师。我的话也是对他们说的，并希望通过他们对公众和其他律师们表达。本书的读者也包括立法部门和行政部门的政策制定者。我的话是说给有一定学识的人（learned person）听的，尽管他可能缺乏法律分析的工具，但他对裁判所必须面对的基本社会问题却很敏感。然而，最重要的是，我的话是说给我在法学院中的好友、老师和学生们听的。从他们身上，我汲取到了学习的欲望、质疑的需要和承认错误的愿望。我希望通过对司法裁量之性质的重新研究，更好地理解司法职能、司法判决和司法过程。即使我的观点不能被接受，我也希望这些观点以及反对这些观点的意见能够推动对司法过程的思考。也许今天看来不正确的东西，明天就会有不同的看法。好的想法——其实就像美酒一样——会随着时间的推移而提升其品质。

在我看来，我在学术界（作为一名法学教授）和实务界（作为总检察长）的经历构成了这一研究的必要条件。然而，我撰写此书的决定性理由其实与我的司法工作有关。从这个角度来看，本书是献给各个法院的所有法官的，尤其是献给我在以色列最高法院的同事们的，以及那些不再担任法官但仍渴望从书本中汲取知识的人们。

司法裁量是本书的核心。我勾勒了一些思路，以指导法官解决棘手的法律问题，因为这些问题有不止一种合法的解决方案。我基本的出发点是，在有些情况下，法官可以在若干行动方案中以裁量的方式作出选择，而此时所有的方案都是合法的。本书的第一部分专门探讨了这一点。如果不完成此一探讨，继续研究如何进行司法裁量就没有意义。该论点基于这样一种假设，即尽管司法裁量是有限的，尽管是狭义的，尽管只发生在少数情形中，但其仍是存在的。本书的第二部分就以存在有限司法裁量这一假设为基础，指出其意在对各种可能性进行选择。在这一部分中，我试图揭示出法官在进行司法裁量时必须权衡的主要考量因素。在最后一部分中，我试图在实践中运用我的方法，同时探讨其对未来裁判的影响。

　　本书是我 1987 年在以色列出版的《Shikul Daat Shiputy》（希伯来语：שיקול דעת שיפוטי，司法裁量）的译本。希伯来语版的文本篇幅更大一些；其中包含有三个额外的章节，分别涉及宪法解释、法律解释和一般法律概念的适用。此处引用的资料来源并未对希伯来语版的文本进行更新，因此该英文译本仅引用了 1986 年之前出版的作品。除第九章外，其他内容此前均未以英文形式出版过，尽管其中的一些曾在以色列的法律评论和纪念文集（festschrifts）中发表过。其中，关于推翻先例的第九章发表在 1987 年《以色列法律评论》（*Israel Law Review*）上。

　　我要感谢所有为我撰写本书提供帮助的人。特别要感谢希伯来大学法学院的院长伊扎克·恩格拉德（Izhak England）教授，以及哈佛大学法学院的院长詹姆斯·沃伦伯格（James Vorenberg）教授、耶鲁大学法学院院长哈利·威灵顿（Harry Wellington）教授和圭多·卡拉布雷西（Guido Calabresi）教授。正如我过去、现在和未来的所有著作一样，我所无法偿还的主要"债务"都来自我的引路人（master）和老师贾德·泰代斯基（Gad Tedeschi）教授，是他教会了我如何思考法律。我还要感谢我的父亲，是他教会了我做人的道理。最重要的是，我要感谢艾莉卡（Elika），没有她的支持和帮助，这本书将永远无法面世。

第一部分

司法裁量的本质

第一章

司法裁量的特征

一、理解司法裁量的困难

对于一般公众、律师界、法学教师以及法官本人来说，司法裁量在很大程度上是个谜。[1] 爱德华兹（Edwards）法官曾这样描述了该现象，他说：

> 人们可能会认为，在法律现实主义运动半个多世纪后的今天，我们对行使"司法裁量权"的现象已经作了非常详尽的研究，因此在准备研究更具有争议性的问题时，只需顺带提及即可。然而，事实证明并非如此。不仅司法立法（judicial lawmaking）仍然神秘莫测，而且令人惊讶的是，无论是法律界内部还是外部，都有大量的人以各种形式质疑这种活动的合法性。[2]

虽然行政裁量一直是学界广泛研究的话题，[3] 但却鲜有研究和著作专门探讨法官裁量的问题。[4] 司法裁量仍然深陷未知领域，

---

〔1〕　See A. Miller, *The Supreme Court: Myth and Reality* 11 (1978).

〔2〕　Edwards, "The Role of a Judge in Modern Society: Some Reflections on Current Practice in Federal Appellate Adjudication," 32 *Clev. St. L. Rev.* 385, 388 (1984).

〔3〕　See K. Davis, *Discretionary Justice* (1969).

〔4〕　But see A. Paterson, *The Law Lords* (1982).

笼罩在神秘的面纱之下,〔5〕甚至连它的哲学基础都不甚明了。〔6〕

　　我们对司法裁量缺乏了解似乎有几个原因。首先,大多数法官不会解释他们是如何行使裁量权的,而法官之外的人也经常缺乏关于法官如何行使裁量权方面的信息。用费利克斯·法兰克福特(Felix Frankfurter)大法官的话来说,就是:

　　　　法官们似乎不太有能力深入地分析自己所从事的活动,这要么是因为他们缺乏批判性阐述的技术(art),要么是因为不允许他们这么做。事实上,法官们在讲清楚自己尽心竭力所做之事的性质方面,还做的少得可怜,而且我还想补充一句,那些非法官人士撰写的文章往往是一种自信的夸张,而不是对最高法院司法过程的洞察。〔7〕

　　其次,一些关于法律的哲学理论并不涉及法院。这些哲学理论忽视了司法裁量问题,在法律领域也不重视它。〔8〕再次,其他承认司法过程中心地位的哲学理论在讨论它时不允许使用任何规范性的方法,这就阻碍了司法裁量理论的形成。因此,举例来说,英国普通法中所接受的宣告理论(declaratory theory),即法官在不创造法律的情况下宣告法律,并不关注司法裁量,原因在于这种理论并

---

　　〔5〕　See Mason, "Myth and Reality in Supreme Court Decisions," 48 *Va. L. Rev.* 1385 (1962).

　　〔6〕　See B. Cardozo, *The Growth of the Law* 144 (1924).

　　〔7〕　F. Frankfurter, *Of Law and Men* 32 (1956).

　　〔8〕　Such as Kelsen's doctrine. See H. Kelsen, *The Pure Theory of Law* 194 (trans. W. Ebenstein, 1945).

不承认司法能够创制法律。另一方面，美国法律现实主义者[9]以及新法律现实主义者[10]，认识到了司法过程的中心性以及司法裁量在该过程中的中心地位，但对这些学派而言，裁量在很大程度上是一件主观的事情。这种世界观排除了对司法裁量采取科学方法进行研究的可能性。

以上因素虽然有助于解释人们为何对司法裁量话题所知甚少，但并不能证明我们有理由这样。事实上，许多论者现在都承认法律中的司法裁判活动[11]和裁判活动中的司法裁量具有十分核心的地位。[12] 孟德斯鸠（Montesquieu）认为法官不过是重复立法规定的喉舌，[13] 人们已经不再接受这种观点，"机械性"司法的日子一去不复返了。[14] 尤尔·萨斯曼（Yoel Sussman）提到了这一点，他说：

> 在孟德斯鸠的眼中，法官是这样一种形象，他善于在立法森林中寻找到前进的道路。但他的观点存在着一个公认的错误，他认为这些道路总是存在的，法官们所有的才能仅仅在于找到这些道路。孟德斯鸠并没有意识到，有时立法机关根本就

---

[9] See J. Frank, *Law and the Modern Mind* 357 (Anchor Book ed., 1963); White, "From Sociological Jurisprudence to Realism: Jurisprudence and Social Change in Early Twentieth-Century America." 58 *Va. L. Rev.* 993 (1972).

[10] Singer, "The Player and the Cards: Nihilism and Legal Theory," 94 *Yale L. J.* 1 (1984); Unger, "The Critical Legal Studies Movement," 96 *Harv. L. Rev.* 561 (1983).

[11] See G. Calabresi, *A Common Law for the Age of Statutes* (1982); R. Keeton, *Venturing to Do Justice* (1969).

[12] H. L. A. Hart, *The Concept of Law* 121 (1961); J. Raz, *The Authority of Law* 180 (1979).

[13] C. Montesquieu, *The Spirit of the Laws* ch. 6, 226 (trans. Nugent, 2d ed., 1752).

[14] See Pound, "Mechanical Jurisprudence," 8 *Colum. L. Rev.* 605 (1908).

没有标明这些道路，而法官自己必须标明它们。[15]

在这种背景下，司法裁量问题的重要性便与日俱增了。这种裁量的特性是什么？司法裁量的适当限度是什么？它如何与权力分立理论以及政体的民主性质相适应？司法裁量与司法客观性和法治（法治的前提基础在于某人因违反规范被绳之以法前规范就已经存在）相容吗？这些问题在拥有刚性和成文宪法的法律体系中尤为重要，因为在这种法律体系中，法院对宪法的解释在形式上就视同宪法自身的一部分。在解释宪法时，什么样的司法裁量才是适当的？在民主制度的背景下，维护裁判正当性的同时，如何确保稳定性和灵活性？如何确保法官的个人观点不会左右他们对宪法规范的解释？在解释常规制定法的框架下也会出现类似的问题。因此，随着人们对制定法解释兴趣的增加，对司法裁量问题的兴趣也在相应增加。这种与日俱增的兴趣也源于新近的哲学研究，该哲学理论否定存在着"强式"司法裁量。[16] 比如说，罗纳德·德沃金（Ronald Dworkin）教授认为，对任何法律问题都存在着唯一正确的答案。这种理论没有给司法裁量留下任何余地。这种观点能接受吗？

我注意到，司法裁量一直是人们鲜有研究和着墨的话题。然而，我们现有为数不多关于司法裁量的研究中包括了一些最重要的

〔15〕 Sussman, "Some Observations on Interpretation," *Rosen Book* 154 (1962).

〔16〕 See Dworkin, "Judicial Discretion," 6 *J. of Phil.* 624 (1963); R. Dworkin, *Taking Rights Seriously* 81 (1977); Sartorius, "The Justification of the Judicial Decision," 78 *Ethics* 171 (1968).

著作。[17] 理解司法裁量的基石是本杰明·卡多佐（Benjamin Cardozo）大法官的三部曲：1921 年《司法过程的性质》、1924 年《法律的成长》以及 1928 年《法律科学的悖论》。卡多佐的著述依然是任何有关司法过程本质的研究方法的"乌陵和土明"* ——启示与真理。[18] 人们一定要注意到，哈特（H. L. A. Hart）教授和德沃金教授[19]对让人们更好地理解疑难案件中的司法裁量作出了重要的贡献。他们的著作，以及回应他们的理论[20]所出现的文献［主要是约瑟夫·拉兹（Joseph Raz）］教授的理论[21]，为我自己理解在疑难案件中运用司法裁量的方式铺平了道路；在理解司法裁量之于法律过程的重要意义方面，我们还必须提一下哈特（Henry Hart）和萨克斯（A. Sacks）两人 1958 年合写的著作《法律过程：法律制

---

〔17〕 See O. Holmes, "The Path of the Law," 10 *Harv. L. Rev.* 457（1897）; Pound, "The Theory of Judicial Decision," 36 *Harv. L. Rev.* 641, 802, 940（1923）; Friedmann, "Legal Philosophy and Judicial Lawmaking," 61 *Colum. L. Rev.* 821（1961）; Weiler, "Two Models of Judicial Decision-Making," 46 *Can. Bar. Rev.* 406（1968）; Landau, "Rule and Discretion in Law-Making," 1 *Mishpatim* 292（1968）; Witkon, "Some Reflections on Judicial Law Making," 2 *Isr L. Rev.* 475（1967）.

* Urim Ve Tummim：乌陵和土明是古代希伯来人用来显明上帝旨意的一种预言媒介，原意分别为"光"和"完全"，引申为"启示与真理"。——译者注

〔18〕 See *supra* note 12; Hart, "Positivism and the Separation of Law and Morals," 71 *Harv. L. Rev.* 593（1958）.

〔19〕 See *supra* note 16, and *infra* notes 84, 86, 87, 91.

〔20〕 See Greenawalt, "Discretion and Judicial Decision：The Elusive Quest for the Fetters that Bind Judges," 75 *Colum. L. Rev.* 359（1975）; Greenawalt, "Policy, Rights and Judicial Decision," 11 *Ga. L. Rev.* 991（1977）; Wellington, "Common Law Rules and Constitutional Double Standards：Some Notes on Adjudication," 83 *Yale L. J.* 221（1973）; N. MacCormick, *Legal Reasoning and Legal Theory* 195（1978）.

〔21〕 Raz, "Legal Principles and the Limits of Law," 81 *Yale L. J.* 823（1972）; Raz, *supra* note 12.

定和适用的基本问题》（暂定版）。

因此，总的来说，司法裁量主题并不是我们必须制造的一个无中生有的问题。相反，我们充其量不过是要重组某种已经存在的"东西"。摩西·兰道（Moshe Landau）法官下面的这段话与我们当前的主题不谋而合：

> 看来，就像所有前代人一样，我们这一代人所能做的就是重组我们为数不多的基石（这些基本的法律概念在法律思想长河中从一开始就广为人知），并使整个结构适应法律领域之外的社会和经济发展。如果在这个过程中取得了一些进展，那最多是以一种更为精密，或许更为复杂的方式对同样的现象进行审查，以适应我们社会和经济生活的复杂性。[22]

那么，让我们来谈谈重新组织这些基石的任务。

二、界定司法裁量

研究司法裁量的性质必须从其定义入手。这绝非易事，因为裁量这一术语的含义不止一个，在不同的语境下实际上有不同的含义。[23]一些作者对分析该术语感到绝望，并建议不要使用它。[24]然而，我们必须拒绝这个建议，因为裁量的概念对于理解司法裁判过程而言至关重要。

在我看来，裁量权是指赋予一个人这样的权力，他有权在两种或更多备选方案中作出选择，而每种选择都是合法的。萨斯曼大法

---

〔22〕 Landau, *supra* note 17, at 292.

〔23〕 See Isaacs, "The Limits of Judicial Discretion," 32 *Yale L. J.* 339 (1922); R. Pattenden, *The Judge, Discretion, and the Criminal Trial* 3 (1982).

〔24〕 See Isaacs, *supra* note 23, at 340.

官提到了这个定义，他说，"裁量意味着在不同的可能解决方案中进行选择的自由"[25]。哈特和萨克斯也提出了类似的定义："裁量权指在两种或两种以上的行动方案中作出选择的权力，其中每种方案都被认为是允许的。"[26]那么，司法裁量权指的是法律赋予法官在几种方案中进行选择的权力，其中每种选择方案都是合法的。当然，这个定义假定法官不会机械地行事，而是会权衡、反思、获得印象、检测和研究。[27]然而，这种有意识地运用思考力量的做法并不能定义司法裁量。它只表明法官必须如何在其裁量的框架内行事。事实上，根据定义，司法裁量既不是一种情绪状态，也不是一种精神状态。相反，它是一种法律的状态，在这种状态下，法官可以在多种选择方案中自由地选择。哪个地方存在司法裁量，法律就好像在说，"到目前为止，我已经确定了法律规范的内容。从现在起，轮到法官你了，你来决定法律规范的内容，因为我（法律体系）无法告诉你该选择哪种解决方案。"这就好像法律的道路走到了一个路口，在没有清晰而明确的标准指引的情况下，法官必须决

〔25〕 F. H. 16/61 *Registrar of Companies v. Kardosh*, 16 P. D. 1209, 1215.

〔26〕 See H. Hart and A. Sacks, *The Legal Process: Basic Problems in the Making and Application of Law* 162 (Tentative Edition, 1958). See also C. Radcliffe, *Not in Feather Beds* 271 (1968).

〔27〕 泰代斯基认为："解释不是一个机械过程，甚至也不是一个心理过程。它是对他人思想——规范性思想——的重构，如果我们处理的是法律解释的话，它根本不能与将物质从一个容器倒入另一个容器相提并论，也不能与在镜子或照片中反映图像相提并论。解释是将他人的思想复制到我们精神生活的范围内，而这只能通过我们的思维过程来完成。"See Tedeschi, *Legal Essays* 1 (1978). See also Levy, "The Nature of Judicial Reasoning," 32 *U. Chi. L. Rev.* 395, 396 (1965). 据雷丁（Radin）教授提供的描述，法官只是一台在投币后给出结果的机器，这并不能反映司法过程，即使在最不言自明的案件中也是如此。See Radin, "The Theory of Judicial Decision: or How Judges Think?" 11 *A. B. A. J.* 357 (1925).

定走哪条路。

（一）选择自由：狭义裁量和广义裁量

裁量是指在几种合法选择中进行选择的自由。[28]因此，当只存在一种合法选择时，裁量就不存在了。在这种情况下，法官必须选择该选项，他没有选择的自由。在一个合法行为与非法行为之间作出选择时，不涉及裁量的问题。法官必须选择合法行为，而不得选择非法行为。另一方面，裁量假定没有义务在几种可能性中选择某一种特定的可能性。裁量假定存在几种选择，其中法官有权选择最吸引他的那一种。用卡多佐法官的话说：

> 其他情形提供了一个真正的选择机会——不是在两个决定之间作出选择，其中一个可以说几乎肯定是对的，另一个几乎肯定是错的，而是一个平衡得如此之好的选择，一旦宣布，就会出现一个新的对和错。[29]

因此，裁量假定存在着一个可能性的区域（zone of possibilities），而不仅仅是一个点。裁量的基础在于开放给法官诸多选项来选择。它建立在这样一个基础之上，即存在一个真正的分岔口。法官站在那里，被迫作出选择，而不是被要求选择其中一条或另一条道路。卡多佐法官以其形象丰富的风格描述了这个过程：

> 有两条道路，尽管通向不同的目标，但每一条都是开放

---

[28] See Rosenberg, "Judicial Discretion of the Trial Court Viewed from Above", 22 *Syracuse L. Rev.* 635, 636 (1971): "如果裁量一词向法律人传达了任何坚实的核心含义，一个高于一切的中心思想，那就是选择的思想。" 这就是卢埃林所说的"裁量余地之法"（the Law of Leeways）。See K. Llewellyn, *The Common Law Tradition: Deciding Appeals* 219 (1960).

[29] Cardozo, *supra* note 6, at 58.

的。对于旅行者来说，这个岔路口并没有被横在岔道上的一个"此路不通"（no thorough fare）的路标而挡住。他必须聚精会神，鼓足勇气，一往无前，祈祷自己走进的不是埋伏、泥沼和黑暗，而是进入安全、空旷和光明之道。[30]

合法选择的范围可能很窄，因为法官只能在两种合法选择之间自由选择。或者，比如当法官面对许多合法的选择方案或者组合的选择方案时，合法选择的范围可能相当大。从这个意义上讲，我们可以区分出狭义的裁量与广义的裁量。当然，这种划分只是相对的。

（二）司法裁量与法律共同体

我注意到，当在合法可能性与非法可能性之间进行选择时，不存在裁量。这一要求的意义在于，无论法官选择哪一个选项，每一个选择在该体系框架内都是合法的。因此，决定选择的不是执行选择之可行性的有形标准，而是由执行合法性的法律标准所决定的。[31] 并不是选择使得选项合法；相反，选择是基于这样一个事实，即有关的选项是合法的。[32] 因此，法官没有裁量权去选择一个不合法的替代方案，即便他的选择可能不会遭受质疑，即使该决定（如果是最高法院的决定）站得住脚并使其他人承担义务。我们必

10

---

　　[30]　Cardozo, *supra* note 6, at 59.

　　[31]　另一方面，戴维斯（Davis）教授对裁量定义如下："只要公职人员的权力受到有效限制，使其能够自由选择采取或不采取行动，那么他便拥有裁量权。"在解释这个定义时，作者指出："裁量权不仅限于授权或合法的事项，而且还包括处于公职人员权力'有效界限'之内的一切事项。这种措辞是必要的，因为大量的裁量行为是非法的或合法性存疑的。"参见 Davis, *supra* note 3, at 4. 我不接受这种看法。当其中一个选择不合法时，即使在实际中可能被选中，也不存在选择它的裁量权。

　　[32]　See G. Gottlieb, *The Logic of Choice* 117（1968）.

须区分实现某一特定结果的权力和这样做的权威（authority）。[33] 只有当法官所选择的每一种方案从制度角度来看都是允许的，他才享有选择的自由。根据这种方法，只有当每一种备选方案都合法时，才存在裁量。运用裁量的法律问题不只存在一个合法的解决方案，而是同时存在多个合法的解决办法。正如史密斯（S. A. de Smith）教授所说："说某人拥有裁量权，前提是他要解决的问题没有唯一正确的答案。"[34]

正如我们将看到的，[35] 德沃金教授认为，在我们所使用的"裁量"这一术语的意义上，法官并没有裁量权，因为在他看来，每个问题——即使是最疑难的问题，都只有一个合法的解决方案。就我们的目的而言，"裁量"一词假定，存在这样一个法律问题，该问题有不止一种合法的解决方案。正如我们将要看到的，这些都是疑难的问题，因此，裁量只存在于棘手的案件中。[36]

这就产生了一个重要的问题：如何确定法官面前所作的选择具有合法性？法官主观地认为有关选择是合法的，仅凭这一点当然是不够的。那么，如何检验选择方案的合法性呢？这并不是一件容易的事。我们并没有一块合法的试金石（a legal litmus paper），用它来帮助我们计算在法律上具有多大可能的合法性。法律并没有开发出精确的仪器或先进的实验室工具，来决定什么是允许的，什么是禁止的，什么是合法的，什么是非法的。尽管如此，有这样一种可能，每一位睿智的法律人都能轻易地认定该选择是合法的，与此同

---

〔33〕 See Sartorius, *Individual Conduct and Social Norm* 283（1975）.

〔34〕 S. de Smith, *Judicial Review of Administrative Action* 278（4th ed. , 1980）.

〔35〕 后文第 93 至 102 脚注及相应文本。

〔36〕 我从德沃金教授那里学到了"疑难案件"这种表达，他对这个词有"版权"。See R. Dworkin, *supra note 16, at 81.

时，另一些可能的解决方案，任何法律人都能够立即明白是非法的。在这两个极端之间，还存在着一些可能性，睿智的法律人可能会对其合法性程度存在分歧。我建议将睿智的法律人或法律共同体[37]的标准，作为确定一种可能性选择是否合法的标准。法律共同体是一个特定状态下法律人集体的职业面貌。[38]如果法律共同体认为这一选择是合法的，并且法律共同体对这一选择的反应并不是震惊和不信任，那么这种选择就是合法的。如果法律共同体认为这种选择是非法的，并且认为睿智的法律人不可能选择这个选项，那么这种选择就是非法的。一个法律人如果选择了这个选项，就等于"推翻了书面文字，实际上是把白天叫作黑夜，而把黑夜当作白天"。[39]

当然，这个标准并不精确。在这两个极端之间还存在一些情形，法律共同体内部对此存在分歧。我们不能把这些情况称为非法，就像我们不能说他们是合法的一样。事实上，正是裁判本身将决定这些可能的合法性。可以肯定的是，法律共同体这个术语也不精确，而且，正如我们所看到的，许多边缘案件没有明确的解决办法。不过，这并不妨碍我们使用这个术语。理性人（reasonable person）这个术语不够精确，但它却构成了我们许多法律的基石。事实上，我们无法避免在具有广阔不确定性的领域中工作。随着时间的推移，我们有可能对这个术语加以改进，这个术语本身也会随着时间的推移而发生变化。无论如何，就检验司法裁量而言，我认为

---

〔37〕　至于"法律共同体"与"解释共同体"，可参见 Fiss, "Objectivity and Interpretation", 34 *Stan. L. Rev.* 739 (1982).

〔38〕　See Greenawalt, "Discretion and Judicial Decision", *supra* note 20, at 386; J. Bell, *Policy Arguments in Judicial Decisions* 24 (1983).

〔39〕　Cheshin J. in H. C. 1/50 *Grosman v. The Military Prosecutor*, 4 P. D. 63, 70.

这种检验是恰当的。因此，我们可以说，当法律共同体认为一个法律问题有不止一种合法解决方案时，就存在司法裁量。反过来说，如果法律共同体认为一个特定法律问题只有一种合法解决方案时，司法裁量就不存在。当法律共同体出现意见分歧的情况下，法官可酌定是否存在司法裁量。

这种法律共同体的标准，目的是使法官意识到有必要区分他的主观性观点（subjective views）和他生活及工作的社会中的法律观念。但与此同时，法官无须通过民意调查来确定法律共同体的观点。每个法官都必须自己作出决定。然而，在这样做的时候，法官绝不能表现出其自身的独特性或例外之处。相反，他必须表达自己生活和行动的社会（共同体）的基本观念。他必须从远处观察自己。因此，法律共同体标准只是本书基本前提的另一个方面，根据这一前提，法官必须客观地行使司法裁量。法律共同体是描绘这一客观概念的一种方式。

（三）总结：形式合法性区域

司法裁量预设了一个合法可能性（lawful possibilities）的区域，每一个可能性在制度背景下都是合法的。根据定义，超出这一区域外的任何选择都是非法的，法官没有选择与否的裁量权。人们要求他不要选择这种可能性。因此，裁量定义了一个合法性的形式区域（a formal zone of legitimacy）或形式合法性的区域（the zone of formal legitimacy）。这个区域标志着存在裁量的可能性与根本没有裁量的可能性之间的边界，尽管这个边界可能并不精确。法官只有在该区域的边界内才能行使裁量权。对于每一个行使裁量的权力，都存在一个类似的区域，无论是立法机关（在宪法框架内行事）还是行政机关（在宪法、法律和规章的框架内行事），均是如此。尽管如此，司法机关对其行动的形式合法性问题还是特别敏感，因为它有权力和责任确定其他机关行动的合法性。在这个问题上，司法部门表现出高度谨慎和严格的自我要求是理所当然的。谁批评别人的行为，谁就必须对自己的行为进行严格的自我批评。

三、司法裁量的客体

（一）事实，规范的适用，以及规范本身

我们将司法裁量定义为赋予法官在多种合法选择中进行选择的权力（power）。这些选择是什么？原则上，它们可以指三种情况。[40]首先是事实。司法裁量从一系列事实中选择其认为在冲突中作出决定所必需的事实。第二个领域涉及一个特定规范的适用。司法裁量从规范提供的不同适用方法中选择其认为适当的方法。裁量的第三个领域是规范本身的确立。司法裁量从各种规范可能性（normative possibilities）选择其认为适当的方案。

（二）司法裁量与事实

司法裁量的第一个领域涉及确定事实。例如，这种裁量指的是 X 在 Z 时间是否出现在 Y 地点的问题。这种裁量可以说是司法程序中最重要的，因为提交给法院的大多数争议都只涉及事实。事实上，法官的典型角色是根据既定的规则来确定案件事实。由此，法院系统为社会提供服务的关键在于授权确定事实。在绝大多数争议中，双方当事人对法律或其适用并没有争议，它们之间唯一的分歧在于实际上发生了什么。在这一点上，他们无法达成一致，解决冲

13

---

[40] See J. Stone, *Social Dimensions of Law and Justice* 674 (1966).

突的唯一办法是交给一个客观和独立的第三方，由它来决定事实并由此得出结论。这项工作主要由初审法院完成，其主要的职能就是确定事实。

法官在确定案件事实时是否享有裁量权？这个问题可能会让读者大吃一惊，因为在外行人看来，就像体育比赛中的裁判一样，[41]法官唯一的裁量权在于对事实的确定。据此而言，法官在确定事实时拥有裁量权，甚至具有广泛的裁量空间。在这里，裁量权一词拥有一种心理内涵（mental connotation）：法官应该研究和权衡，同时行使相信或怀疑的权力。[42]但是，在我们使用这个术语的意义上，法官是否拥有裁量权，即他能否在两个或多个合法的结果之间作出选择？这是一个棘手的问题，因为它与关于现实本质的哲学和心理学辩论有关。是否存在法官简单地"发现"（finds）或"揭示"（uncovers）的事实，或者根本不存在客观现实，而是由法官来"创造"（invent）和确定事实？[43]如果只有一种"真正的"（real）或"真实的"（true）现实存在，那么法官是否有任何裁量权，或者他是否有义务选择这个现实，并将其确定为事实以解决冲突？这些问题都至关重要，但对它们的考虑并不在本文的讨论范围之内，因为我们的讨论主题是规范层面上的司法裁量，而非事实层面的司法裁量。

14

---

〔41〕 See Hughes, "Rules, Policy and Decision Making", 77 *Yale L. J.* 411, 414 (1968).

〔42〕 See W. Greene, *The Judicial Office* 10 (Holdsworth Club, Presidential Addresses, 1938).

〔43〕 See J. Frank, *Courts on Trial* (1949).

(三) 司法裁量与规范的适用

第二类裁量涉及在将特定规范适用于一组给定事实的若干备选方法中进行选择。通常情况下，法律规范赋予法官在其规范框架内确定的不同行动方案中进行选择的权力。这种权力的授予可能是明示的，就像规范实际上是以裁量的形式来表述一样。授权也可能是默示的，诸如规范涉及标准（例如过失或合理性），或目标（例如保护国家、公共秩序、儿童的最大利益），或价值（例如正义、道德）。在这些情形下，当事人各方可能会对事实达成一致，比如说，相关行程的速度是 X，时间是 Y，地点是 Z。他们也可能对规范的内容达成一致。由此，各方都同意，确定行为合理性的标准就是理性人的标准。他们之间的冲突在于如何将这一规范适用于事实。在这个例子中，分歧在于，在此种情形下，司机的行为是否是不合理的或存在疏忽的。

在这种情况下，法官的工作是一种具体化（concretization）的活动。他将规范性法令"转化"（translates）到眼前的具体案件中。萨斯曼大法官对此作过这样的讨论：

> 法律是一种抽象的规范，只有法院的判决才能将立法机关的规则转化为一种强制施加给公众的义务性行为。法官赋予法律真实而具体的形式。因此，可以说，制定法最终以法官赋予的形式得以具体化。[44]

这些情形，包括需要决定如何将一项规范适用于一组特定的事实，绝不是罕见的。我们时常可以看到，制定法的措辞明确赋予法

---

[44]　Sussman, "The Courts and the Legislative Branch," 3 *Mishpatim* 213 (1971).

15 院裁量权。[45]这样做的理由在于需要个别化（individualization）。人
们无法预先知道未来会发生什么，立法机关试图授予法院"裁量
权"以实现制定法的目标。关于这类立法是否可取，以及我们个别
化所付出的"代价"是否过高，一直争论不休。卡姆登勋爵（Lord
Camden）曾尖锐地批评过这种裁量观，作出了如下有名的论断：

> 法官的裁量是暴君的法律；它总是未知的，因人而异；它
> 是随意的，取决于体制（constitution）和激情（passion）。在最
> 好的情况下，它往往有时是反复无常的；在最坏的情况下，人
> 性所犯的每一种恶习、愚蠢和疯狂都是罪魁祸首。[46]

即使人们不同意这种悲观的看法，但毫无疑问，赋予法院裁量
权来实施法律的具体化，在具备优势的同时，也存在一些弊端。[47]
这些弊端主要来自无法预测行使裁量权将会导致的结果，因此司法
的确定性和长远规划的能力都会受到影响。

在第二类情形中，法官有裁量权吗？读者可能会对这个问题感
到吃惊。当法律明确规定法官拥有"裁量权"时，还会有人怀疑法
官享有裁量权吗？但有时，法律中规定的裁量权只是该术语心理意
义上的裁量权，并不构成我们所界定的裁量权。事实上，问题在于
法官是否有权在几种可能的方式中选择如何将特定规范具体化。我

---

〔45〕 See Dugdale, " The Statutory Conferment of Judicial Discretion ", (1972)
N. Z. L. J. 556; Wexler, " Discretion: The Unacknowledged Side of Law," 25 *U. Toronto
L. J.* 120 (1975); Finlay, "Judicial Discretion in Family and Other Litigation", 2 *Monash
U. L. Rev.* 221 (1976); Burrows, "Statutes and Judicial Discretion," 7 *N. Z. U. L.
Rev.* 1 (1976).

〔46〕 这段引文，参见 Isaacs, *supra* note 23, at 343。

〔47〕 See Atiyah, "From Principles to Pragmatism: Changes in the Function of the Ju-
dicial Process and the Law," 65 *Iowa L. Rev.* 1249 (1980).

将在适当的时候处理这个问题。

(四) 司法裁量与规范本身

第三种裁量涉及有关规范本身的不同选择。这种情形在许多典型的情况下都会出现。

首先，有时存在一个既定的法律规范，难点在于如何确定它的范围。这个既定的规范可能是制定法规范，问题在于要解释该规范的范围。例如，《以色列民事侵权行为条例》（Israeli Civil Wrongs Ordinance）[48] 规定，只要"一个理性人在这种情况下应该考虑到在通常情况下可能会受到的影响"，那么就存在一种对所有人的注意义务。这条规则的适用范围是什么?[49] 它是否要求个人有义务将他人从危险中解救出来？它是否要求国家机构在行使政府权力时不得玩忽职守？要不是医生出于同样的疏忽，一个孩子就不会出生，那么是否该为医生规定一项不得疏忽的义务?[50] 既定的规范可能是普通法规则，在这种情况下，问题涉及判决理由的范围。普通法中合理行事（act reasonably）的义务是否包括有效行事（act efficiently）的义务？在所有这些情况下，都有一个既定的法律规范，而且问题都涉及对规范适用范围的解释。其次，有时我们会发现相互矛盾的规范。法官必须确定是否存在矛盾，并优先考虑其中的一种规范。第三，有时存在一项法院并不赞同的普通法规范，这时就会出现法院是否应该偏离该规范并推翻它的问题。在其他情况下，法院

16

---

〔48〕 Sec. 36 of the *Civil Wrongs Ordinance* (New Version).

〔49〕 See J. Fleming, *The Law of Torts* (6th ed. , 1983); J. Smith, *Liability in Negligence* (1984).

〔50〕 "错误出生"问题。以色列最高法院规定医生对儿童及其父母负有责任，参见 C. A. 518/82 *Zeitzoff v. Katz*。

必须通过选择一种规范来填补法律真空或漏洞。

问题——也是所有问题中最难的一个——是在第三类情形中，法官是否拥有裁量权。是否存在这样一种情况，法官面临两种规范性可能，而每种可能性在制度背景下都是合法的？正如我们已经说过的，有些人认为不存在这种裁量，即使在疑难案件中也不存在裁量，因为他们声称，每一个法律问题都有一个正确的解决方案。正如我所指出的，我不同意这种观点，我在下文会进一步讨论这个问题。

（五）司法裁量的各种客体之间的区别

17　我谈到了司法裁量的三个客体：事实、规范适用以及规范本身。第一种裁量涉及相对于规范的事实；第二种裁量涉及相对于事实的规范；第三种涉及规范本身以及规范性体系的其他部分。司法裁量三个客体之间的界限是模糊的。困难在于，我们没有准确的工具来确定什么是事实，什么是规范，以及它们之间的界限在哪里。此外，法官在形成自己的法律观点（哪怕只是初步的看法）之前，是无法确定事实的，因为事实的数量是无限的，他必须只关注那些由法律决定的相关事实。然而，法官在对事实采取立场之前，即使只是作为第一印象，也是无法确定法律的，因为法律的数量很多，他必须专注于适用的法律，这是由事实的性质决定的。因此，规范与事实之间存在着密切的联系。[51] 通过内在的相互依赖，共同受制于司法裁决。规范筛选事实，只关注那些相关的事实。事实归整规范，只关注适用的规范。因此，把法官的形象描述为只处理事实，这是一个神话。法官必须同时关注事实与规范。

---

〔51〕　See J. Cueto-Rua, *Judicial Methods of Interpretation of the Law* 25（1981）.

　　有时，司法裁量的三个对象会合并成一个司法判决。以是否允许父母撤销其将子女送人收养的同意为例，《以色列儿童收养法》（1981 年）规定，撤销收养须经法院裁量决定，[52]这一裁量以被收养者的最佳利益原则为指导。[53]在这种情况下，法官必须确定与儿童福利相关的事实（第一种裁量）。如果不确定"被收养人的最大利益"一词的含义，法官就无法做到这一点：这些利益是指儿童的短期利益，还是指法官必须考虑的长期利益，以及在二者发生冲突时应如何平衡（第三种裁量）。法官必须确定在他面前的情况下，被收养人的最大利益要求是什么（第二种裁量）。正如我们所指出的，所有这些都是在一项司法裁决中完成的，不同的阶段相互交织。尽管如此，有时还是无法避免各阶段之间的明显区别。因此，法院可以使用一套标准来审查行政部门关于事实或法律适用问题的决定，而在审查法律问题时则采纳另一套标准。[54]

四、司法裁量的范围

（一）有限裁量与绝对裁量

　　我区分了狭义的裁量和广义的裁量。这个区分指向了法官可以选择的合法选项的数量：当论及狭义的裁量时，可选择的数量很小，尽管从未低于两个；当裁量是广义的时，可供选择的数量就很多。另一种不同的区分考虑的是法律对实施裁量的主体在各种选项（无论是广义还是狭义）中进行选择时给予的指导和限制程度。这种区分涉及的不是选项的数量，而是被授权方在现有选项中进行选

18

---

〔52〕　Sec. 10 of the Child Adoption Law (1981).

〔53〕　Sec. 1 (b) of the Child Adoption Law (1981).

〔54〕　See L. Jaffe, *Judicial Control of Administrative Action* 572 (1965).

择的自由程度，包括形式和实质两个方面。这种区分侧重于在选择各种方案时必须考虑的程序和实质性检验。裁量这个术语的定义是在多种合法选项中所作的自由选择，这要求存在一个区域，授权方可以在各种选项中自由选择；如果这样的区域不存在，裁量就会消失。然而，这一选择领域的范围可能会有所不同。当考虑范围和决策过程几乎没有限制时，那么被授权人在选择方案时可以考虑的事项就会很多。当决定的方法、因素的数量和性质由行使裁量权的人主观确定时，他可以根据他喜欢的任何考虑因素，以他认为的最好方式作出决定，此时，我们说权力拥有者行使的是绝对的裁量权。

另一方面，当考虑因素的数量和性质不是由拥有裁量权的人主观决定的，也不允许他以他认为合适的方式作出决定，而是在决定的形式和可能考虑因素的范围方面受到限制时，我们说被授权人只有有限的裁量权。[55]

(二) 司法裁量从来不是绝对的

法官没有绝对的裁量权。在法律范围内每次裁量权的行使——无论是立法、行政还是司法部门——都会受到法律的限制。根据法律行使的裁量权从来都不是绝对的。即使一项制定法声明（statutory pronouncement）明确规定其所授予的裁量权是绝对的，也可以将这种裁量权解释为[56]要求权力享有者按照某些程序行事（例如举行听证和不偏不倚地作决定），并以这样一种方式实现其权力所依

---

〔55〕 See MacCormick, *supra* note 20, at 251.

〔56〕 因此，原则上是可以建立绝对的裁量权的。我认为，根据法律行使的裁量权从来都不是绝对的，这是一种解释性认定。如果立法机关只说裁量权是绝对的，这就被解释为有限的裁量权。但立法机关可以超越这一点，明确规定绝对裁量权不受限制。这也需要解释，但忠实的解释者会赋予其源于立法目的的全部含义。

据的立法目标。副首席大法官西蒙·阿格拉纳特（Shimon Agranat）
在"卡多什诉公司注册局"（H. C. 241/60, *Kardosh v. The Registrar
of Companies*）一案[57]中发表的有关行政裁量的观点，同样适用于
司法裁量：

> 一般原则是，每个行政机构都必须在法律赋予其相关权力
> 的目的的四个方面内行事；这一规则也适用于它可以行使"绝
> 对裁量权"的权力。因此，如果法院发现这类权力的适用——
> 与赋予行政机构的裁量权一样宽泛——与制定法的目的无关
> 时，法院将进行干预，除非制定法明确规定它不能这样做。[58]

在重新审理卡多什案时，最高法院的判决意见也遵循了同样的
原则。萨斯曼法官写道：

> 但是，赋予行政机构的裁量权——即使是绝对的——也总
> 是与该机构必须履行的职责有关，即该机构被授权根据其裁量
> 权行事的行政任务；选择的自由度虽然很大，但永远不会是无
> 限的。[59]

　　　　　　　　　　　　　　　　　　　　　　　　　　20

法院在"卡哈内诉以色列议会主席等人"（H. C. 742/84, *Kah-
ane v. The Chairman of the Knesset et al.*）一案中强调了同样的原则，
我在判决中说道：

> 事实上，制定法中的裁量权既可能是广义的，也可能是狭
> 义的，但总是有限的。提供给决策者的可能性可能很多，也可
> 能很少，但是从中作出选择的自由从来都不是无限的。因此，

---

[57]　15 P. D. 1151.

[58]　At 1162.

[59]　F. H. 16/61, *supra* note 25, at 1216.

法律确保个人的自由……这些原则适用于从制定法声明中获得效力的每一项裁量权。这些原则适用于行政部门每个官员的裁量权。这些原则适用于司法部门的每一位官员。这些原则适用于立法部门的每一位官员。[60]

因此，司法裁量权的效力始终来自法律——无论是立法机构通过的宪法或制定法，还是普通法——它从来都不是绝对的。事实上，正如我们害怕行政领域的绝对裁量一样，我们也惧怕司法领域的绝对裁量。当法律同时对行政、立法和司法裁量权施加限制时，法律的光辉时刻就到来了。用威廉·道格拉斯（William Douglas）大法官常说的话来说，"绝对裁量，就像腐败一样，标志着自由终结的开始"。[61]他在另一个案件中进一步阐述了这个观点：

> 当法律将人们从某些统治者、文官或军官、官僚的无限裁量权中解放出来时，它就达到了最辉煌的时刻。当裁量权是绝对的地方，人们总是受苦受难……绝对的裁量权是无情的主宰。它对自由的破坏比人类的任何其他发明都要大。[62]

即使是最绝对的裁量权，也必须限制在创制它的法律框架内。任何司法机构的司法权威都不是绝对的。每个法院（尤其是最高法院）的司法权力总是有限的。

（三）司法裁量作为一种有限的裁量

正如我所表明的那样，司法裁量权并不是绝对的。在各种可能性中如何选择，以及在选择过程中可以考虑哪些因素，并不是由法

---

[60]　39 P. D. (4) 85, 92.

[61]　*State of New York v. United States*, 342 U. S. 882, 884 (1951).

[62]　*United States v. Wunderlich*, 342 U. S. 98, 101 (1951).

官主观决定的，法官也无权以自己认为合适的方式作出决定。[63]

换句话说，法官在选择各种可能性的方式（程序性限制）和在选择时考虑的因素（实质性限制）方面，都会受到限制。正如曼斯菲尔德（Mansfield）勋爵所指出的：" 当法院运用裁量权时，意味着合理的裁量要接受法律的指导。它必须受规则的调整，而不是受情绪的支配；它不能是任意的、模糊的和异想天开的，而必须是合法的和合乎规律的。"[64] 首席大法官约翰·马歇尔（John Marshall）对法官享有的裁量权采取了类似的立场：

> 当说他们行使裁量权时，这仅仅是一种法律的裁量权，是在发现法律规定的过程中行使的裁量权。一旦发现了法律的规定，法院就有义务遵守。司法权的行使向来不是为了实现法官的意愿，而总是为了实现立法机关的意愿，或者换句话说，是为了实现法律的意志。[65]

这些都是需要具体化的一般性陈述。卡多佐大法官的话可以提供一种更具体的方法：

> 既然有选择的自由，又该如何引导选择呢？完全的自由——不受约束、不受指引——从来都不存在。即使我们认为自己可以自由自在，但仍有成千上万的限制——这些限制有些是制定法的产物，有些是判例的产物，有些是模糊的传统或古老技术的产物——仍然会包围和限制着我们。专业意见不可捉

---

[63]　See Lord Scarman in *Duport Steels Ltd. v. Sirs* [1980] 1 All. E. R. 529, 551："法律制度在赋予法官裁量的广度上各不相同；但在发达社会中，总是设定了法官不得超越的限度。在这样的社会中，即使是经验丰富的圣人，也不能坐在无垠的橡树下，任由其无所指引的伸张正义。"

[64]　*R v. Wilkes* (1779) 4 Burr. Rep. 2527, 2539.

[65]　*Osborn v. The Bank of the United States*, 22 U. S. 738, 866 (1824).

摸的力量像大气层一样压在我们身上，尽管我们没有注意它的分量。分配给我们的任何自由充其量都是狭小的。[66]

他在其他地方补充道：

> 法官即使是自由的，也不是完全自由的。他不能随意创新。他不是侠客，不能随心所欲地追求自己对美或善的理想。他要从神圣的原则中汲取灵感。他不能屈服于一时冲动的情绪，不能屈服于模糊和不受约束的仁慈。他要行使的是一种以传统为依据、以类比为方法、以制度为约束的裁量权，并服从于"社会生活秩序的基本需要"。在所有良知中，裁量的领域是足够宽广的。[67]

哈特教授也谈到了对司法裁量的限制：

> 在这一点上，法官可能会再次作出既不武断也不机械的选择，并经常表现出特有的司法美德，法律裁决的特殊机会（special opportunities）解释了为什么有些人不愿意将这种司法活动称为"立法"。这些美德包括：在考察备选方案时保持公正和中立；考虑到谁的利益将会受到影响，并考虑部署一些可接受的一般性原则作为合理的决策依据。[68]

因此，主要有两类限制：程序性限制和实质性限制。

（四）有限的司法裁量：程序性限制

法官如何在众多的选项中作出选择，并不是由他任意裁量的。

---

[66] Cardozo, *supra* note 6, at 60-61.

[67] B. Cardozo, *The Nature of the Judicial Process* 141 (1921).

[68] Hart, *supra* note 12, at 200.

他必须遵循的程序和在此过程中必须表现出来的特征，都是受到限制的。[69]这些限制可以归入"公平"（fairness）这个总标题之下。这个过程的基本特征是不偏不倚性（impartiality）。[70]法官必须平等地对待各方，在审判过程中给予他们平等的机会。他不得在案件的结果中掺杂任何个人利益，无论这种利益多么微不足道。他必须给予各方陈述观点的机会。裁量必须基于摆在法官面前的证据。他的裁决必须有理有据。要求法官对其决定提供解释变得尤其重要。任何有撰写判决意见经验的人都知道这一点。一个想法占据了一个人的思维是一回事，将其用语言表达出来则是另外一回事。许多想法的失败，都是因为需要对其进行解释，因为它们只具备外在的力量，而事实证明，这些外在力量是无法找到依据的。说明理由的义务是法官行使裁量权所面临最重要的挑战之一。兰道大法官对此有如下描述：

> 法官通过使用裁量权裁判，绝不能成为武断的裁判。要避免出现这种危险，最好的办法莫过于对判决作出充分的解释。这种解释训练法官清晰地思考，并将他的理由——包括庞德（Roscoe Pound）提到的直觉思维——置于潜意识之上，公之于众，以便经得起上诉法院、专业人士和一般公众的批评考验。[71]

---

[69] 这个问题并非司法裁量所独有，它存在于每一种裁量中。See Summers, "Evaluating and Improving Legal Processes—A Plea for 'Process Values'," 60 *Cornell L. R.* 1（1974）.

[70] See Eckhof, "Impartiality, Separation of Powers and Judicial Independence", 9 *Scandinavian Studies in Law* 11（1965）; Lucke, "The Common Law: Judicial Impartiality and Judge-Made Law", 98 *Law Q. Rev.* 29（1982）; Hoeflich and Deutch, "Judicial Legitimacy and the Disinterested Judge", 6 *Hofstra L. Rev.* 749（1978）.

[71] Landau, *supra* note 17, at 303.

这些程序性限制对法官在法庭内外的行为都施加了限制。他在法庭上必须举止得体。他在法庭外的行为也必须得体。审判不是一种职业，而是一种生活方式。因此，法官在审判过程中必须与当事人及其律师保持距离。他必须以符合其司法职责的方式生活。用罗宾逊（Robinson）法官的话来说：

> 有权在正式审判程序中作出决定的法官，被赋予最高的荣誉和最重大的责任。那些承担这一司法角色的人，可能无法再像其他人那样自由地参与日常生活。他们对自己接受加入的司法系统负有责任，在必要时以牺牲"邻居、朋友和熟人、商业和社会关系"为代价来维护自己的正直（integrity）。这是他们在"当今时代"的"职责"，不愿作出牺牲的人不适合担任这一职务。[72]

由此产生了指导法官执行其司法职能的伦理规则，既包括成文的也包括不成文的规则。这些规则必须在对法官身份的限制和必须给予法官作为个人的自由之间取得平衡。在这种平衡中，必须注意不要夸大任何一方。过多的自由可能会影响司法程序的公正性。仅仅伸张正义是不够的；正义还须让人们看到已经得到了伸张。法官在玻璃塔中工作和生活。公众会关注他们在法庭内外的行为举止。无论谁在法庭外行事不当，都会失去公众对他在法庭内部行为得当的信心。然而，人们也不应该在另一个方面夸大其词，将他与他所生活的社会隔离开来。法官必须了解他所处社会中的情境（moods of the society）。他必须了解这个国家和它的各种各样的问题。因此，他必须与社会公众接触。我在一个案件中讨论了这个问题：

---

〔72〕 *Professional Air Traffic Controllers Org. v. F. L. R. A.*, 685 F. 2d 547, 599 (1982).

我们不应从一个极端走向另一个极端。我们不应在法官和他所处的社会之间筑起一道墙。法官是人民中的一员。有时，他身处象牙塔中，但这座塔在耶路撒冷的山上，而不是在希腊的奥林匹斯山上。法官是公民，好的法官必须是好的公民。他必须在社会建设中尽自己的一份力。[72a]

因此，法官承担非法律职能是适当的，尽管他必须将自己限制在不影响公众对司法系统信心的各式各样的活动中。

（五）有限的司法裁量：实质性限制（合理性）

司法裁量是否存在实质性限制？当然，法官必须根据公认的解释规则行事，根据与普通法系以及填补体系漏洞相关的规则行事。然而，当他这样做时，在这些规范的框架内，是否对司法裁量权的行使施加了实质性限制？因此，例如，法官会审查制定法规则的语言选择。他面临着立法目标的多种可能性。从这个阶段开始，体系规则是否对司法裁量的行使施加了限制？

这个问题绝不简单。答案取决于一个人对法律观念持有的哲学立场，以及他对法律推理和法官在社会中作用的看法。[73]人们对这些问题有不同的看法。自然主义者与现实主义者意见不同，这两个学派又与实证主义者的立场相左。所有人都同意，法官不能简单地抛硬币，并根据结果在各种可能性中作出决定。然而，对于法官可能权衡的各类因素，并没有统一的看法。有些人坚持认为，法官在作出裁判时应采用客观标准。另一些人则认为，应将作用空间留给法官的主观感受。对我来说，我没有接受过足够的训练，无法在不

25

〔72a〕　H. C. 547/84 *Caban v. Minister for Religious Affairs*, 40 P. D. (4) 141.

〔73〕　See Hart, *supra* note 12; J. Raz, *supra* note 12; MacCormick, *supra* note 20.

同哲学流派的争论中采取哲学立场。我只能表达我自己的观点，我个人的司法哲学，一方面是基于对各种哲学方法的研究，另一方面是基于我作为法官的经验。

在我看来，可以将实质性限制概括为这样一个结论，即法官有义务合理地行使他的裁量权。[74] 他必须像一个理性的法官根据案件的具体情况行事。[75]

对这一点的检验是客观的。当然，它的职责中包括禁止任意性，但其内容不止于此。这一决定的核心在于要求司法裁量是理性的，[76] 并有意识地考虑到规范体系的结构和发展，考虑创制与适用这些规范的司法机构的结构和发展，考虑司法部门、立法部门、行政部门之间相互关系的结构与发展。

有时，合理性的要求会指向单一的解决方案。在这些情况下，归根结底不存在裁量。然而，合理性的要求往往只会指向一个合理性区域。对合理性的考虑将产生一个广泛的区域，在这个区域内存在不止一种可能性。[77] 合理性本质上是一个过程，而不仅仅是一个结果。抛硬币可能会产生一个适当的结果，但我们不能把这个过程称之为是合理的。合理性是在几种合法的可能性之间运用客观裁判标准进行的有意识的智识斗争。有时，这些标准会指向不止一种可

26

---

〔74〕 正如我在某个案件中所说的："法官无权掷硬币。他无权考虑他喜欢的任何因素。他必须合理地进行审议。" See H. C. 547/84 *Off Haemak v. Ramat Yishai*, 40 P. D. (1), 113, 141.

〔75〕 See Pollock, "Judicial Caution and Valour," 45 *Law Q. Rev.* 293, 294 (1929).

〔76〕 See Freund, "Rationality in Judicial Decisions," in 7 *Nomos, Rational Decisions* 107 (C. Friedrich, ed., 1964); H. Slesser, *The Art of Judgment And Other Studies* 36 (1962).

〔77〕 See H. C. 547/84, *supra* note 74, at 141.

能。然后，法官的唯一义务就是从摆在他面前的各种可能性中选择他认为最好的一种。[78] 正如拉兹教授所说：

> 法院在其公认的立法权力范围内行事，而且应该像立法者一样行事，也就是说，他们应该采用自己认为最合适的规则。这是法院仅存的法律义务。之所以说这是一项法律义务，直接源于法律不允许法院任意行事，即使在制定新法律时也是如此。他们必须运用自己的判断力，以找到最佳解决方案。[79]

因此，法官在选择"他们认为最好的"可能性时使用裁量，是在"其立法权力公认的范围内"完成的。因此，应在合理性的范围内选择最佳的方案，而不是在合理性的范围之外作出选择。[80]

这种合理行事的义务——包括在合理性范围内选择最佳方案的义务——是否否定了司法裁量的存在？答案是否定的。合理性区域通常会产生多种可能性，以合理的方式在各种可能性中作出选择的义务并不强迫法官选择某一特定方案；相反，它为法官提供了多种可能性。因此，适用于两个类似案件的合理性标准不一定会导致相同的解决方案。两位理性的法官可能会有不同的意见，但他们采取的行动是合理的。根据合理性标准行事的第三个法官，可能会发现

---

[78] See Clark, "The Limits of Judicial Objectivity," 12 *Am. U. L. Rev.* 1, 10 (1963).

[79] Raz, *supra* note 12, at 197.

[80] 拉兹教授在引文中指出，法官必须像立法者一样行事。不过，他本人也强调，对司法裁量的限制可能导致法官得出的结果与立法者得出的结果不同。拉兹教授说（前注 12，第 193 页）："对法院制定法律的权力的限制以及法院在行使这种权力时必须遵守的法律义务的存在，可能会妨碍法院采用最佳规则，并可能迫使法院有时退而求其次。"在我看来，这样的说法难以成立，而且将问题提交立法机关可能会产生误导。法官和立法者可能都想达到"最佳"，但每个人的"最佳"都是不同的。立法机关的"次佳"就是法官的"最佳"。

自己陷入了真正的困境。造成这种情况的原因有很多。尽管合理性
原则要求法官考虑各种系统性因素，但它并没有明确地确定必须给
予这些因素多大的权重。因此，不同的法官可能会得出不同的合理
结果。在这里，我们承认了司法裁量的存在。[81] 肯特·格林纳沃特
（Kent Greenawalt）教授强调了这一点，他说：

> 我相信……当法官在有争议和复杂的道德和社会哲学理论
> 中作出决定时，每一种理论都能在我们的政府结构中找到一些
> 支持，法律界的所有要求，所有州和宪法条款的制定者都可以
> 合理地期望法官应合理和认真地选择他认为最合理的理论。如
> 果满足了这两个条件，我们就不会认为法官的行为应受指责，
> 这是一种典型的未能履行职责的后果，即使我们原本可以采取
> 不同的行动。[82] 至少在这个意义上，我们可以说，法官在面
> 对非常疑难的案件时拥有裁量权。

他在其他地方还说道："有责任认真作出决定，以及有正确决
定的外部标准本身并不足以表明缺乏裁量权。"[83]

因此，程序性限制（公平）以及实质性限制（合理性），无论
在选择决策的方式或可能考虑的因素的性质方面，都限制了法官的

---

[81] 麦考密克指出："因此，这种裁量权的确是有限的：它是一种裁量权，在
这些要求的范围内作出最合理的决定，这也是唯一的裁量权，无论它是否经常被滥
用或僭越（谁来监督监督者?），但尽管它只是这样一种有限的裁量权，它并不是德
沃金所说的'弱'意义上的裁量权，其中隐含着所有的意义。要求和维持裁量的理
论告诉我们以何种论证方式来证明一个决定的正当性，但它们并没有确定最终什么
样的决定是完全正当的。在它们这些理论中，可能会出现许多原则上可以解决的推
断性分歧的问题，但还有一个纯粹的实践性分歧的不竭余地。" See MacCormick, *supra* note 20, at 125.

[82] See Greenawalt, *supra* note 20, at 377.

[83] *Ibid.*, at 368.

选择自由。然而，即使在诉诸所有这些限制之后，仍然存在一些（当然数量不是很多）案件，法官可以在多种可能性中自由选择，而不受法律体系的指导。

五、问题——司法裁量存在吗？

虽然范围有限，但司法裁量确实存在。然而，这一结论受到了当代思想界中一支流派的整体质疑，他们认为，对于每一个法律问题，即使是最疑难的问题，都有一个而且只有一个合法的解决方案，为此法官必须采纳这种方法。根据这种观点，司法裁量是不存在的。持有这种观点的人当然都同意司法裁量权从来都不是绝对的，但他们进一步认为，根据同样的标准，它也不是有限的。在他们看来，根本没有司法裁量权（在我们所赋予的裁量的意义上），剩下的只是心理意义上的裁量权，也就是思考的行为。事实上，他们承认裁决行为不是一种机械活动，而是一种需要权衡和平衡的活动，但他们坚持认为，在这一个过程结束时，每个法律问题，尽管可能很复杂，都存在一个法官必须选择的合法解决方案。

（一）每个法律问题都有一个合法的解决方案

德沃金教授[84]和那些赞同其观点的人[85]认为，每个法律问题都有一个合法的解决方案。在他们看来，即使在疑难案件中，法官也永远无法自由选择所有在法律范围内的替代方案。根据这种立场，即使在疑难案件中，法律规范也会指导法官，迫使他选择其中一种可能性，而且只能选择那一种。因此，疑难案件并不疑难，其

---

〔84〕 See *supra* note 16, and Dworkin, "No Right Answer?" 53 *N. Y. U. L. Rev.* 1 (1978).

〔85〕 See Sartorius, *supra* note 16.

中的司法裁量也不是我们所使用的这个语词意义上的裁量。疑难案件是复杂的，需要研究和权衡，但在研究结束后，根据现有的规范准则，它们只有一个合法的解决方案。这种观点源于宣扬自由主义和自然权利的一般哲学立场。[86] 这种观点试图"认真对待权利"。[87] 这些权利并不是来自司法裁量，而是指导司法裁量。在疑难案件中，我们的权利并不掌握在法官手中；相反，在疑难案件中，法官必须承认我们的权利。根据这种观点，法律是一个封闭的体系，包含了解决所有难题的方案，没有给司法裁量留下任何空间。[88] 从这一点可以看出，这种立场与法律的宣告理论存在相似之处，根据该理论，法官不是"发明"或"创造"新的法律规范，而是"发现"和"揭示"现行法律已经承认的法律规范。

29

(二) 指导法官的法律规则

德沃金教授的立场是一种解释性的立场。[89] 其出发点是一个有待解释的文本——制定法或司法判例。可以肯定的是，以下两点他都同意：有一些疑难的文本会引起解释难题，并且有时候解释者会提出几种不同的解释可能性。但是他主张，解释者不能放弃，不能自行裁量决定。即便在这些疑难案件中，法律也会指导解释者在不同的可能性中作出选择，同时要求他选择一种特定的选项，并迫使他拒绝所有其他选择方案。法律给予解释者的这种指导是什么？德沃金在此区分了解释制定法的规范性方向与解释判例的规范性

〔86〕 Dworkin, "Liberalism", in *Public and Private Morality* (S. Hampshire, ed., 1978); Dworkin, "Natural Law Revisited", 34 *U. Fla. L. Rev.* 165, 168 (1982).

〔87〕 R. Dworkin, *supra* note 16.

〔88〕 See Dworkin, "Law's Ambitions for Itself," 71 *Va. L. Rev.* 173 (1985).

〔89〕 See Dworkin, "Law as Interpretation", 60 *Tex. L. Rev.* 527 (1982).

方向。

在制定法领域，德沃金倡导的规则是，法官必须对每项制定法进行解释，该解释能最好地实现原则和政策，以最大限度地证明其制定时作为一项政治创造的合理性。他写道：

> 制定法对法律的影响是通过以下问题确定的：在术语的抽象含义所允许的不同解释中，哪种解释最能促进一套原则和政策，这些原则和政策在制定法通过时能为他们提供最佳的政治证成。[90]

至于先例，法官必须遵循的法律规则是，他必须作出能最佳化地实现整个体系中既定原则的裁决。[91]

根据这种观点，法官在解释成文法时必须遵循的法律规范与他在解释先例时必须遵循的法律规范之间存在差异。德沃金说：

> 他对司法判例的"解释"在一个重要方面不同于他对制定法的解释。当他解释制定法时，他会确定（fix）一些原则或政策论证的制定法语言……根据立法机关的职责，这些论证能够为语言提供最佳证成。他的论证仍然是一种原则论证；他运用政策来确定立法机关已经创造了哪些权力。但是，当他"解释"司法判例时，他只会确定原则论证的相关语言，因为权利论认为只有这样的论证才能落实确立司法判例之法院的

30

---

〔90〕　Dworkin, *supra* note 84, at 68.

〔91〕　德沃金指出："但是，如果先例的力量是建立在公平要求始终如一地执行权利这一理念之上，那么赫拉克勒斯就必须发现适合自己的原则，这些原则不仅适用于诉讼当事人所关注的特定先例，也适用于其一般管辖权范围内的所有其他司法判决，甚至也适用于制定法，因为必须将这些制定法视为是由原则而非政策产生的。" See R. Dworkin, *supra* note 16, at 116.

责任。[92]

决定制定法解释的法律规范与决定司法判例解释的法律规范，二者之间的区别是双重的：一方面，就制定法而言，法官必须最大限度地落实证成该制定法的原则和政策。他无须考虑立法性法规（legislative enactments）的全部内容。就先例而言，法官必须考虑整个体系。另一方面，对制定法来说，必须同时考虑其背后的原则和政策，而对于先例来说，只须考虑原则，无须考虑政策。这种区别的原因源于德沃金的立场，根据该立场，判例从其内部辐射出可以通过类比依赖的原则，而制定法则仅限于其体系脉络。

（三）对德沃金观点的批判：存在司法裁量

已经有很多文章讨论德沃金的观点了。[93]他对司法裁量的立场源于他的法律立场及其持有的一般哲学观念，我无法对这些观念展开研究，因为我缺乏必要的工具。然而，在我看来，批判德沃金关于我们眼前这个狭隘问题（主题是司法裁量）的态度，一般性的研究并非必不可少。出于各种原因，我不接受他的观点。

首先，德沃金假定存在两种约束法官和解决疑难案件的法律规范。但他并没有证明这个假定。[94]对我来说，我不知道有哪个法律体系接受德沃金的两条规则。由此，举例来说，在我看来，并不是每个人都会同意存在这样一种解释规则，根据该规则，对制定法解释时，应使其在制定时具有最大的政治正当性。人们很难在法律文

31

---

[92] *Ibid.*, at 111.

[93] See *Ronald Dworkin and Contemporary Jurisprudence* (M. Cohen, ed., 1984).

[94] See Parent, "Interpretation and Justification in Hard Cases", 15 *Ga. L. Rev.* 99, 115 (1980).

献中找到支持这一观点的证据。我更倾向于说——甚至这可能是值得商榷的——我们必须这样解释制定法，使其能最佳地融入社会复杂的价值（原则、政策以及标准）体系中（比如法官在作出裁判时存在的价值），同时保持价值体系的融贯性和有机发展，并考虑裁判机关及机关之间的关系问题。至于德沃金关于先例的"解释性"规则，据我所知，没有任何规则规定法官必须考虑并落实原则体系，而不是体系中的政策。在这里，我也认为解释规则与立法方面的规则是相同的，也就是说，在对先例进行解释时，应使其最佳地与作出裁判时存在的社会价值观（原则、政策以及标准）相结合，同时维护价值体系的融贯性和有机发展，并考虑裁判机关及机关之间的关系问题。

其次，即使我们接受德沃金所提出的那种规则存在于一些法律体系中，也不会因此否定司法裁量存在于疑难案件中。他的这些规则本身就是法律规则。像所有法律规则一样，这些规则也需要解释。研究这些规则的人很快就会发现，这些规则本身就存在不确定性，而且适用这些规则的方法不止一种。因此，例如，关于"什么是原则"以及如何将其与政策区分开来的问题，已经有很多文章讨论了。[95]任何研究这些文献的人，都会被这种区分所涉及的许多问题感到震惊。德沃金著作中的一个关键表达是"最佳证成"（best justification）。如何界定"最佳"呢？

第三，解释这个术语变得清晰，又该以何种标准确定合法的解决方案呢？人们经常会发现，适用一个特定问题的一些原则之间相互冲突。原则往往是成对出现的。法官如何在对立的原则中作出决　32

---

　　〔95〕　See Raz, *supra* note 21；MacCormick, *supra* note 20；Hughes, *supra* note 41；Wellington, *supra* note 20.

定？这种情况下，难道他没有裁量权吗？此外，有时可能从同一原则中推导出与该原则最大限度一致的判决，但这些判决之间又相互冲突。如何解决这一冲突，为什么法官在解决这个冲突的过程中没有裁量权？事实上，德沃金本人和他的支持者似乎都意识到了这种可能性。他们的回答是，这类情况在数量上是微不足道的。[96] 然而，他们并没有为这个论点提供任何证据。在我看来，这些包含裁量的情形并不罕见。

第四，生活经验告诉我们（德沃金也认识到了这一点），不同的法官在适用相同的原则或政策时，可能会因为个人性格的差异而得出不同的裁判结论。然而，德沃金指出，法官必须自己作决定，从每个法官自己的角度来看，只有一个正确的解决方案。但事实并非如此。如果两位理性的法官根据同样的原则可以合理地得出不同的结果，那么第三个法官，他的人格构成是复杂的，结合两位同事的人格特征，他可能会发现自己陷入了真正的两难境地，无论他作出哪一种选择都是合法的。经验研究证实了这一点。例如，艾伦·帕特森（Alan Paterson）教授研究了 1972 年在上议院任职的法官以及 1957 年至 1973 年期间辞去法官职务但在上议院任职的法官的观点，由此得出的结论是，他们中的绝大多数人认为，在某些情况下，他们面临着一个真正的两难选择困境，即必须在几个选项中作选择，而所有选项都是合法的。[97]

---

[96]　See Dworkin, *supra* note 84, at 30; Sartorius, *supra* note 33, at 203.

[97]　See Paterson, *supra* note 4, at 194.

最后，在我看来，德沃金和那些赞同他的观点的人，[98]并没有 33
充分区分司法裁量的存在及其限制。德沃金说，法官无权权衡他喜
欢的每个因素，这一点他是对的。他不得专断或歧视；他必须公平
合理地行事。原则和政策会限制法官的裁量。[99]

然而，这并不意味着在满足这些条件之后，就只剩下一种解决
方案了。[100]正如我们所看到的那样，即使原则和政策要求法官承担
义务，他们也不会否定司法裁量，而是对其施加了限制。拉兹教授
对此作了如下讨论：

> 司法裁量的论点并不意味着在可以运用裁量的场合为所欲
> 为。此类案件受法律的调整，它会排除特定的决策。唯一的主
> 张是，法律不能确定任何裁判是正确的。[101]

在我看来，德沃金的错误在于，他从司法裁量的限制出发，得
出了并不存在裁量的结论。事实并非如此，正如泰代斯基教授写道
的那样：

> 制定法规则的存在，由于其模糊性，并不足以为每个问题

---

〔98〕 See Sartorius, "Social Policy and Judicial Legislation", 8 *Am. Phil. Q.* 160：
"一个'立法者'，如果无权诉诸任何其他预先确定的权威性法律标准来证成其决定
的合理性，那他就根本不是一个立法者。"我不同意这种说法。这样的立法机关尽管
不是一个全能的立法机关，但它仍然是一个立法机关。在宪法框架内行事的初级立
法机关，或在制定法框架内运作的次级立法机关，都受到标准的限制，但这并不否
认它们的立法性质。

〔99〕 See G. Gottlieb, *supra* note 32, at 110, 117.

〔100〕 See MacCallum, "Dworkin on Judicial Discretion", 60 *J. of Phil.* 638, 640
(1963).

〔101〕 拉兹认为："认为法官在决定结果时没有裁量权也是错误的，即使他们确
实有责任自觉地寻求尽可能好的结果，即使有某种最终的理论上的客观标准来确定
哪些结果是正确的。" See Raz, *supra* note 21, at 843；Greenawalt, *supra* note 20, at 386

都确定唯一正确的解决方案——即使忠实的解释者不得不将这些规则视为取消某些方案的资格。[102]

在这方面，人们可以将法官比作次级立法机关（secondary legislature）。次级立法机关也在特定的框架内运作，可供选择的可能性是有限的。制定法限制了考虑的范围。然而，在所有这些背景下，次级立法机关行使了裁量权。法官也是如此，他的裁量权是有限的，而不是绝对的。然而，在这些限制的范围内，裁量是存在的，因为你这些限制既不足够全面，也不足够明确，无法为出现的每一个问题提供答案。

34

六、在任何案件中都存在司法裁量？

（一）问题

我认为法律承认司法裁量，尽管是在有限的范围内。因此，我反对一些人的这样一种做法，他们认为每个法律问题都有一个合法解决方案，因此司法裁量并不存在。现在我们必须面对另一个挑战。假定司法裁量存在，那么它存在于哪些类别的案件中？根据我的观点，司法裁量只存在于那些我称之为的"疑难案件"中，这种主张对吗？还是说，司法裁量事实上存在于每一个司法裁决中？当然，对于那些像德沃金一样认为司法裁量根本不存在的人来说，这个问题根本不重要。然而，对于那些像我一样认为司法裁量存在的人而言，这个问题却很重要。对于那些持后一种观点的人来说，重要的是要知道他们是否认为司法裁量存在于每一个关于规范适用或规范本身的司法裁决中，或者即使按照他们的观点，司法裁量是否

---

[102] Tedeschi, *supra* note 27, at 41.

仅限于特殊情形或者疑难案件中的特殊司法裁决。

我的观点是，司法裁量并不存在于所有的司法裁决中，而只存在于部分情形。此外，大多数司法裁决，尽管它们总是包含思考、平衡和权衡的心理因素，但并不涉及司法裁量。这些案件是简单案件和中间案件。只有在少数司法裁决中，法官不仅要面临思考和权衡的心理状态，还要面对司法裁量。这些案件是疑难案件。因此，在那些认为每项司法裁决都涉及司法裁量的人和那些认为不存在司法裁量的人之间，我发现自己处于一个中间位置。根据我的立场，每项司法裁决都需要一种思考和权衡的心理状态。然而，在一些裁决中，简单案件和中间案件的裁决中，并不涉及司法裁量。在这些情形下，我同意那些否认存在司法裁量的人的观点，但我也并不完全赞同他们。在我看来，并不是所有案件都是简单案件或中间案件。事实上，我认为在一些司法裁决中，司法裁量是存在的，这些就是疑难案件。在这种情况下，我赞同那些认为司法裁决涉及司法裁量的人的观点。当持有这种观点的人坚持认为每一项司法裁决都涉及司法裁量时，我们就会分道扬镳，而在我看来，只有一部分司法裁决才涉及司法裁量。

此外，关于不同类型裁决之间的内部划分，我的观点是，大多数司法裁决不涉及司法裁量的问题。在我看来，绝大多数案件是简单案件或中间案件。只有少数的司法裁决涉及司法裁量。事实上，我认为这种关系对于保证法律制度的安全和稳定，同时允许变革和革新是至关重要的。

（二）每个案件中的司法裁量

我不知道是否有哲学家认为每一项司法裁决都涉及司法裁量。

当然，一些在欧洲（比如"自由法"运动[103]）和美国（比如"现实主义者"[104]）所接受的一些著名哲学方法，承认存在司法裁量。然而，在这些学派中，我并没有找到支持司法裁量存在于每一个案件的论点。如今在美国，一种新现实主义方法——批判法学——正日益流行。[105]这一哲学流派的学者认为，文本以及各种解释规则并不能得出一个单一的合法解决方案。相反，法官在其政治世界观的指导下，通过行使司法裁量权，可以赋予法律规范以意义。然而，我怀疑，即使是持有这种观点的人也会声称，在所有的情况下，所有规则都为司法裁量提供了依据。在以色列《机动车事故赔偿法》（1975 年）确立了使用机动车的绝对责任之后，任何有见识的律师能辩称马是机动车吗？尽管如此，在我看来，普遍接受的观点是，并不是每条法律规范在任何情况下都能产生司法裁量。事实上，任何其他观点都会导致混乱，阻碍正常的社会关系。[106]

并不是任何法律规范在每一种情况下都能产生司法裁量权。事实上，任何其他观点都会导致混乱，阻碍正常的社会关系。如果每条规则在每一种情形下都能创造司法裁量，那么任何人都将不会享有权利。这种情况是不可想象的。如果一个人无论其行为如何，都可以提出看似合理的理由，声称对方没有任何权利，那么谁还会愚蠢到履行合同、履行义务和合法行事呢？我们应该记住，在一个法

36

---

〔103〕 法语中的"自由科学研究"（Libre recherche scientifique）和德语中的"自由法学说"（Freirechtslehre），see J. Stone, *Legal System and Lawyers' Reasonings* 219（1964）。

〔104〕 See J. Harris, *Legal Philosophies* 83（1980）；Fullei, "American Legal Realism", 82 *U. Pa. L. Rev.* 429（1934）.

〔105〕 相关文献可参见 see Kennedy and Klare, "A Bibliography of Critical Legal Studies", 94 *Yale L. J.* 461（1984）.

〔106〕 See J. Raz, *Practical Reason and Norms* 137（1975）.

律体系中，法院只处理某一特定时间内法律体系中存在的法律活动的一小部分。如果那种认为不存在唯一合法解决方案的观点是正确的话，那么人们可能预期法院会被大量的诉讼挤破门槛，因为每一方都有一定的胜诉机会。这种立场会将法律生活的心理状态转变为一种病态的系统。事实上，正如医院之外有生命一样，法院之外也存在法律。大多数公民都遵纪守法，他们对什么是合法的、什么是非法的没有任何疑虑。大多数法律规范都不会引发任何争议，因为它们建立的秩序是明确、简单和众所周知的，没有合法反对意见存在的空间。

（三）简单案件

事实上，许多法律规范对特定事实体系的意义是如此简单明了，以至于它们的适用不涉及司法裁量。其中一些规范只需最粗略的研究和审查就能发现，就在冲突中作出裁决而言，司法裁量没有存在的余地。这些是简单案件。[107] 一旦《机动车事故赔偿法》（1975 年）确立了使用机动车的绝对责任，那么当要求法官裁定骑马和开车是否都构成使用机动车时，法官就没有裁量权了。对于前一种情况的否定回答和后一种情况的肯定回答，对每个律师来说都是显而易见的。它们是根据立法文本的目的，通过逻辑推导得出来的。不存在两种选择。只有一种可能性，只有一种合法的解决方案，法官必须选择这种解决方案。

我们不能从这种观点中得出结论，认为简单案件不需要解释。根据我的立场，法官只有在经过解释过程后才能得出他没有裁量权的结论。每一条法律规范都需要一个解释过程。正如泰代斯基教授

---

[107]　See Schauer, "Easy Cases", 58 *S. Calif. L. Rev.* 399 (1985).

所写的那样：

> "明确的情况下无须解释"（*In claris non fit interpretation*）：
> 虽然这句话不是古典罗马语，但却因其悠久的传统而备受推
> 崇，为全世界的法律人所熟知。然而，近几代的学者越来越认
> 识到，这句话中蕴含的观点，即规则——只要是"明确的"规
> 则，就可以不言自明，这过于肤浅了。除非我们吸收他人的想
> 法，除非我们提供构成解释过程的合作，否则他人的想法无法
> 在我们心中发挥作用；无论这种解释是困难重重、耗尽心力，
> 还是纯属儿戏。即使在后一种情况下，不管作出何种解释，正
> 是因为解释的轻松和自信，我们才能得出结论，认为有关的文
> 本或行为是明确的。我们引用的那句拉丁格言的观点并不比另
> 一种观点更正确，如果允许我们作这种类比的话，那种观点认
> 为清淡的食物不需要消化。因为即便在这种情况下，消化的难
> 易程度和速度也恰恰证明了食物的清淡。否则，这样的观点就
> 没有任何意义。[108]

在刑事上诉第 92/80 号"戈夫·阿里有限公司诉内坦亚地方规
划与建设委员会"（*Gov Ari Ltd. v. Local Council for Planning and Building, Netanya*）一案中，[109] 我写道："即使是最简单明了的规
则，也只有在我们有意无意地将其通过我们解释概念的熔炉之后，
才会以简单的样貌呈现在我们面前。"事实上，"制定法文字的含义
并非不言自明，而是需要解释。我们每个人无时无刻不在与解释打

---

[108] Tedeschi, *supra* note 27, at 1.
[109] 35 P. D. (4) 764, 769.

交道。每个文本都需要解释，每一个制定法都需要解释"。[110] 理解意味着解释。确定只有一种正确的解决方案，并不会推进或免除解释过程。它恰恰是解释过程的成果和结果。

因此，如果经过解释过程，解释得出明确的结论，认为他面前的争议只有一个合法的解决方案，那么这个案件就是简单案件。大多数此类案件的独特之处在于，解释者是通过无意识的解释过程得出其必然结论的，而这个过程在很大程度上是基于逻辑推理，并以制定法目标的明确目的（purpose of the statutory goal）为背景，得出的结论似乎是不言自明的。实际上，每一位有见识的律师在处理同样的问题时，都会立即得出相同的结果，而无须进行详细的审查，因为所涉及的问题只有一个合法的解决方案。如果法官得出不同的结果，那么势必会让人们感到吃惊。法律界会瞠目结舌，不禁要问，这位法官究竟怎么了，竟然会犯如此严重的错误，[111] 并会说他的判决"扭曲了书面文字，就像把白天说成黑夜，把黑夜说成白天"。[112]

在先例的背景下，同样也有简单案件。这种情况是指冲突完全受一个先例的调整，并且法官和法律界都认为该先例是正确的。在这种情况下，法官没有裁量权决定是否要偏离该规则。法院必须适用先前的规则，而在大多数情况下，法院会不自觉地这样做。有时，会引用裁决的名称，主要是为了简洁起见，避免详细阐述。阿尔弗雷德·维特康（Alfred Witkon）法官也区分了不同类型的案件，他讨论了这一点：

---

[110]　H. C. 47/83 *Tur Avir （Israel） Ltd. v. The Chairman of the Restricted Practices Board* 39 P. D. （1）169，174.

[111]　See Edwards, *supra* note 2, at 390.

[112]　H. C. 1/50 *supra* note 39, at 70.

其中一类案件完全不会引发问题，因为法官的观点与现有先例完全一致。在这种情况下，援引之前的先例并不一定是因为它具有约束力或说服力，而仅仅是为了避免重复而采取的简略表达。[113]

因此，在广泛的法律和生活领域中，法律规范（无论是制定法还是普通法）及其应用，并没有赋予法官在不同可能性之间进行选择的自由。[114] 对于每一位有见识的律师来说，这通常是直观的：在上述情况下适用规范 X，其含义是 Y，而在案件的具体情况下适用该规范必然导致结果 Z。卡多佐大法官提到了这一点：

> 在无数的诉讼中，法律是如此明确，以至于法官没有裁量空间。他们有权在法律空白处立法，但往往没有法律空白。如果我们只看荒芜之地，而对已经播种并硕果累累的土地视而不见，那么我们就会对整体情况产生错误的看法。[115]

必须强调的是，规范及其适用在抽象意义上并不是明确的，而是与特定的一组事实、一个特定的争议相关。事实的改变或冲突证据基础的改变，可能会产生司法裁量的情况。只有通过将规范与事实进行比较，才能回答是否存在司法裁量的问题。此外，规范及其适用仅仅与特定的规范体系相关并不涉及司法裁量。规范体系的变化——比如新的立法，或者新的判例法，又或者解释规则方法的改变——可能会产生司法裁量的情况，诸如由于不同规范之间发生冲突而需要司法裁决。事实上，案件的"容易程度"总是相对的。案

39

---

〔113〕　Witkon, *supra* note 17, at 480.

〔114〕　See Pound, "Discretion, Dispensation and Mitigation: The Problem of the Individual Special Case," 35 *N. Y. U. L. Rev.* 925, 930 (1960).

〔115〕　See Cardozo, *supra* note 67, at 129.

件的容易程度，是相对于特定的事实或特定的规范体系而言的。法律规范在特定的时间或地点发挥作用。[116] 这些变化可能导致最简单的案件变成最疑难的案件。

（四）中间案件

中间案件的特点是，归根结底，法官在裁决这些案件时没有裁量权。从这个角度看，它们是简单案件。它们与简单案件的区别仅体现为，在中间案件中，双方似乎都有合法的论据支持自己的立场。法官需要有意识地进行解释，然后才能得出结论，认为该论点实际上没有根据，对此只有一个合法的解决方案。[117] 我们谈到的法律界的每一位律师都会得出这样的结论，即只存在一种合法的解释方案，以至于如果法官作出相反的裁决，法律界的反应将会认为他是错误的。以下是一些典型的情况：首先，法律规范（制定法或普通法）乍一看可以有两种或多种解释，但仔细分析后发现只有一种解释是可能的。以一项制定法为例，它规定的内容可以有多种含义。然而，对立法目的的研究清楚地表明，只有一种语言意义是可能的，任何其他含义都是荒谬的。如果法律界在裁决中得出一个明确的结论，那么人们可能会说，仅基于法律条文语言的含义并得出荒谬的结论是不对的，并且在解释该规则时没有裁量空间；其次，对可适用的规范性体系的研究表明，存在一种法律规范，如果将它适用于案件，将会支持某种可能性。然而，更深入的分析表明，该规范无法适用于案件。从具体情况出发明显可以看出，先前的一般

40

---

[116]　See Levi, "The Nature of Judicial Reasoning," 32 *U. Chi. L. Rev.* 395, 405 (1965).

[117]　See Edwards, *supra* note 2, at 393.

性法律被较新和较具体的法律所取代时，情况便是如此。[118] 或者从该情况中明显可以看出，"先例"并不具有相关性，并且后面的案件经过判断是一个简单案件时，亦是如此。在所有这些情况下，以及在许多其他情况下，经过有意地平衡和权衡（有时需要协调一致的认真努力），在公认的规则框架内，每一位有见识的法律人都会得出这样的结论：只有一种可能性存在时，没有司法裁量的余地。

（五）疑难案件

除了简单案件和中间案件外，还有疑难案件。[119] 在疑难案件中，也只有在这些情形下，法官面临着许多可能性，所有这些可能性在制度范围内都是合法的。只有在这些案件中，才存在司法裁量。在这些情形下，法官不是在合法与非法之间作选择，而是在合法与合法之间作选择。[120] 合法的解决方案有很多。可以肯定的是，司法裁量是有限的，而不是绝对的：法官无权权衡他喜欢的任何因

---

〔118〕 See F. Bennion, *Statutory Interpretation* 434 (1984).

〔119〕 正如我们所看到的，"疑难案件"这一表述在目前的语境中来自德沃金教授。其他学者也使用过类似的表述。例如，魏勒（Weiler）教授曾提到"麻烦案件"，参见 Weiler, "Legal Values and Judicial Decision- Making," 48 *Can. Bar Rev.* 1, 30 (1970)。爱德华兹法官称这些案件为"非常疑难"的案件，参见 Edwards, *supra* note 2, 395。卡多佐称这类案件的裁决是一项"严肃的工作"，参见 Cardozo, *supra* note 67, at 21, 他说："当颜色不一致时，当索引中的参考文献失效时，当没有决定性的先例时，法官的工作才开始。"另一方面，拉兹教授称这些案件为"无规范的争议"，参见 Raz, *supra* note 12, at 180, 但他并未对其困难程度作出任何描述。

〔120〕 See Witkon, *supra* note 17, at 480："在对与错之间作出抉择总是很容易的，困难在于你必须在两种对之间作出抉择。" See also Traynor, "Le Rude Vita, La Dolce Giustizia, Or Hard Cases Can Make Good Law," 29 *U. Chi. L. Rev.* 223, 239 (1962).

素。然而，在限制的框架内，在用尽限制之后，仍有选择的自由，[121] 这就是霍姆斯法官所描述的"主权性的选择特权"（Sovereign Prerogative of choice）。[122]

本书关注的重点是疑难案件，而且只限于疑难案件。关于这些案件的棘手问题层出不穷。是什么使得这些案件与众不同？它们是如何产生的？有可能预防它们吗？它们是可取的吗？在权力分立和民主制度的背景下，如何使它们与司法部门的地位相融合？如何在不同的可能性中作出选择？是否有可能建立一个作出最佳选择的理论模型？司法主观性和司法直觉在选择过程中起什么作用？在多大程度上可以保证选择是"客观的"，在多大程度上选择会受到法官人格和司法世界观的影响？

我们已经看到，将一个案件归为简单案件是一个相对的问题。将一个案件划分至疑难案件也同样如此。事实或规范性框架的改变，可能很快就会把一个疑难案件变为简单案件。在抽象的层面上说，没有什么案件是疑难的。案件的疑难程度与一组特定事实和规范有关。一个在特定的规范—事实性框架内很难处理的案件，可能会随着其中一个组成部分的改变而变得不再疑难。此外，将一个案件变成疑难案件的原因并不在于必须对其投入多少思考，也不在于必须对其进行多少权衡和研究。根据案件的具体情况，这些因素可大可小。一个案件之所以疑难，仅仅是因为它没有一个合法的解决方案，法官需要在多个合法的解决方案中作出决定。归根到底，判决本身对法官来说可能很容易。

------

[121]　See MacCormick, *supra* note 20, at 250.

[122]　See O. Holmes, *Collected Legal Papers* 239（1921）.

（六）在多少案件中存在司法裁量？

人们很可能会问，不同案件之间是如何进行内部划分的，尤其是法院受理疑难案件的频率。公认的观点是，法院处理的绝大多数案件都不是疑难案件。[123]用卡多佐法官的话来说，"法院受理的案件中，十有八九，也许更多，都是预先决定的——这种预先决定意味着它们是命中注定的——它们的命运被从生到死紧随其后的法律（laws）所预先决定。"[124]在上诉阶段，疑难案件的比例有所上升，尽管给人的印象是大多数上诉案件都属于简单案件，甚至更常见的是中间案件。在最高法院，疑难案件的数量甚至更多，如果上诉仅需获得许可即可进行，那么这个比例尤其大，因为法院在授予许可时，有时倾向于优先考虑疑难案件。从这个角度来看，以色列最高法院与大多数国家的最高法院不同，因为它对上诉的管辖权有相当一部分是强制管辖权。尽管最高法院受理的疑难案件多于其他各级法院，但其处理的多数案件仍不属于疑难案件。

典型的情况是，一个体系下的最高法院的判决中有很大一部分属于疑难案件，这给人的印象是，该体系所有法律判决中有相当大的比例属于疑难案件。这是一个不幸的错觉。一个体系下所有判决中，只有一小部分属于疑难案件，而提交给各级法院审理的所有案件中，只有很小一部分会引发司法裁量的问题。在疑难案件中，一

---

〔123〕 See Tate, "The Law‑Making Function of the Judge," 28 *La. L. Rev.* 211 (1968); Llewellyn, *supra* note 28, at 25; Clark and Trubek, "The Creative Role of the Judge: Restraint and Freedom in the Common‑Law Tradition," 71 *Yale L. J.* 255, 256 (1961); Friendly, "Reactions of a Lawyer‑Newly Become Judge," 71 *Yale L. J.* 218, 222 (1961).

〔124〕 Cardozo, *supra* note 6, at 60.

个体系中最高法院的裁决所引发的巨大反响，并不必定会掩盖整个体系的平衡。

（七） 三种案件类型之间的区分

我们看到，将冲突分为简单案件或疑难案件——当然也包括中间案件——是一个相对的问题。事实或法律的微小变化可能会将冲突从一个类别转移到另一个类别。此外，不同类比之间的边界并不精确。我们不可能准确地指出简单案件和中间案件的边界在哪里，因为区分它们的标准——意识及显要性论据（consciousness and the apparent existence of arguments）——本身就是不精确的。这两类案件与疑难案件的划分也是困难的。找不到一种工具可以让我们准确地区分合法可能性和非法可能性。法律界的术语也不允许作出严格的区分。事实上，我们面对的不是一个持久而精确的物质结构，而是一个脆弱且模糊的理论架构。[125] 事实的变化、法律的变化、法律界观念的变化都会导致案件分类的变化。此外，不仅类别之间的桥梁不牢固，类别本身也不是固定的。我们正在面对的是一个不断变化的规范性创造，以及具有广泛不确定性的规范范畴。然而，在这些类别中也存有一个坚实的确定性内核。整个结构及其广泛的光谱都围绕着这些坚实的核心旋转着。[126]

（八） 一个回顾

我们可以从法官作出法律裁决后的角度来观察司法裁量权的行使过程。在这一阶段，就摆在他面前的事实而言，现阶段只有一个

---

〔125〕 See B. Cardozo, *The Paradoxes of Legal Science* 2（1928）.

〔126〕 See MacCormick, *supra* note 20, at 198；Raz, *supra* note 12, at 206.

合法的解决方案。每位法官要么相信这是适当的解决方案（如果他是多数派），要么确信这是一个不适当的解决方案，存在另一个适当的解决方案（如果他是少数派）。除了法官得出的解决方案之外，任何其他解决方案都是不合适的。卡多佐法官很好地描述了这一点：

> 奇怪的是，有时在最疑难的案件中，在一开始疑虑最大的情况下，这些疑虑最终都会消除，而且消除得最彻底。我曾经历过如此巨大的不确定时期，以至于有时我对自己说："我将永远无法在这个案件中投票支持任何一方。"然后，突然间迷雾散去，我达到了心灵平静的阶段。我隐约知道，我的结论是否正确还是存在疑问。考虑到我在到达避风港之前所遭受的苦难，我必须承认这种怀疑。我无法与任何拒绝与我同行的人争执；然而，对我而言，不管对其他人来说如何，历尽千辛万苦得出的判断已成为唯一可能的结论，先前的疑虑已被融合，并最终在确信无疑的平静中熄灭。[127]

回顾过去是危险的，因为它可能会造成错误的印象，认为一个疑难案件变成了一个简单案件或中间案件。即使在回顾过去，在法官确信某种解决方案的正确性之后，他也不能否认存在另一个合法的解决方案。因此，我们不能回顾整个过程，而应该从观察其开端的角度来看待它。因为即使是卡多佐法官的经历也表明，了解思维的不同阶段以及每个阶段所特有的困难是多么重要。只有这样，法官才能达到卡多佐法官所描述的心灵平静和安宁。只有在过程开始时进行智力斗争，他才能在其结束时体验到智力上的满足。

---

[127] Cardozo, *supra* note 125, at 80.

第二章
司法裁量的实质渊源

一、渊源的类型

（一）形式的、实质的、超法律和法律的渊源

司法裁量的渊源问题分为四个方面，第一个方面涉及法官有权在符合法律的（诸多）选项中作出选择的法律依据。该方面回答了"谁授权法官行使司法裁量权？"的问题，考察法官行使司法裁量权的形式合法性。第二个方面涉及选择自由存在的分析法学基础。该方面涉及"是什么导致了司法裁量权的存在？"的问题，为了处理司法裁量的理由问题，它考察了司法规范本身的性质。第三个方面涉及司法裁量权存在的法外基础。这一方面试图回答"从社会角度来看，赋予法官司法裁量权是否可取？"的问题，考察在赋予法官司法裁量权是否可取这一社会学问题时应考虑的各种因素。最后一个方面同样也涉及法律依据，这个方面主要回答在赋予法官司法裁量权的情况下如何行使的问题，这构成了本书的核心，但在讨论这个问题之前，我必须先研究前三个方面的内容。本章主要讨论第二个方面，即司法裁量权的分析法学基础。

（二）实质性渊源

在实质层面，为什么在确立和适用法律规范时存在司法裁量？

为什么会有疑难案件？为什么不是每个案件都是简单案件或中间案件？在法律规范（legal norm）和一般意义上的法（law in general）中，是否存在某种事物使得司法裁量不可避免？防止司法裁量的出现是否可能（即便这种裁量是可欲的）？人类思维不够深入，眼光不够长远，这些是否构成了司法裁量的基础？为了回答以上问题，我将检视法律规范自身及其产生方式，从制定法规范开始，进而讨论其他规范。在这一讨论中，我不会装作全面地分析所有可能性，而只需强调那些对实现我们的目的至关重要的问题。

二、制定法规范中的司法裁量实质性渊源

制定法规范——如宪法、制定法或法规——是由有权机关制定的具有普遍约束力的法律规范，而不是判决的附带结果。每个制定法规范都存在用文字表达的语言学要素。此外，它还有规定许可、禁止、权力、豁免的"规范性"成分。这一概述指出了可作为司法裁量基础的两个实质性渊源：规范语言及其规范要素。

（一）语言的不确定性

制定法规范用人类语言表达，[1] 人类语言由符号或象征组成，这些符号或象征没有独立的内在含义，[2] 而是构成使用同一种语言的人们所接受的描述。[3] 这些描述并不总能在所有使用同一种语言的人的脑海中勾勒出一个单一的、统一的形象，而是偶尔会在同

47

---

[1] See Glanville Williams, "Language and the Law," 61 *Law Q. Rev.* 71, 293, 384 (1945); 62 *Law Q. Rev.* 387 (1946); Moore, "The Semantics of Judging," 54 *S. Cal. L. Rev.* 151 (1981).

[2] See A. Ross, *On Law and Justice* 111 (trans. M. Dutton, 1959).

[3] See Ross, "Tu-Tu", 70 *Harv. L. Rev.* 812 (1957).

一个使用者的脑海中产生几个形象，偶尔会在不同的使用者的脑海中产生不同的形象。[4]这就是为什么制定法的语言有时是歧义的、[5]模糊的、晦涩难懂的[6]和有开放结构的。[7]

"合理的""过失""善意""车辆"等具有多重含义的表述在制定法中随处可见，因此，法律规范的内容并不总能导向一种可能性结果。正如我在最高法院的一份判决书中提到的：

> 事实上，"让人不安的"（concerning）这一术语较为笼统，没有明确的内容，它拥有一种"开放结构"。和它一样，我们的语言中许多表达方式由词语组成，它们构成了缺乏独立内在含义的符号或象征。当这种语言被我们的思维所吸收时，它不会为所有使用这种语言的人勾勒出一个共同的、单一的形象。由于语言的这一特性，这些描述通常会产生许多不同的形象。在所有情况下，我们在其中找不到一个能占主导地位并排他性存在的形象。因此，制定法的语言被赋予了多种含义。[8]

对此，阿格拉纳特法官也指出：

> 口语和书面语都不是完美的交流手段。言说者在说话或书写时想要表达的意思，并不总是或不必是接收者在听到或读到

----

〔4〕 See Chafee, "The Disorderly Conduct of Wards," 41 *Colum. L. Rev.* 381 (1941).

〔5〕 对于歧义，参见 Empson, *Seven Types of Ambiguity* (1947); Williams, *supra* note 1; Moore, *supra* note 1, at 181; Ross, supra note 2, at 115; Miller, "Statutory Language and the Purposive Use of Ambiguity," 42 *Va. L. Rev.* 23 (1956)。

〔6〕 对于模糊性，参见 Christie, "Vagueness and Legal Language," 48 *Minn. L. Rev.* 885 (1964)。

〔7〕 对于语言的开放性结构，参见 Hart, *supra* note 12, ch. 1, at 124; Raz, *supra* note 12, ch. 1, at 74; Moore, *supra* note 1, at 200。

〔8〕 H. C. 47/83 *supra* note 110, ch. 1, at 174.

时所赋予的意思。对这一现象的解释是，文字只是符号，就像一个毫无意义的空容器。[9]

48　　语言的上述特点造成了不确定的局面，引发了同一个"语言锚点"（linguistic anchor）上的多种可能性。当然，并非所有词语在任何情况下都具有不确定性。如果是这样，人类就不可能进行交流。不确定性因语言表达的不同而异，也与语境相关。在某些语境中存在不确定性，而在另一些语境中，不确定性则消失了。文本的不确定性始终是由事实和规范组成的特定体系的特性（功能）。胡里奥·奎托·鲁阿（Julio Cueto-Rua）教授强调了这一点，他说："每一条法律规则在涉及特定事实时都可能是明确的，但在涉及不同的事实时却可能是模棱两可或含糊不清的。"[10]

因此，尽管语言缺乏确定性，但人们仍然可以相互理解，尽管制定法语言缺乏明确性，但大多数制定法规范不会引起怀疑。究其原因，是因为我们在不断地解释语言。阿格拉纳特法官说："为了深入理解词语的含义，接收人必须对此进行解释。"[11] "制定法文本的含义并非不言自明，而是需要解释的。我们每个人无时无刻不在与解释打交道。每个文本、每个制定法条文都需要解释。"[12] 理解意味着（作出）解释。通过解释行为，可将人类语言中的不确定

---

〔9〕 Agranat, "The Contribution of the Judiciary to the Legislative Endeavor," 10 *Tel - Aviv U. L. Rev.* 233 (1984).

〔10〕 Cueto-Rua, *supra* note 51, ch. 1, at 95.

〔11〕 Agranat, *supra* note 9, at 237.

〔12〕 H. C. 47/83, *supra* note 110, ch. 1, at 174.

性消除，使得创作者与读者之间的交流成为可能。[13] 然而问题在
于，法律解释无法消除所有情况下的不确定性。因此，在能够通过
解释规则成功去除不确定性的法律规则之外，仍然还有其他一些规　　49
则，这些规则的不确定性在特定情况下是无法消除的，司法裁量由
此产生。文本中的不确定性没有消除——或只是部分消除，剩下的
情况是，在制定法规范体系中存在多种合乎规范语境的含义。

　　这种状态可以用三个同心圆来描述。在最内层，也就是最接近
核心的那一圈，是那些语言意义清晰而简单的情形，这源于对解释
规则的无意识应用，此时只有单一的解决方案，这就是简单案件。
在中间的那层，可能会出现不确定的情况，但经过有意识的解释之
后，不确定的情况就会消失。此时，制定法语言的适用变得清晰明
了，只剩下一种合法的解决方案。这就是中间情况。最外层是这样
一种情形，其中制定法的适用会产生一种不确定性结果。这就是一

---

　　[13]　这一命题提出了解释学难题，但这一问题并非本书所关注的，这些问题
也并非法律领域所独有。有关解释学难题的文献较多，对于一切与文学作品中的解
释有关的问题，参见 Jehl, *Interpretation: An Essay in the Philosophy of Literary Criticism*
198; Eagleton, Literary Theory (1983); Hirsch, *Validity of Interpretation* (1967); Hir-
sch, *The Aims of Interpretation* (1976); S. Fish, *Is There a Text in this Class?* (1986)。关
于解释及文义解释，参见 *The Politics of Interpretation* (W. Mitchell, ed., 1983)。《得
克萨斯州法律评论》第60卷（第373—586页）完全是一场致力于法律与文学的研
讨会。关于法律解释与一般非法律文本（不一定是文学文本）解释之间的联系，请
参见《南加州法律评论》第58卷（1985年），该卷专门用两期（第1—725页）来
探讨这些问题。See also Herman, "Phenomenology, Structuralism, Hermeneutics and Le-
gal Study: Applications of Contemporary Continental Thought to Legal Phenomena," 56 U.
Miami L. Rev. 379, 402 (1982).

些作者所写的"半影"（penumbra）。[14] 在这个最外圈的框架内，存在多种可能性，而不仅仅只有一个单一的解决方案，此时存在司法裁量。当然，各个圈子之间的边界并不明确。边缘上存在"边缘案件"，甚至边缘案件的边缘也有边缘案件。此外，这些同心圆是由既定的事实[15]和规范体系决定的。如果这些发生了变化，那么同心圆本身也会发生变化。

当然，立法者一般会努力尽可能减少语言中的不确定性，然而，这种努力并不能完全消除不确定性。哈特教授在谈到这一点时写道："在所有经验领域，不仅仅是规则领域，语言的性质决定了一般语言所能提供的指导是有限的。"[16] 有时，缺乏确定性是有意为之：立法者明知会造成不确定性，而有意采纳一种含糊的表达方式，因为他希望赋予法院选择适当替代方案的权力。因此，无论立法者是为了避免不确定性还是制造不确定性，法律语言不可能在所有情况下都是完全确定的，语言中固有的不确定性无法消除。为了证明这一论点，有必要首先深入研究语言理论，然后再研究解释理论。但此种论证方法与本书框架不相符合，因此笔者仅集中于语言和解释规则中不确定性的一些重要渊源。

---

〔14〕 关于解释中"核心"与"半影"的区别，参见 Dickinson，"Legal Rules, Their Application and Elaboration"，79 *U. Pa. L. Rev.* 1052, 1084（1931）；Williams, *supra* note 1；Hart, *supra* note 12, ch. 1；Hart, "Positivism and the Separation of Law and Morals"，71 *Harv. L. Rev.* 593（1958）；Ross, *supra* note 2, at 114；Moore, *supra* note 1, at 181。

〔15〕 在我看来，人们不应该将下面这个观点归于哈特教授，即：存在这样一些表达，我们在所有情形下都能理解它们。从哈特的著作可以看出，他的立场只是相对的。另一种观点，参见 Fuller, "Positivism and Fidelity to Law—— A Reply to Professor Hart,"71 *Harv. L. Rev.* 630（1958）。

〔16〕 See Hart, *supra* note 12, ch. 1, at 123.

（二）表达原则的语言

原则是基于公平、正义和道德等伦理价值的行为准则。原则在法律中具有多种功能。[17] 例如，它在解释法律规范方面具有重要作用。在这里，我们要处理的是表达原则的法律语言。例如，1973年《以色列合同法》（总则部分）第 30 条规定，不道德的契约无效。另一个例子是该法（总则）第 31 条，该条授权法院在违反法律的合同中免除一方当事人的赔偿义务，"如果这样做显得公正的话"。其他例子在制定法中也比比皆是。

原则并不附带一系列未来可能适用的情况，而是权衡和考量的起点。用罗斯科·庞德教授的话说：

> 这些原则并不为任何明确、详细的事实状态附加任何明确、详细的法律结果。它们并不声明对任何明确描述的行为采取任何明确的官方行动，也并没有为确定的情况提供任何模式。我们可以从这些作为起点的原则出发，按照我们所接受的技术继续前进。[18]

确定原则适用于何种情况的决定权掌握在法官手中。他经常面临多种可能性（狭义或广义的裁量），而原则是在各种可能性中作出选择时需要考虑的一般因素。根据这一因素的强弱，某些可能性或许会落空，最初看似宽泛的裁量权可能演变为狭义的裁量权。然

51

---

〔17〕 对于法律原则的定位，参见 Dworkin, *supra* note 16, ch. 1, at 14; Raz, *supra* note 21, ch. 1; MacCormick, *supra* note 20, ch. 1; Hart and Sacks, *supra* note 26, ch. 1; Wellington, *supra* note 20, ch. 1; Tur, "Positivism, Principles and Rules," in *Perspective in Jurisprudence* 42 (Attwood, ed., 1977); Tapper, "A Note on Principles," 34 *Mod. L. Rev.* 628 (1971)。

〔18〕 Pound, *supra* note 114, ch. 1, at 925.

而，在某些情况下，没有任何原则在当时的情况下是足够具体的，因此法官只能在不同的（狭义或广义）可能性中进行裁量。拉兹教授就某一特定类型的原则阐述了这一点：

> 另一方面，第二类原则并不规定应当考虑哪些因素，而只是规定了可以考虑的因素的类型，其余的则留给受原则指引的官员或法院去考虑。这些原则非但没有否定裁量，反而预设了裁量的存在并为其提供指导。什么是"不公正的"或"为了普遍利益"是一个见仁见智的问题，由此法律指引相关法院或官员根据自己的观点行事。法律不会将自己对正义或普遍利益的看法强加于人，而是让法院或官员自行决定。[19]

裁量不是任意的，它必须符合司法裁量的基本要素。司法裁量总是有限的，但在法律对裁量的限制框架内，在穷尽各种限制之后，仍有在制定法规范背景下合法的几种可能性中进行选择的自由。此外，有时解释规则能够提供足够具体化的原则，因此在特定情况下，裁量将不复存在。然而，这并不总是解释规则所能做到的。因此，举例来说，可能与案件有关、旨在澄清语言中蕴含的原则的解释规则本身就是以原则为基础的，它自身就包含着同样的不确定性，事实上，人们只能通过使用另一种概括来澄清一种概括。这种使用并非没有价值。一些问题变得更加清晰，一些可能性被排除。然而，有时在特殊情况下，不确定性并没有消除，不确定性仍然存在。

---

[19]　Raz, *supra* note 21, ch. 1 at 847.

（三）表达政策的语言

有时，立法规范中包含了反映政策的表述，[20] 如"国家的存在""国家的民主特征""国家的安全""公共福利""儿童的利益"，以及制定法语言中包含的其他"政策表述"[21]。然而，这些表述与它的孪生兄弟[22]"原则"一样，并不包括一系列其可以适用的事实，而仅仅是平衡和权衡的起点。政策表述的性质决定了其具有广泛的不确定性，因为它们包含多种含义，每种含义从语义的角度来看都是可能的，而且在某些情况下从法律的角度来看也是允许的。例如，《儿童收养法》（1981 年）中出现了"被收养人的利益"这一表述。就该法而言，它可能有多种含义。[23] 例如，儿童的短期利益和长期利益之间的关系问题。在物质利益和精神伤害之间如何权衡？将这一原则应用于特定事实往往会产生广泛的裁量空间。是将身体残疾儿童送回其亲生的单亲家庭（该家庭过去曾同意收养该儿童）更符合该儿童的"最佳利益"，还是将该儿童留给希望收养该儿童且该儿童自出生以来一直与之生活在一起的家庭更符

---

〔20〕 关于政策在法律中的地位，参见 MacCormick, *supra* note 20, ch. 1, at 263; Hughes, *supra* note 41, ch. 1, at 430; Hart and Sacks, *supra* note 26, ch. 1, at 159; Tur, *supra* note 17; Tate, *supra* note 123, ch. 1。

〔21〕 See Summers, "Two Types of Substantive Reasons: The Core of a Theory of Common-Law Justification," 63 *Cornell L. Rev.* 707 (1978).

〔22〕 关于原则与政策之间明显的区别，参见 Dworkin, *supra* note 17。另有观点认为这种区别是人为的，原则也会反映政策，并且二者均会被视为政策，参见 Raz, *supra* note 21, ch. 1; MacCormick, *supra* note 20, ch. 1, at 263; Hughes, *supra* note 41, ch. 1, at 419。

〔23〕 See J. Goldstein, A. Freud, and A. Solnit, *Beyond the Best Interests of the Child* (1973); J. Goldstein, A. Freud, and A. Solnit, *Before the Best Interests of the Child* (1979).

合该儿童的"最佳利益"?

53　　这个问题没有唯一的合法答案，但有许多合法的解决方案。在作出选择时，法官要行使司法裁量权。可以肯定的是，解释规则有时可以澄清模糊之处，并否定若干可能性。但它们不可能在所有情况下都能澄清模糊之处。在那些尽管适用了解释规则，但表达政策的法律规范语言中的不确定性依然存在的情况下，法官被赋予了司法裁量权。

（四）传达标准的语言

法律规范中包含反映行为标准的表述并不少见，[24] 如合理注意、过失、"以可接受的方式和善意"以及其他反映适当或不适当行为标准的表述。与原则和政策一样，所有这些表述的共同之处在于，法律规范并未逐项列出其适用的一系列事实情况。关于"'理性人'的行为标准"，最高法院指出：

> 这一行为标准由法院确定，而理性人不是别人，正是法院本身［见格拉斯哥诉缪尔案，（1943）A. C. 448, 457］。在这里，与注意义务本身的问题一样，制定法只确立了一个一般标准，并未列出其适用的一系列事实情况。事实上，这些情况是无法预知的。这一系列情况不是根据物理标准（大小、距离或质量）确定的。"理性人"标准的适用范围取决于法官对结果认可与否的程度。这种反应一方面主要基于法官的个人经验，另一方面则基于原则和政策。两个法官对行为的合理性得出不

---

〔24〕 关于标准的性质，参见 Hart and Sacks, *supra* note 26, ch. 1, at 157; Dickinson, *supra* note 14, at 1086; Pound, "Hierarchy of Sources and Forms in Different Systems of Law," 7 *Tul. L. Rev.* 475 (1933)。

同结论的情况并不少见，因为他们的个人经历以及（所依据的）原则和政策有所不同。[25]

在这一点上，标准不同于一般规则。[26]标准所适用的一系列情况是无法事先确定的。庞德教授在解释标准的特点时说：

> 因为从法律标准中可以看出三个特点：（1）它们都涉及对行为的某种道德判断……；（2）它们并不要求精确地应用特定的法律知识，而是要求对普通事物的常识，或对每个人经验之外的事物的训练有素的直觉；（3）它们不是完全被制定的、通过立法或司法判决赋予确切内容之物，而是以时间、地点和环境为转移，并应参照手头个案的事实加以应用。它们承认，在规定的范围内，每个个案在某种程度上都是独特的。[27]

不能掩盖的事实是，在某些情况下，标准的适用是简单而确定的。法律界的生活经验和世界观使每个人都倾向于相同的结果，这些都是简单的情况。在另一些情况下，标准的适用并非不言自明，因为起初似乎存在几种不同的适用方法。然而，经过权衡和思考，每个有见识的律师最终都会认识到，只有一种方法可以适用该标准。这些是中间案件。但在有些情况下，法官的生活经验以及所考虑的一系列原则和政策不会产生一个明确的解决方案，而是会给法官留下许多可能的行动方案。在这种情况下，法官拥有司法裁量

----

〔25〕　C. A. 243/83 *The Municipality of Jerusalem v. Gordon*, 39 P. D. （1） 113, 137.

〔26〕　关于规则与标准的区别，参见 Hart and Sacks, *supra* note 26, ch. 1, at 157。

〔27〕　R. Pound, *An Introduction to the Philosophy of Law* 58 （Rev. ed. , 1954）.

权。以合理性标准为例。[28] 在运用这一标准时，法官必须考虑各种社会目标，如行动自由、保护财产和生命。此外，还必须考虑公平和正义原则。所有这些都产生了大量的可能性，在适当的事实情况下，为广泛的司法裁量留下了空间。

三、制定法规范中的裁量：规范结构中的不确定性

前文中，笔者处理了渊源于制定法规范语言中的裁量。有时，单独规范的适用范围和方式，并不产生任何司法裁量。然而，由于其规范力缺乏确定性，因此存在司法裁量。例如，在附属立法是否越权颁布（ultra vires）的问题上就可能存在不确定性。有时，两个规范相互矛盾，在何者优先的问题上存在疑问。

在上述情况以及许多其他情形之下，规范的规范力问题可能会导致司法裁量。笔者认为，我们无须纠缠于这一问题也不必将其孤立看待，因为在大多数情况下，不确定性可追溯到另一规范的措辞缺乏确定性或解释规则自身具有不确定性。例如，对某项规章是否为越权颁布产生疑问，可能是由于起草授权规章时就缺乏确定性。基于两个相互对抗的规范产生疑问，可能是因为旨在解决这一疑问的解释规则缺乏确定性。这种不确定性有时来自另一制定法规范，有时来自另一普通法规则。

---

[28] Lloyd, "Reason and Logic in the Common Law," 64 *Law Q. Rev.* 468, 475 (1948); MacCormick, "On Reasonableness"; in *Les Notions A Contenu Variable En Droit* 131 (Perelman and Vander Elst, ed. , 1984).

四、制定法规范中的裁量: 解释规则中的不确定性

(一) 解释规则: 消除不确定性的规则

笔者认为, 语言是制定法规范不确定性的渊源, 也是在规范的范围和适用方面选择不同可能性的司法裁量的渊源。然而, 仅凭语言并不能决定制定法规范的含义, "解释者并不完全是语言学家"。[29] 每个法律体系都有制定法解释规则, 其目的之一是消除因制定法规范的措辞而产生的不确定性和疑虑。当制定法规范的措辞在特定个案的情况下产生不止一种可能性时, 解释规则的作用就是指导法官选择唯一合法的可能性。用科勒 (J. Kohler) 教授的话说:

> 对制定法进行解释, 不仅要求揭示其表达背后潜藏的意义, 更需完成从文本可能承载的多个可能的意义中选择兼具正确性和规范权威性的解释结论的过程。[30]

通常, 解释规则会完成它们的使命。一开始看似赋予司法裁量权的规则, 经过研究和审查后可能会发现它并没有赋予司法裁量权, 而只是规定了一种合法的解决方案。因此, 问题并不在于某一法律规范是否根据其条款赋予司法裁量权, 而在于同一规则在通过所有解释分流之后是否仍然赋予司法裁量权。

由此可见解释规则的重要性。在 18 世纪, 本杰明·胡德利

[29] 29. H. C. 118/63 *Batzul v. The Minister of Interior*, 19 P. D. (1) 337, 350 (Berenson J.); Cr. App. 787/79 *Mizrachi v. State of Israel*, 35 P. D. (4) 421, 427: "制定法的语言并非一成不变地因循词典, 而是包含以时间地点情况为转移的活生生的理念, 以实现制定法的基本目的。"

[30] Kohler, "Judicial Interpretation of Enacted Law," 9 *Science of Legal Method in The Modern Legal Philosophy Series*, 187, 190 (1917).

(Benjamin Hoadly) 主教已经讨论过这个问题:"谁拥有解释任何书面或口头法律的绝对权力,那么就所有意图和目的而言,他才是真正的立法者,而不是最先写出或说出这些法律的人。"[31] 这位博学的主教未曾注意的是,法官从来没有解释制定法的绝对裁量权,其裁量权总是有限的。

(二) 解释规则:能否消除司法裁量?

从理论上讲,我们可以想象一个通过解释规则消除司法裁量的法律体系。为此,一长串详尽的解释规则是不够的,因为司法裁量可能会在规则的夹缝中生存。要实现这一目标,似乎该体系必须采用一项全局性规则,规定在"常规"解释规则为司法裁量留有余地的情况下,必须作出否定司法裁量的解释。值得注意的是,这一规则是否会导致司法裁量消失?无论答案如何,法律体系都没有采用这种方法,显然是因为司法裁量没有被视为在任何情况下都必须不惜一切代价予以消除的罪恶。

57　　在没有全局性解释规则的情况下,公认的解释规则就其结构而言,不足以消除在解释和适用法律规范时的所有司法裁量。[32] 原因很简单,解释规则本身就是法律规则。[33] 与任何其他法律规则一样,它们也是用文字表述的,被解释规范的语言所具有的不确定性也是解释规范语言的特点。哈特教授对此有如下论述:

> "解释"的准则虽然可以减少这些不确定性,但不能消除这些不确定性;因为这些准则本身是使用语言的一般性规则,

---

[31] See J. Gray, *The Nature and Sources of the Law* 102, 125, (2d ed., 1921).

[32] See Reig, "Judicial Interpretation of Written Rules," 40 *La. L. Rev.* 49, 65 (1979).

[33] See R. Cross, *Statutory Interpretation* 27 (1976).

使用的是本身也需要解释的一般性术语。它们与其他规则一样，不能规定自己的解释。[34]

在解释规则本身以表达原则、政策和标准的术语为基础的情况下，尤其如此。约瑟夫·拉兹教授强调了这一点，他指出：

> 模糊性是语言的固有特点，这是法院必须经常面对的一个问题。如前所述，解释规则与解释原则有时能够解决模糊性问题，从而消除裁量空间。但原则本身是模糊的，只要法院有权对模糊的案件作出判决，就不能免除对这类案件的司法裁量。[35]

有时，法律体系会制定"二阶"解释规则，用于解释一般解释规则。然而，这些解释规则也需要解释。法律规范的命运就在于它总是需要解释，即便是解释规范本身也是如此。因此，解释规范自然缺乏确定性，这一点无法完全消除。诚然，解释规则的发展和完善可以限制司法裁量的范围，但永远无法完全消除司法裁量权。期望解释规则完全明确是一厢情愿。因此，许多人批评解释规则，认为它没有用处。[36] 但是，解释规则对于每个法律体系来说都是必不可少的。它们确立了司法事业的合法性，解决了大多数冲突，而只

58

---

[34] Hart, *supra* note 12, ch. 1, at 123.

[35] Raz, *supra* note 21, ch. 1, at 846.

[36] 一位著名法官曾说，他不读两类书，"一类是关于神秘主义的书，另一类是关于法律解释的书"，参见 Landis, "A Note on 'Statutory Interpretation'" 43 *Harv. L. Rev.* 886 (1929–1930)。威伯福斯（Wilberforce）勋爵将法律解释称为"非学科"（a non–subject），参见 277 *H. L. Deb. Ser. 5 Cole.* 1254, 6th November 1966。那些试图为法律解释正名的人指出，法律解释是一门艺术，其更需感悟而非理解，且更应依靠直觉而非规则来完成，参见 Barak, "On the Judge as An Interpreter", 12 *Mishpatim* 248, 249 (1982)。

是不能解决所有个案。

对于每一项解释规则而言，如同对于每一项其他法律规则一样，都有简单和中间情形，此时，解释规则在特定情况下的适用范围是明确的。然而，与所有其他法律规则一样，解释规则也存在在某些情况下适用范围不明确的"半影"范围内的疑难情形，这就给法官留下了裁量空间。当解释规范中的该半影区域是这样一种情况时，即它是消除被解释规范半影区域不确定性的相关区域时，不确定性状态就会持续存在，司法裁量也会继续存在。在一个领域（解释规范）的司法裁量会导致另一个领域（被解释的规范）的司法裁量。

为了说明解释规则本身存在的司法裁量，笔者现在要转向一些特定的问题。这些问题并不指向（represent）完整的一系列解释规则中存在司法裁量的个案。为此，有必要对解释规则进行系统的检视。不过，这些问题足以说明在制定法解释规则方面司法裁量的个案类型和典型个案。

五、解释规则适用情况的不确定性

在相当多的解释规则中，启动规则的情形和条件存在不确定性。例如，《以色列解释法》（1981年）规定的解释规则的适用条件是，在审议中的问题或与之有关的问题中不存在任何"'不符合'《以色列解释法》"的情况。[37]这一表述——"不符合"——具有非常广泛的不确定性，其中包括解释规则自身适用性的不确定性。一些解释规则的适用性取决于两个制定法是否属于同类。这一术语并非在任何情况下都明确，因此，这些解释规则的适用性由法

---

[37] See, 1 of the *Interpretation Law*, 1981.

院裁量。

有些解释规则仅适用于制定法语言不清晰、不明确，或制定法语言清晰明确却产生荒谬或明显不合逻辑的结果的情况。当存在这些情况时，我们可以借鉴条款的标题，权衡逻辑方面的考虑，增加或减少词语，回顾立法历程并从立法者的意图中寻求帮助。正如巴赫（Bach）法官在"维京诉军事上诉法院"（HCJ 249/82, *Wagnin v. The Military Appeals Court*）一案中写道的那样：[38]

> 所有关于立法者意图的争论都有其道理，但只有在制定法措辞模糊不清、其语言容易产生不同解释的情况下，才应考虑这些争论。

另一方面：

> 如果措辞明确，而且准备提出的解释在实践中不会导致荒谬或不合逻辑的结果，那么就没有对立法者预设的政策进行推测的余地。[39]

根据这种解释方法，在有疑问的情况下，可以求助于立法目的来消除疑问。但是，不能为了创造疑问而参考立法目的。这种方法在适用性方面有两个主要的不确定焦点。首先是确定语言并非含糊不清，而是清晰明了，且不存在歧义；其次是确定存在荒谬之处，且结果明显不合逻辑。当然，在有些个案中，每一位有见识的法律人都会认为法律条文或清晰或晦涩，产生的结果要么合乎逻辑要么不合逻辑。此时，对这些解释规则的适用性没有裁量余地。但在许多情况下，我们不能说表述内容是清楚的。有时，"命令是否清晰"

60

---

[38]　37 P. D.（2）393, 416.

[39]　*Ibid.*

的答案根本不清晰,[40] 而"命令是否模糊"这个问题的答案本身就是模糊的。罗杰·特雷诺(Roger Traynor)法官曾指出,"像普通人一样的普通词语并不总是那么普通"。[41] 事实上,明确的词语并不总是有明确的含义,如果含义不明确,人们可能不得不参照同样的解释规则来加以解释。法兰克福特大法官在谈到这个问题时说:"那种认为制定法的语言明确,则其含义也是明确的观念,只是有害的过度简化。"[42] 几年后,他又用更激烈的观点论述了这个问题:"认为制定法语词的字面意义就决定了制定法的含义,这种观点让人想起赫胥黎(T. H. Huxley)的一个有趣的观点,即有时'一种理论在它的大脑被敲掉之后还能存活很久'。"[43] 这一论断也同样适用于法律解释中荒谬的、不合逻辑的问题。事实上,"清晰的""含混的""荒谬的""不合逻辑的""明显的"这些表述自身就是含混的、缺乏定论的。如果解释规则的适用以这些表述为条件,那么解释规则的适用自然会给法律规范本身带来不确定性,从而给司法裁量的存在带来不确定性。

六、解释规则内容的不确定性:"立法目的"

(一) 问题

有时,解释规则的适用性不存在司法裁量,然而对其内容的疑

---

〔40〕 See *Barbee v. United States*, 392 F. 2d 532.

〔41〕 Traynor, "No Magic Words Could Do It Justice", 49 *Calif. L. Rev.* 615, 618 (1961).

〔42〕 *United States v. Monia*, 317 U. S. 424, 431 (1943).

〔43〕 *Massachusetts Bonding and Ins. Co. v. United States*, 352 U. S. 128, 138 (1956).

问也由此产生。此时，解释规则的内容在每个有见识的律师心中确凿无疑的情况比比皆是；但在另一些情况下，解释规则所确立的准则的性质自身不确定，由此产生了司法裁量。司法裁量在被解释规范不确定性的土壤中生长、持续存在，并没有被消除。这方面有两个重要的例子。一个与立法目的的概念有关，另一个则涉及解释中使用的可接受的价值。

（二）如何确定立法目的？

制定法规范是一种有目的的规范。制定法是旨在实现社会目标的规范性创制，也是政策的表达。解释者必须从语言学的可能性区间中找出能够实现法规目的的含义。"制定法是执行立法目标的工具，因此必须根据其目的进行解释。"[44] "法官在解释制定法时，应当自问：这一法律所要实现的规范性社会目标是什么？"[45] 的确，在大多数解释制度中，依据立法目的并为实现这一目的而解释制定法是一条既定的解释规则。然而，如何确定立法目的和目标，法官又如何确定立法者的意图呢？

对判例法的研究表明，在这个问题上没有法律界可以接受的规则。最低限度主义者（minimalists）认为，制定法的目标和宗旨只能从其语言中获得。最大化主义者（maximalists）则认为，人们可以从任何可靠来源了解立法目的。这种渊源首先是制定法本身的语言，但这不是唯一的渊源。每一个解释问题都始于制定法语言，但又不止于此。

因此，我们可以从制定法以外的渊源了解其目的，如制定法颁

---

[44] C. A. 481/33 *Rosenberg v. Shtesel*, 29 P. D. (1) 505, 516 (Sussman, J.).

[45] Cr. App. 71/83 *Sharon v. The State of Israel*, 38 P. D. (2) 757, 770 (Levine, J.).

布前的规则以及相关的立法和议会历史。在这两极之间有几种中间立场，根据这些立场，在某些情况下可以依赖特定的外部渊源。例如，有一种观点认为，如果制定法用语不明确并允许有两种含义，则可以参考议会历史。因此，在这一问题上，如果对法律规范的内容缺乏一致意见，可能会导致所解释的规范在不同领域的适用，而这一切都取决于人们可以从中了解立法意图的来源。

（三）立法目的——仅限于制定法语言

我们首先转向那些认为只能从制定法的语言中了解其目的的法官。这位法官会发现自己面临许多不确定的情况，因为在大多数情况下，制定法并没有说明其目的。法官必须对立法目的得出自己的结论。如何得出结论呢？在许多制度中，法律界没有可接受的标准来从制定法的语言中得出立法目的。法官经常会发现，有时制定法以两个相互矛盾的目的为基础。那他该怎么办呢？通常情况下，立法目的来自制定法语言，但这一目的可能以不同的抽象程度表达，从重复制定法语言的最低抽象程度到包含公认价值的最高抽象程度。在许多制度中，都没有公认的标准来指导秉持最低限度主义的法官作出选择。因此，最低限度主义法官经常发现自己面临司法裁量的情况，因为在缺乏指导的情况下，他可以从几条道路中选择一条。这就承认了司法裁量的存在。因此，认为只能从制定法的语言中了解制定法目的的解释性规范本身就是一种开放式的规范。

（四）立法目的——不仅限于制定法语言

法官在努力了解立法目的时，不会满足于法律条文，而是会从各种可靠的渊源中寻求指导。他会研究制定法颁布之前的法律状况，阅读公共委员会（public committees）的报告，从立法议案和议会记录中获得印象。有时，所有这些都足以指出立法目的，从而成为解释制定法语言的关键。有时，超越制定法语言去了解立法目的的法官可能会找到解决问题的办法，并在最低限度主义法官未能发现立法目的的情况下发现立法目的。在这种情况下，最低限度主义法官拥有裁量权，非最低限度主义法官则没有此种权力。然而，经常出现的情况是，大量的资料来源及其不明确性会给法官提供许多将法律目的具体化的替代方案。最低限度主义法官可能会发现许多不同的立法目的，它们具有不同的抽象程度和不同的可靠性指标。因此，认为可以从任何可靠来源了解立法目的的解释规范本身就是一个模糊的规范，留下了一个很大的半影，在这个半影中，司法裁量是可能的。

63

（五）立法目的的意义

我们不应由此得出"在解释制定法时不应使用立法目的概念"的结论。尽管它有种种弱点，但笔者并不认为有更好或更明确的替代方法。立法目的作为解释制定法的一种手段，必须为法官提供指导。这是权力分立理论以及立法机构和法官地位所决定的。此外，我们也不应得出"立法目的就像陶工手中的黏土"的结论：法官不会发明目的或创造历史。法兰克福特法官对此这样说道：

> 立法具有特定目的，其旨在消除某种弊端、补正规范缺失、实现政策转向或构建政府治理框架。此种目标及政策并非如氮气般凭空生成，而是通过制定法的规范文本得以彰显，并配合其他具有目的指向的外部表象予以证明。法官的职责便是探寻并贯彻此种立法目的，而不应受制于带有主观倾向的检验标准以致偏离正确解释路径。我们所关注的并非主观臆测的范畴，既无需深究立法者心理动机，亦无须探究法案起草者或委

员会成员的主观意图。[46]

因此，探究立法目的应当立足于法律文本的规范目标进行系统性分析，而非聚焦于对立法者个体意图的心理揣度。[47]尽管这种分析具有相对明确的客观要素，但必须承认立法目的的判断标准本身仍存在模糊性与不确定性。该标准不仅为法官保留了利益衡量的空间，更实质性地扩展了其司法裁量权的行使范围。其适用边界缺乏清晰界定，存在显著的认知模糊地带。这种不确定性的成因具有双重性：一方面源于立法活动自身的内在不确定性，立法机关常呈现出相互冲突的政策取向，致使立法往往犹豫不决，即使最成功的立法者也无法完全规避未来情势的不可预测性；另一方面则源于立法疏漏引发的不确定性。尽管如此，不可否认的是，立法目的这一术语在特定情境下确实为法官创设了广泛的裁量空间。当面对多个可能的合法解释方案时，该标准难以为法官选择提供指引。

七、解释规则内容的不确定性："一般原则"

（一）立法目的与公认价值

在司法实践中，法官有时会面临特定情境：现存规范材料无法推导出足以解决当下解释难题的立法目的。若法官秉持最低限度主义立场，制定法文本的语言无法表述出待决问题相关的立法目的；若法官采取最大化主义路径，辅助性立法材料（如议会立法前和立法过程中的历史）也无法辅助建构可资适用的目的性框架。此时，

---

[46] Frankfurter, "Some Reflections on the Reading of Statutes", 47 *Colum. L. Rev* 527, 538 (1947).

[47] See *United States v. Public Utilities Commission of California*, 345 U. S. 295, 319 (1953).

尽管立法目的客观存在且可能被探知，但其对法官面临的特定解释困境缺乏实质性指引。法官在这一规范真空下应该怎么办？部分学者主张，此时法官应扪心自问：若立法机关预先考虑当前司法议题，他可能会形成何种目的。[48] 此种方法是优势与劣势并存的，只需明确指出其虚构性即可。司法实践中，法院实质上并不真正追问"如果……立法机关将怎样做"，因为法官多数情况下无法回答此类预设性的问题。唯一可能适用于各种情况的诚实答案或许是：由于各种力量的博弈，立法机关仅能作出其实际作出的规范选择。因此，事实上法官并不探究"立法机关可能如何做"，而是转向"作为法官，我应当如何裁断"。当关系到立法目的时，这个问题就转化为"作为法官，他应如何建构立法目的"。若试图切断该问题与立法目的之联系，则需直面另一层面的诘问："当立法目的规则无法提供帮助时，作为法官应当如何行动？"

在此种规范困境中，可供法官援引的最重要的一条解释规则是：制定法条文应依据法律体系的公认价值背景进行解释，且须以促进此类价值的实现为依归。此项解释规则可植根于立法目的规则之中——依此进路，必须预设立法机关的意图在于推进法律体系的基础价值，而不是否定或背离它。正如最高法院首席法官伊扎克·奥尔申（Izhak Olshan）所言："在缺乏特别指示的情形下，不应推定立法机关有意严苛行事或偏离可称为公理性之原则。"[49] 此种理念亦在哈伊姆·科恩（Haim Cohn）法官的论述中获得呼应：

　　当论及一个以善良风俗、最高原则及正义观念为指引的开

---

[48]　See Cohen, "Judicial 'Legislation' and the Dimensions of Legislative Meaning", 36 *Ind. L. Rev.* 414（1961）.

[49]　H. C. 163/57 *Lubin v. Municipality of Tel-Aviv*, 12 P. D. 1041, 1050.

明民主立法机关时，我们不仅不能推定立法机关取消或废除了这些原则和观念，更应认识到，若脱离法律植根于既有法秩序多元框架这一前提，便无法真实地解释立法者文字的真实含义。[50]

该项规则亦可植根于一个更具一般性的方法论背景：立法行为总体而言（尤其是基础性规则的制定）绝非与一般法律经验割裂的单次行为。制定法在特定政治与法律体系框架下获得其骨架和血肉，构成建立在既定制度与法理基础之上的规范体系结构单元。正如萨斯曼法官所言，制定法乃"生存于特定环境中的有机体"[51]。此环境不仅包含直接立法背景，更涵盖更为广泛的普遍接受的原则体系。法兰克福特法官对此有如下精辟论述："立法文本乃存在于环境中的有机体，而此种环境不仅是其适用的直接政治社会背景，更包含整个传统法律及其实施机制构成的系统。"[52] 解释者必须致力于实现"法律体系的和谐"，将各制定法章节整合于立法规范网络之中。因此，对个别法律的解释必须置于法律体系一般原则的背景之下，"以期使其契合国家宪制秩序之根本原则"。[53] 此类原则构成覆盖所有立法行为的规范性框架。

（二）法体系的公认价值

制定法的解释应当置于既定法体系公认的价值观背景之下，以色列最高法院首席法官什尼奥尔·赫辛（Shneor Heshin）强调过：

---

〔50〕 Cohn, "Faithful Interpretation—Three Dimensions", 7 *Mishpatim* 5, 6 (1976).

〔51〕 H. C. 58/68 *Shalit v. The Minister of Interior*, 23 P. D. (2) 477, 513.

〔52〕 Frankfurter, "A Symposium on Statutory Construction：Forewords", 3 *Vand. L. Rev.* 365, 367 (1950).

〔53〕 Landau, *supra* note 17, ch. 1, at 306.

"对于立法者意图未被清晰表述的法律条文，必须进行解释以使其体现符合便利性、逻辑性、正义性以及既定原则的意图。"[54] 例如，《独立宣言》是以色列公认原则之一，以色列最高法院院长佐莫拉（Zmora）[55] 曾指出，该宣言体现了"民族的愿景及其'信条'"，议会制定的法律必须据此进行解释。由此，法律的解释必须基于民主政体和法律体系所蕴含的基本价值观念。这些基本价值观念包括但不限于平等、正义、道德等被广泛认可的原则，以及国家的存在、民主性质、权力分立、个人自由、言论自由、集会自由、宗教信仰自由、财产权、就业权、人格尊严、司法程序的完整性以及公共福利和安全等政策。这些基本价值观念还涵盖了善意、自然正义、公平、理性、公正性、避免利益冲突等标准。以色列最高法院法官梅纳赫姆·埃隆（Menachem Elon）曾就此论述道：[55a] "我们有一条重要的规则，即一个法律体系不能仅仅依靠法律条文本身维持其存在。法律体系的躯体需要灵魂，甚至还可能需要一个超级灵魂。法体系的灵魂在各种价值规范的特性和图景中得以显现。"

67

　　这一关联公认价值的解释规则对于其在个案中用以解释制定法具有至关重要的意义，尤其是在法官难以明确识别特定立法目的的情况下便是如此。此时该原则可作为重要的解释辅助工具，它有助于探寻包括特定目的和前述基本价值的广泛的立法目的。然而，对该解释规则的深入分析表明，其内容在很大程度上并不明确。该规则旨在解释具有开放性的立法文本，但其自身在很大程度上也是开放的。因此，在这一解释规则中，存在着相当程度的司法裁量。

---

〔54〕　H. C. 282/51 *Histadrut Haovdim v. The Minister of Labour*, 6 P. D. 237, 245.

〔55〕　H. C. 10/48 *Ziv v. Gubernik*, 1 P. E. 33, 36.

〔55a〕　C. A. 391/80 *Lasarson v. Shikun Ovdim*, 30 P. D. (2) 237, 264.

（三）司法裁量：什么是公认价值？

在公认价值体系框架内包含哪些内容？关于这一问题，判例法所确立的标准极为模糊。阿格拉纳特法官[56]曾指出，"国家法律应当在国家生活的整体背景下加以理解"，而公认价值应从兰道法官[57]所言"我们的源泉——即法官所处其中的民族意识的源泉"中汲取。其中包括民主自由政体的基本理念。在许多领域，推导出这些公认价值并不会造成任何问题，然而也必然存在一些疑难的边缘案例。例如，我们是否承认制定法应根据"隐私"原则进行解释？这一系列公认价值显然不是封闭的。然而，如何才能让一项价值纳入上述公认价值范围，又在何种情形下不将其纳入？这些问题的答案并不明确。当然，这些价值不仅包括现行制定法所表达的内容，还包括法官从国家生活中引入法律的价值。而在这些价值获得认可之前，必须达到何种程度的共识？因此，确实存在相当大的司法裁量空间。

（四）司法裁量：公认价值的范围何在？

公认价值的适用范围尚不明确。每一项价值均存在一个无争议的核心适用领域，然而，其亦存在一个边缘地带，这一地带引发了诸多困难与疑问。我们常常会借助价值的边缘地带来解释规则的边缘地带，此种情形自然导致了不确定性以及司法裁量的产生。

（五）司法裁量：权衡公认价值

在许多情况下，多项公认价值均可适用于某一特定案件。而只

---

[56] H. C. 73/53 *"Kol Haam" v. The Minister of Interior*, 7 P. D. 871, 884.

[57] Landau, *supra note* 17, ch. 1, at 306.

要所有这些价值均指向相同的结论，便不会存在任何疑难：案件因此被归为简单或中等难度。然而，频繁出现的情况是，这些公认价值相互之间存在不同的甚至对立的方向。我们不止一次发现，某一原则与其对立面相邻而立，某一论点与其反论点并存。用卡多佐大法官的话来说："再次地，我们发现判断的任务是要在对立的极端之间作出选择。我们似乎看到了一种黑格尔式的历史哲学在发挥作用，即每一原则都具有创造其反题的倾向。"[58]事实上，这一体系的公认价值常常成对出现，每一项价值都朝着各自的方向行进。正如约翰·迪金森（John Dickinson）教授所说：

> 该问题……始终涉及在两种具有相反倾向的基本法律原则之间划定界限的精确节点。鉴于人类生活与社会交往的现实条件，任何此类利益，若被推至某一临界点之上，必然不可避免地与其他一种或多种同样受到法律保护的利益发生冲突。因此，这将导致与具有同等效力的对立法律原则的冲突。[59]

因此，举例加以说明，国家安全、公共秩序与公共安全的价值可能与言论自由、集会自由、宗教信仰自由以及信息自由相冲突。法律程序的整全性原则与个人的良好声誉有时可能与言论自由原则发生冲突。

有时立法机关自身会在这些相互对立的倾向之间进行权衡并作出决定。例如，在以色列，[60] 业已确立在公开机密证据的情形下平衡个人自由与国家安全两个相互冲突的价值应当通过是否"为实

---

〔58〕　Cardozo, *supra* note 125, ch. 1, at 62.

〔59〕　See Dickinson, "The Law behind the Law", 29 *Colum. L. Rev.* 285, 298 (1929)

〔60〕　See the Evidence Ordinance (New Version) (1971), sec. 45.

69　　现正义而公开证据的需要超过了不公开该证据的利益"这一标准来
确定。然而，立法者常常不对相互冲突的原则表明任何立场，或者
其提供的标准过于模糊，实质上相当于将这种利益平衡的权力授予
了法官。

　　有时平衡点是简单明了的。案件的争议焦点如此明确地倾向于
一方或另一方，以至于每一个精通法律的人都能清楚地看到唯一的
解决方案。然而，在某些时候，平衡点却并不清晰。法官面临着哈
特教授所描述的那种司法裁量的情形：

> 在这些情形下，显而易见的是，规则制定机关必须行使裁
> 量权，不可能将各种情形下提出的问题视为只有一个唯一正确
> 的答案，而不是许多相互冲突的利益之间合理妥协的结果。[61]

　　那些争夺优先地位的原则之间的边界线通常并不明显，而可能
在多个点之间波动。法官必须确定边界，以便能够裁决他面前的案
件。法兰克福特大法官对这项任务的复杂性曾这样描述：

> 这一难题的核心在于，在法庭上几乎没有一个真正困难的
> 问题不涉及多个所谓的法律原则……法官们不能将两种相互冲
> 突的"真理"之间的张力视为"事物神秘性的一部分"，而必
> 须作出裁决。如果冲突无法解决，法院的任务就是对相互竞争
> 的主张达成一种调和。这是关于司法过程之疑难和误解的关键
> 所在，对于任何一位尽职尽责的法官而言，这也是他履行职责
> 的痛苦之处。[62]

　　在划定边界时，法官有时除了合理权衡原则之外，别无其他依

---

〔61〕　Hart, *supra* note 12, ch. 1, at 128.

〔62〕　Frankfurter, *supra* note 7, ch. 1, at 43.

据。这一标准可能在许多情况下指向唯一合法的解决方案，但在许多其他案件中，却存在不止一个合法的解决方案。法官别无选择，只能"运用主权性的选择特权"，对此，霍姆斯大法官曾说：

> 我认为，在出现一个一边有某些类比，另一边又有其他类比的疑难案件时，最为重要的是要记住，真正摆在我们面前的是两种社会愿望之间的冲突，每一种愿望都试图将其影响力施加于该案件之上，而二者却不可得兼。社会性的问题在于，究竟哪一种愿望在冲突点上更为强烈……当存疑时，单纯的逻辑工具是不够的，即使这种选择是隐蔽的、无意识的，我们仍要求法官们行使这种主权性的选择特权。[63]

在这一活动中，法官从事了司法裁量的实践。

（六）司法裁量：按其分量权衡价值

当要求法官将确定平衡点作为前提条件时，对那些争夺主导地位的公认价值赋予相对分量时，"主权性的选择特权"便随之增强。必须理解，价值具有相对分量，[64] 它们在法律面前并非一律平等，其分量决定了它们在最终权衡中的地位。"将相互竞争的价值置于天平上，"梅尔·沙姆加尔（Meir Shamgar）[65] 大法官说，"描述了解释的起跑线，但这不足以制定出一套价值分量体系，以帮助完成解释工作。"有时，立法机关本身会承担分配分量的任务。例如，在收养领域，儿童的利益、其亲生父母的利益以及其"心理"父母

---

[63] Holmes, *supra* note 122, ch. 1, at 239.

[64] See Dworkin, *supra* note 16, ch. 1, at 14; Raz, *supra* note 12, ch. 1, at 57; Pound, "A Survey of Social Interests", 57 *Harv. L. Rev.* 1, 2 (1943); Dias, "The Value of a Value-Study of Law", 28 *Mod. L. Rev.* 397 (1965).

[65] F. H. *9/77 Hevret Hachashmal v. Haaretz*, 32 P. D. (3) 337.

的利益相互竞争，立法机关确立了一项政策，给予儿童利益决定性的相对分量。然而，在许多情况下，立法机关并未就相互竞争的价值应给予的相对分量提供指导，便赋予了法官这一任务：在合理性检验的范围内进行司法裁量。关于这一问题上的司法裁量，拉兹教授写道：

> 尽管原则有时会限制法院裁量的范围，但总体而言，它们倾向于扩大这种裁量权……法律通常会精确地确定规则的相对分量。原则则不然。法律通常只包含关于原则相对分量的不完整提示，并将许多问题留给法官在具体案件中裁量。裁量的范围实际上得到了双重扩展，因为不仅需要确定原则之间的相对重要性，还需要确定在特定场合偏离或遵循某一原则的相对重要性。这些问题通常被交由司法裁量来决定。[66]

71

为相互竞争的价值分配分量是一项既自然又必不可少的任务。没有这项任务，法官便无法开展其权衡活动。有时，法官并未意识到需要进行这种分量分配，可能会简单地给予每一项价值相同的分量；或者，他可能会赋予某些价值更大的相对分量，却未向自己或他人解释为何如此行事；有时法官意识到需要分配相对分量。无论在哪种情况下，他都在行使司法裁量权。霍姆斯大法官曾就此说道：

> 在逻辑形式背后，是对相互竞争的立法理由的相对价值和重要性的判断，这种判断往往是难以言说且无意识的，但却是整个程序的根基与核心……这些问题确实充满争论，不存在能够一劳永逸地作出正确判断的方法，而裁决所能做的，不过是

---

[66] Raz, *supra* note 21, ch. 1, at 846.

体现特定时空下某一特定机构的偏好。[67]

因此，这种将各种价值置于天平上进行衡量的过程，常常伴随着司法裁量权的运用。

（七）一般原则中的司法裁量

因此，我们看到，要求考虑公认价值的解释原则有时会导致司法裁量权的行使。这源于在许多情况下，法官不可避免要在相互竞争的原则之间作出选择，而这种选择必须根据上述原则的分量和重要性来进行权衡。通常，除需要合理地在诸价值之间进行权衡之外，并不存在关于如何确定各种相互竞争原则的分量以及它们相对重要性的规范性指引。有时，虽然存在某种具体的指引，但它具有广泛的幅度，为多种可能性留下了空间。在这些情况下，法官在合理性检验的框架内，必须根据自己的裁量权在相互竞争的原则之间作出选择。存在不止一种合法的解决方案，司法裁量由此产生。正如哈特教授所说的那样：

> 司法裁决，尤其是在涉及重大宪法意义的事务中，常常涉及在道德价值之间作选择，而不仅仅是适用某一突出的道德原则；因为相信在法律的含义存在疑问时，道德总能提供一个明确的答案，这是愚蠢的。在这一点上，法官可能会再次作出一种既非任意也非机械的选择……毫无疑问，由于存在多种这样的原则，总是有可能的，因此无法证明一个决定是独一无二的正确答案；但可以接受它是明智且公正选择的合理产物。在所有这些过程中，我们看到了在相互竞争的利益之间实现正义所

72

---

[67] Holmes, *supra* note 122, ch. 1, at 181.

特有的"分量"与"权衡"属性。[68]

当法官根据相互竞争的原则在冲突点上的分量和强度来达成权衡时，司法裁量就达到了顶峰。

八、解释规则效力的不确定性

（一）存在确定的解释规则吗？

在一个法律体系中所确立的绝大多数解释规则都是为人熟知且被认可的。然而，这一现象并非没有例外。法官不时会发现自己处于一种不确定的情况之中，即他不知道某一特定的解释规则是否适用于他所处的法律体系。这种情况主要出现在以下两类解释规则中：一类是古老的解释规则——因为此时法官不知道这些规则是否仍然有效或已被新的规则所取代；另一类是新近出现的解释规则——因为此时法官不知道这些规则是否已经生效或者尚未构成一项具有约束力的解释性法律规范。

例如，在以色列存在这样一项解释规则，即对成文税法应作严格解释。可以找到许多判决来证明这一规则的存在，[69]但其他的一些判决则对此持有保留意见。[70]似乎这一规则在过去确实被接受过，因为它反映了当时在英国流行的严格的文义解释方法。但随着西方世界对解释规则的一般态度的逐渐变化，新的规则不断发展，对旧规则构成了压力，从而引发了对旧规则是否仍然有效的质疑。

---

[68] Hart, *supra* note 12, ch. 1, at 200.

[69] C. A. 120/52 *Komprovski v. Director of Land Taxes*, 7 P. D. 141, 153, based on *Cape Brandy Syndicate v. I. R. C.* [1921] 1K. B. 64, 71.

[70] C. A. 165/82 *Kibutz Hazor v. Tax Authority*, 39 P. D. (2) 70.

（二）相互矛盾的解释规则

73

现象及其解释。有时，法官会遇到互不兼容的解释规则。[71]这种不兼容可能只是浅显的，因为法律体系中存在"二阶解释规则"用于在相互冲突的解释规则之间作出选择。然而，现实告诉我们，此类"决疑规则"在解释领域中并不常见，而有效规则相互冲突的现象则更为普遍。卡尔·卢埃林（K. Llewellyn）教授指出："在几乎所有问题上都存在两种对立的解释规范。"[72]这句话似乎有些夸张，因为相互矛盾的规则数量并不大。很多时候，看似冲突的规则实际上只是适用于不同的事实情境。然而不能否认，在许多法律体系中确实存在这种相互矛盾的解释规则现象。有人认为，这种现象源于解释规则的非法律性质；[73]另一些人则认为，它与解释规则是原则而非规则这一事实有关。[74]这两种解释笔者均不能苟同，解释规则是法律规则，其中一些是规则，另一些是原则，但这并不足以回答规则之间的矛盾问题。

对解释规则相互冲突现象的一种解释源于所有法律体系中正在发生的变化。这些变化首先且主要发生在某些特别法中。然而，随着法律的变化，有时也需要对解释规则本身进行改变——解释规则是"法律之法律"。后者的改变大多是缓慢且持续的，因为它涉及对基本概念本身的改变，即"行动中的法理"（operative jurisprudence）。因此，我们见证了一个漫长的过渡时期，在此期间，来自

---

〔71〕　See Llewellyn, "Remarks on the Theory of Appellate Decision and the Rules of Canons About How Statutes Are to be Construed", 3 *Vand. L. Rev.* 395（1950）.

〔72〕　*Ibid.* , at p. 401.

〔73〕　See Ross, *supra* note 2, at 153.

〔74〕　See Cross, *supra* note 33, at 27.

不同历史层面的解释规则同时存在，而法律体系并未试图在它们之间作出选择，这就需要一个漫长而渐进的变革过程来作出决定。

74   这种模式似乎曾在英国出现过。[75] 在 16 和 17 世纪，"缺陷规则"（mischief rule）占据主导地位。随着立法本身地位的变化，18 和 19 世纪开始逐渐转向"字面含义规则"（literal meaning）或"明确含义规则"（plain meaning），后来又从中发展出了"黄金规则"（golden rule）。这一转变是缓慢发生的，没有任何尝试去强行在相互竞争的规则之间作出明确的选择。20 世纪的英国曾试图综合上述所有规则，而这一努力也在缓慢推进，以至于人们无法明确指出谁是赢家，谁是输家。然而，人们有一种印象，即考虑了立法目的的"目的解释方法"正在逐渐占据上风，更广义地说，这某种程度上是对缺陷规则的回归。[76]

以色列也发生了类似的过程。[77] 1948 年建国时，我们基本上采用了英国的解释规则。这种方法并非僵化，而是灵活的，并且考虑到了独立时存在的法律现实。最高法院指出："目前最好继续依赖英国的解释规则来满足以色列立法的需要。"[78] "目前"一词的使用是基于对立法体系及其进程的了解，以及对其所具有的术语的了解，都受到了英国相应规则的影响。用萨斯曼法官的话来说："以色列立法者习惯于在必要时使用从英国法中借来的术语，穿上'希伯来外衣'，以色列解释者自然会转向同一法律的解释规

---

〔75〕 Ibid., p. 8.

〔76〕 See Bennion, *supra* note 118, ch. 1, at 657.

〔77〕 See Barak, "Interpretation and Adjudication", 10 *Tel - Aviv U. L. Rev.* 467 (1984).

〔78〕 H. C. 15/56 *Sopher v. The Interior Minister*, 10 P. D. 1213, 1221 (Sussman J.).

则。"[79]因此，有人指出[80]："只有当以色列立法的数量增加时，经验才能教导我们什么是能够取代英国规则的以色列解释规则。"我们的立法经过多年的演进，数量上增加了，并且逐渐摆脱了英国法思维方式和起草方法，越来越注重立法的"独立性"。为了解释目的而对英国法的强制性引用逐渐变成了选择性引用，由此切断了与英国法的形式联系。所有这些都导致了一个缓慢的变化，促使判例法中谨慎而逐步地制定出符合我们需求的解释规则。纵观这一缓慢的进程，自然会发现，反映旧的和新的、英国的和以色列观念的解释规则同时存在，这些规则有时相互冲突，而尚未在法律体系中分出胜负。因此，法官面临着一系列合法且有效的解释规则，每一条规则在解释法律时都会得出自己的结论。当法官在相互冲突的解释规则之间进行选择时，他行使了司法裁量权。无论他选择哪种可能性都是合法的，而这种选择本身并没有由任何法律规范来决定。

例证。我们的法律体系既承认"文义解释"，也承认"目的解释"。前者认为，如果法律条文的表达是清晰的，并且不会导致荒谬的结果，那么在解释法律时就不应考虑立法目的。后者则主张，无论法律表达是否清晰，都应始终关注立法的目的。这两种解释规则是相互矛盾的。通常情况下，这种冲突并不会导致结果的差异，因为这两种规则往往指向同一方向。但有时它们也会指向不同的方向，而对解释方法的选择将决定最终的结果。这种状况赋予了法官裁量权，他有权选择他认为最合适的规则。

在法律解释中，对于立法历史——尤其是以色列议会（Knesset）记录——的参考范围也存在分歧。一些人认为不得参考议会辩

---

[79] H. C. 163/57 *supra* note 49, at 1077.

[80] H. C. 15/56 *supra* note 78, at 1221.

论记录，而另一些人则认为应当允许参考，但仅限于法律条文不清晰的情况。还有一些人认为，应当始终允许解释者参考议会辩论记录。这三种观点在判例法中都找到了支持。从规范性角度来看，没有一种观点优于其他观点，也没有一种观点能够否定其他观点，这些观点的使用取决于法官的裁量。

判例法对于"立法沉默"的解释价值尚不明确。一些人认为立法沉默是解释法律时应考虑的一个因素。例如，曾有观点认为，如果立法机关在司法判决之后保持沉默，这种沉默可以被视为该司法判决对法律的解释符合立法目的的证据。立法机关在相关问题上缺乏立法行动，由此导致的结论是，立法机关至少在事后接受了委员会对该法律的解释，并将其作为自己的解释。然而，另一些人则认为，立法沉默没有任何解释上的意义。

第三种观点采取中立的立场，根据这种观点，立法机关的沉默具有有限的解释意义。这种意义并非规范性的而是事实性的，立法者并非通过不立法来立法，其沉默是一个应在构建立法历史时予以考虑的事实，而立法历史反过来又会影响立法目的的确定。这三种观点都是可能的，也都是合法的。在它们之间进行选择时，法官享有裁量权。

许多解释规则源自法官对立法起草专业性的认知方式。一位假定立法具有专业性的法官会采用一种解释规则，根据这种规则，当立法机关允许某事时，可以从中推断出被禁止的内容；当立法机关禁止某事时，可以从中推断出被允许的内容。这是因为人们假定立法机关不会无端使用其措辞，每一个表述都有其自身的意义，要么增加，要么减少某些内容。由此，人们还可以推断出，在处理相同主题的不同法律中，词语和表述可能被解释为具有相同的含义。而一位认为立法缺乏专业性的法官则会采取不同的方法。他不会从立法机关的"是"中推导出"否"，并假定有时立法机关的措辞并无特别所指，立法中存在许多既不增加也不减少任何内容的表述。

九、判例法中裁量的实质渊源

判例法规则是一种由有权机关在审判过程中附带产生的具有普遍约束力的法律规范。它确立了一项包含规范性要素的规则，该要素决定了规则的适用范围。那么，在判例法的语境中是否存在司法裁量？不难发现，即使在判例法的语境中——或许正是在这个语境中——也是存在司法裁量的。因此，判例法中存在司法裁量的原因，在总体上和一般意义上，与制定法中产生司法裁量的原因相同，即法律用语的不明确性。而且，这些原因在判例法领域有时比在制定法领域更为突出，因此可以说，司法裁量在判例法中表现得更为充分。无论如何，与制定法相比，判例法的特性既没有否定也没有过分限制裁量权。

十、判例法中的裁量：术语的不确定性

在制定法中，语言即法律；而在判例法中，语言只是法律的证据。法律是从判决理由中提炼出的规则，这一规则通常以文字形式表达，但其规范力并非源自文字本身。[81]因此，即使规则未以文字形式表述，它也可能存在。所以，先例的问题不仅在于文字本身，还在于创设者希望这些文字向读者传达的概念。这些概念在某一类型的案件中具有明确的含义，但在另一类型的案件中则存在模糊之处。事实上，判例法如同制定法一样传达原则、政策和标准。正是因为缺乏具有约束力的文本去划定这些概念的边界，制定法中存在

---

[81]　See L. Fuller, *Anatomy of the Law* 92（1968）.

的不确定性在判例法中同样存在甚至更为显著。例如，普通法中
"不合理行政行为无效"的原则，引发了"合理"概念的不确定问
题，这与该规范以制定法形式出现时在解释上所面临的问题相似。
因此，当"合理"一词出现在制定法中时，理解其含义所面临的困
难与在判例法中理解同一概念时所遇到的困难并无太大差异。无论
如何，由于这些概念被表述在具有权威性的文本中，理解它们并不
会变得更容易——往往反而更加困难。

判例法在其整个体系的纵横维度中，贯穿着表达原则、政策和
标准的术语。[82]这些概念构成了普通法运转的主要轴心。有时，由
于其本质属性，判例法难以运用那些明确设定其适用事实情境的规
则，所以转而采用原则、政策和标准术语。例如，普通法法官无法
规定以某一特定速度驾驶是要禁止的。然而，他可以判定要禁止不
合理的驾驶。[83]不时地，立法需求的产生正是因为希望建立一套明
确其适用事实情境的规则，而非依靠那些使这种明确性难以实现的
原则来规制某一特定主体。

因此，在讨论制定法时，我们关于语言不确定性所作的论述，
对于判例法而言具有更强的适用性。在这里，重点并不在于语言本
身，而在于概念。前文为分析原则、政策与标准蕴含的不确定性引
用的大多数法律文献中并未区分判例法与制定法，我们前文中所作
的一切分析，都以更有力的方式适用于此处。

在普通法规则的创设过程中，法官有时需要在相互冲突的原
则、政策和标准之间进行权衡。例如，当法官评估政府机关行为的
合理性时，他必须权衡该机关为实现公共利益而享有的行动自由与

---

[82] See Summers, *supra* note 21.

[83] See Hart and Sacks, *supra* note 26, ch. 1, at 138.

[公民] 个人自由之间的关系。不时地，法院需要为不同的价值赋予分量，以进行这种权衡。我们在制定法领域所讨论的关于权衡与分量的一切内容，同样适用于判例法。[84]因此，在进行权衡时，法院必须寻求最为合理的解决方案。如果这一标准无法提供明确的指引，法院则必须采纳其认为最佳的解决方案。法院的裁量权是受到限制的，但这种限制保持在法律所设定的框架内。在适用这些限制之后，法院仍拥有行动自由，即司法裁量权。

十一、判例法中的裁量：规范秩序的不确定性

(一) 判决理由

在制定法中法官拥有一个公认的解释起点：法律条文的语言。而在判例法中却不存在这样的起点，法官的角色是解释[85]判例，并从中塑造具有约束力的规则。[86]他必须从判决中提取规则，而这需要创造力。事实上，可能性的数量并非无限。但在自然限制所设

[84]　斯通教授揭示了"幻象性参照范畴"（Categories of Illusory Reference）在普通法发展中的重要性，参见 J. Stone, *The Province and Function of Law* 171 (1950)；Stone, *supra* note 103, ch. 1, at 235。

[85]　通常，"解释"一词被用于制定法规范的语境中，而非普通法规范的语境中。然而，在我看来，这种区分并无合理依据。所谓"解释"，是指确定一项规范的适用范围。这一确定过程既存在于制定法规则中，也存在于判例法规则中。See Greene, *supra* note 42, ch. 1, at 11. 格林指出："在这一语境下，我认为解释从本质上在解释先例与解释制定法时具有完全相同的含义。两者之间仅存在表面的区别……当法官'解释'先例时，他发现并阐述了某一原则在与当前案件事实关联中的真实含义。同样，当他解释制定法时，他发现并阐述了制定法在与当前案件事实关联中的真实含义。"关于普通法规范的"解释"，还可参见 Dworkin, *supra* note 16, ch. 1, at 111。

[86]　See Goodhart, "Determining the Ratio Decidendi of a Case", 40 *Yale L. J.* 161 (1930)；Stone, "The Ratio of the Ratio Decidendi", 22 *Mod. L. Rev.* 597 (1959).

定的范围内确实存在多种可能性。这是因为，关于如何确定具有约束力的判决理由 （ratio decidendi）[87] 和不具有约束力的附带意见 （obiter dictum） 的方式，并不存在一项清晰且具有约束力的规则。回顾司法发展历史，法官们拒绝在这一问题上自我设限，[88] 而立法机关在大多数情况下也未曾介入。其结果是，在法律体系的语境中，存在多种发现裁判理由的合法方法。因此，从一个给定的判决中，有时可以推导出多个具有约束力的规则。[89] 换言之，司法规范的存在本身就是法官裁量的产物。

在确定判决理由的规则方面不仅不存在共识，而且即便在某一既定规则体系的框架内，也常常可能得出不同的结论。人们普遍认为，个案事实对于确定判决理由具有重要意义。判决理由是基于案件事实范围内的规则。然而，事实是无限的。法官必须在"重要"事实与"不重要"事实之间作出区分。这种区分并非基于精确的标准，因此存在一定的司法裁量空间。在整理事实方面的自由，也意味着在提炼判决所产生规则方面的自由。当然，这种自由并不是绝对的。有些事实，任何一位精通法律的人都会认为是重要的；而有些事实则不然。在这两个极端之间，存在着一个庞大的事实网络，无法事先断定它们是否重要。在这种认定过程中，存在司法裁量权。

所以，可见受限制的司法裁量在决定裁判理由中 ［的作用］ 就像哈特教授所说的那样：

> 任何对英国法中判例运用的诚实描述，都必须为以下两组

80

---

[87] See R. Cross, *Precedent in English Law* (3d ed., 1977).

[88] See D. Lloyd, *Introduction to Jurisprudence* 1119 (4th ed., 1979).

[89] See R. Wasserstrom, *The Judicial Decision* (1961).

对比事实留出位置：首先，不存在一种单一的方法来确定某一权威判例所依据的规则。尽管如此，在绝大多数已决案件中，却极少存在疑问。判例摘要（headnote）通常足够准确。其次，从判例中提取的任何规则并不存在权威的或唯一的正确表述形式。然而，当某一判例对后续案件的影响成为问题时，通常会达成相当广泛的共识，认为某一特定表述是充分的。[90]

因此，法律共同体或许能够达成共识，确认某些命题肯定不构成裁判理由，而另一些命题则肯定属于裁判理由。在这两个极端之间，也存在着广阔的司法裁量区间。

（二）区分判决理由

遵循先例规则要求以某些裁判的判决理由为基础作出裁决。然而，在遵循先例规则的框架内，普遍接受的观点是，每个法院都有权力对具有约束力的判决作出区分。这种区分行为本质上是对先前判决的判决理由是否适用于某一特定事实情境作出判断。进行区分的法院并不否认先前判决的约束力，而仅仅是确定先前案件的判决理由被限定于某一特定的事实网络之中。因此，通过区分，法院实际上对法律进行了变更，具体表现为限缩判决理由。

正如不存在关于确定裁判理由的严格而明确的规则一样，也找不到关于区分方式的严格而明确的规则。在此领域，同样存在简单而明显的案件，但也存在边缘性案件，在这些案件中，法官拥有决定是否以及如何区分的裁量权。然而，区分并非可以随意为之，它同样受到规则的约束。例如，拉兹教授指出，区分须满足以下两个条件："（1）修改后的规则必须是先例中所确立的规则，并通过增

81

---

[90]　Hart, *supra* note 12, ch. 1, at 131.

加一项适用条件加以限制;(2)修改后的规则必须能够证成先例中所作出的裁决。"[91]然而,这些条件并非在任何情况下都唯一地决定了区分方式。法官常常可以在多种合法的区分方式中进行选择,这些方式在其法律体系的语境中均属合法。在这种情况下,司法裁量权便得以体现。

(三)偏离判决理由

诸多承认具有约束力先例体系的法律体系,有时允许法官偏离先例。其中最为突出的例子是那些允许最高法院偏离自身先例的法律体系。[92]在以色列,法律明确规定:"最高法院的判决理由对所有法院具有约束力,但最高法院不在此限。"[93]然而,对于这一规则的含义,学界存在不同观点。我认为,正确的立场应当是在不同情境下进行区分。首先,如果最初的判决是正确且为法院所接受的,法院将遵循该判决,而不会产生偏离的问题。其次,如果先前的判决无疑是错误的,那么法院就不应当遵循它。在这种情况下,不应提及自我约束或先例的限制。相反,我认为法官有义务偏离先例。我所说的"无疑是错误的",包括所有那些只存在唯一合法解决方案,但法院在最初案件中未采纳该方案而选择了非法解决方案的情形。例如,如果法院完全忽视了某项制定法并作出与之相悖的判决,那么即使在具有约束力先例的体系中,也允许偏离,因为原判决是在缺乏谨慎的情况下作出的。然而,在我看来,当先前法院援引并解释了某项制定法,但解释明显错误时,也应适用相同的规则。在这种情况下,法院同样有义务偏离最初的先例。

---

[91] Raz, *supra* note 12, ch. 1, at 186.

[92] See Cross, *supra* note 87.

[93] Sec. 20 (b) of Basic Law: Judging.

另一类情形也属于此类：当最初的判决作出时，它是合法的， 82
但自那时起发生了变化，使其后来不再合法。这些变化可能发生在
规范层面，例如法律的变更（无论是制定法还是普通法）。在这种
情况下，该情形类似于因缺乏谨慎而作出的判决的例子，但两者并
不完全相同。变化可能发生在社会层面，只要这种变化与普通法的
形成相关。这种情形已被承认是对具有约束力先例规则的例外，而
且在我看来，它仍然适用于现有的法律秩序，即在这种情况下，法
官有义务偏离先前的判决。第三种情形出现在最初的判决在多种合
法可能性中选择了其中一种——换言之，作出最初判决的法官面临
着行使裁量权的选择，而这些可能性在今天仍然合法。此时，法院
可以选择遵循最初的判决（从而采纳初审法院的裁量选择），也可
以选择不遵循它（从而在法院可选择的范围内采纳另一种可能性）。
在决定是否遵循先前的裁判理由时，法院必须重视存在最初判决这
一事实，并考虑偏离该判决对公众预期以及公众对法院信任所造成
的损害。法院必须在这一损害与偏离最初判决所带来的益处之间进
行权衡。只有当益处大于损害时，才存在偏离最初规则的空间。[94]

这一分析表明，当法院不受先前判决（无论是其自身的还是其
他法院的）的约束时，有时可能会面临一个两难困境，即是要受制
于该先前判决并遵循其路径还是与之割裂开来。例如，如果在先前
的判决中，法院在多种合法的可能性中作出了选择，而这种选择的
自由（或许伴随着更多或更少的可能性）仍然存在，那么这种情况
就会出现。法官必须以合理的方式在各种可能性中作出选择。有
时，这一要求足以指向唯一解决方案（例如维持原有裁决）。然而，

---

[94] See ch. 9. See Sprecher, "The Development of the Doctrine of Stare Decisis and the Extent to which it Should Be Applied", 31 *A. B. A. J.* 501 (1945); Schaefer, "Precedent and Policy", 34 *U. Chi. L. Rev.* 3 (1966).

在其他情况下，这一标准可能不足以排除司法裁量，因为每一种可能性都符合合理性检验。在这种情况下，法院将拥有选择的自由，法律不会强加给它一种特定的行动方式，除了选择法院认为最佳的解决方案这一义务之外。这种选择的自由即为司法裁量。因此，当允许法院偏离某一先例但并不是必须这么做时，司法裁量就可能存在。

当除了是否偏离先例这一基本问题之外，还出现了另一个问题——即偏离是否具有溯及力——时，司法裁量的范围将变得更加宽广。有时，这一选择并不会出现在法院面前，因为即使法院选择偏离先例，该偏离也必须具有溯及力。然而，在某些法律体系中，法律允许具有预期性（仅对未来适用）的偏离或推翻先例。在另一些法律体系中，这一问题尚未出现，且法律是否允许预期推翻先例尚不明确。在所有这些情形中，司法裁量的范围都变得更加宽广，因为除了"是否偏离"这一问题之外，还增加了"何时开始偏离"这一问题。[95]

十二、裁量的实质性渊源：法律规范缺失（"漏洞"）

（一）问题

在法律规范缺失的情况下是否存在司法裁量？这是一个复杂的问题。它涉及法理学的基本问题，[96]并且在以色列法中引发了复杂的讨论。为了探讨这一问题，首先必须明确其边界。正如笔者此前指出的，这个问题假设了一种不存在能够解决特定冲突的法律规范

---

〔95〕 See ch. 9.

〔96〕 See Raz, *supra* note 12, ch. 1, 70, 180.

的状态，并且涉及在这种情况下司法裁量的范围。关于这种假设，它在不存在制定法规范和不存在普通法规范的情况下分别意味着什么？

（二） 制定法规范何时缺失？

从制定法规范的视角来看，这一假设意味着某一特定争议的判决落在所有制定法规范的适用范围之外。当然，必须对每一项制定法规范进行审查，因为某一案件可能超出某一规范的适用范围，却处于另一规范的适用范围之内。因此，我们的假设要求该争议必须超出所有制定法规范的适用范围。如果存在以下情形之一，则该假设不存在，即存在调整该案件的制定法规范：（a）该争议落在某一项制定法规范所调整的"消极安排"的范围内，或者（b）该争议落在法官在解释制定法规范时所享有的裁量权的范围内。在这两种情形下，法官找到了调整该争议的制定法规范，尽管需要运用其裁量权来确定该规范的适用范围。

在情形（a）中，存在一项制定法规范。它针对其所涵盖的事项确立了一种安排——赋予一项权利或权力、施加一项义务，或确认一项豁免（"积极安排"），并且针对未被其涵盖的事项确立了另一种安排——缺乏权利或义务、缺乏权力或豁免（"消极安排"）。这种状态的特征在于，积极安排通过规范的明确语言得以体现，而消极安排要么是从语言中推断出来的，要么源于其他规范中所确立的内容。例如，刑法规范在刑法所规定的条件得到满足时确立责任（积极安排），而在这些条件未得到满足时确立无责任（消极安排）。这源于对具体刑法规范的解释与适用"法无明文规定不为罪"这项一般原则的结合活动。每一个落在这些安排（无论是积极的还是消极的）范围内的案件，都受到制定法规范的约束，

84

而关于在缺乏制定法规则时的司法裁量问题也就不会出现。当然，有时很难判断一项规范是否只确立了积极安排，或者是否也创设了消极安排。某些制定法规范针对某些问题确立了积极安排，而对于其他问题则没有任何安排——既非积极的，也非消极的。例如，规定制造商对因使用有缺陷产品而造成的任何损害承担严格责任的规则，并未确立制造商在其他情况下不负责任，或者承担绝对责任。同样，确立在特定条件下侵权人对"恶意起诉"承担责任的规范，85　并未包含在缺乏这些特定条件时关于侵权责任（例如，过失侵权）的消极安排。上述制定法规范在满足特定条件时确立了一定的积极安排，但对于不满足条件时的责任问题未持任何立场（即，未创设消极安排）。有时，某一特定安排是仅具有积极性质很容易判断，还是也具有消极性质。有时，回答这一问题则较为困难，涉及司法裁量。但这是一种对特定制定法规范进行解释的司法裁量，我们在别处已经讨论过。它与我们目前所关注的问题并无关联，即在缺乏制定法规范时的司法裁量问题。

在情形（b）——即在解释制定法规范时属于司法裁量权范围内的事项——中，存在制定法规范，但其适用范围并不明确，存在数种均属合法的可能性。法官必须通过行使裁量权，确定具有约束力的选择。这种状况虽被制定法规范所"遮蔽"，但该规范的具体内容则由司法裁量权的行使所决定。例如，《以色列合同法（总则）》（1973 年）规定，合同必须以善意履行。然而，"善意"这一概念模糊且具有开放性。有人认为其含义是主观的（"无恶意"），而另一些人则认为其含义是客观的（"诚实行为"），还有人主张它兼具主观与客观要素。

法官通过司法裁量，判定合同是否以善意履行。然而，这一问题是由制定法规范"解决"的，并不涉及在缺乏规范时的司法裁量，而是涉及对现有规范进行解释时的司法裁量。

因此可以推断，我们所探讨的问题——即在缺乏制定法规范时的司法裁量——仅出现在那些超出某一制定法规范适用范围的争议中。诚然，在许多情况下，规范的适用范围可能并不清晰（即案件既不属于简单案件，也不属于中间类型案件），法官可能在确定其范围时拥有裁量权（疑难案件），无论是在安排的内容方面（仅是积极的还是也包括消极的），还是从其他角度（客观善意或主观善意）。但最终，存在一项制定法规范，争议将在其框架内得以解决。

有时，在某一法律体系中存在一项制定法规则，规定了在缺乏制定法规则时法官应如何行事。当然，有人可能会争辩说，在这种情况下，实际上存在一项解决案件的制定法指令，因此并不存在缺乏制定法规范时的司法裁量问题。然而，必须区分两种情况：一种是存在一项制定法规则，但其适用范围不明，只能通过行使司法裁量权来确定；另一种是不存在任何制定法规则，需要通过司法裁量来创设规则本身。为了理解这种区分，我们可以采用哈特教授所发展的术语。他区分了"初级规则"（primary rules）和"次级规则"（secondary rules）。初级规则确立了一套特定的规范，用以调节个人在社会中的生活；次级规则确立了承认规则、变更规则或裁判规则的方式，它们针对的是初级规则。当我们处理现有制定法规则的解释时，初级规则已经存在，法官通过运用裁决案件的权力，赋予其正确的含义。然而，当不存在制定法规则，法官依据法律中调整这一问题的规则来创设规则时，不存在初级规则，法院通过其裁决案件和变更现有法律的权力来创设规则。当然，这两种情况有许多共同之处。在两种情况下，法官都可以行使裁量权；在两种情况下，他都是基于次级规则行事；在两种情况下，他最终都对冲突作出裁决。然而，这两种情形之间存在一个重要的区别：在一种情形中，

86

初级规则存在，尽管其范围不明；而在另一种情形中，则创设了一个原本不存在的初级规则。

从我们的视角来看，关键问题在于这两种情形之间的差异——即对现有制定法规则的解释与基于授权法官创设新规则的制定法规则而进行新规则的创设——是否与司法裁量问题有关。换言之，在解释法定规范方面的司法裁量权与在授权法官这样做的法定规范基础上创设新规范方面的司法裁量权是否相同？

（三）判例法规范何时缺失？

我们已经提出了这样一个问题：在缺乏法律规范的情况下，什么是司法裁量？我们分析了这一问题在制定法规范中的重要性。从判例法规则的视角来看，这一问题具有何种意义？在我看来，从判例法规则的视角来看，"缺乏法律规范"意味着法律冲突超出了该法律体系中具有约束力先例的"判决理由"的范围。如果争议受到某一先例或另一先例的判决理由的约束，那么就不能说不存在决定该冲突结果的法律规范。另一方面，如果没有任何判决理由适用于该案件，那么我们所探讨的问题便出现了。

假设某一法律体系中的判例法在判决理由的语境中确立了处理那些没有先例可循的案件的解决方法，那么又该如何看待呢？笔者看来，对它的分析应当与此前对制定法规范的分析相同。因此，在这种情况下不存在既定规则，我们所面对的正是困扰我们的关于在创设新的司法规则时的司法裁量的问题。

（四）创设新规范的司法裁量

在法律体系存在漏洞的情况下，法官在创设新规范时是否存在司法裁量？每一个现代法律体系似乎都有关于填补漏洞的规范，这些规范无疑赋予了法官一定的裁量权，尽管受到限制。然而，这种裁量权的范围在不同的法律体系中各不相同。每一个法律体系都有其自身关于这一问题的一般规范性导向。在一个法官填补漏洞的方式如同立法机关若面临该问题时会采取的方式的法律体系中的司法裁量权，与在一个漏洞应通过类比现有法律来填补的法律体系中的司法裁量权是不同的。

　　普通法在其何种规范性导向（美国或英国）的语境中发展？似乎尚未形成一项明确的规范（次级规则），允许法院从制定法规范中类推。[97]无论如何，即使这种做法并非不为人知，但其适用范围也极为有限。至于判例法本身，其发展无疑遵循类推标准，[98]尽管这并非普通法所承认的唯一规则。[99]似乎该体系为保留最大灵活性，拒绝以任何固定规范加以限制。[100] 因此，在出现法律漏洞时，允许法官进行类推，但也有权运用其他原则，如正义、合理性、常识、道德以及体系内所认可的其他一般性原则。当然，这些原则有时可能会相互冲突。法官随后通过为相互竞争的价值赋予适当的分量来加以权衡。因此，我们看到，在普通法体系出现漏洞时，便赋予了法官广泛的裁量权。

　　与普通法法官类似，大陆法系也赋予了法官类似的广泛裁量

88

---

　　[97]　See Landis, "Statutes and the Sources of Law", in *Harvard Legal Essays* 213（1934）; Atiyah, "Common Law and Statute Law", 48 *Mod. L. Rev.* 1（1985）.

　　[98]　See Parke J. In *Mirehouse v. Rennell*（1832）8 Bing. 490, 515.

　　[99]　See Lord Halsbury in *Keighley*, *Maxstead and Co. v. Durant* [1901] A. C. 240, 244.

　　[100]　See Lucke, *supra* note 70, ch. 1, at 67.

权。例如，瑞士法明确规定，[101] 在出现法律漏洞时，法官应像立法机关一样补充缺失的内容。这无疑赋予了法官广泛的裁量权，尽管这种裁量权受到的规范性限制——要求法官如同立法机关行事——几乎是微乎其微的。然而，在实践中，这种裁量权的使用似乎相对有限。

奥地利法规定，[102] 当某一问题无法通过解释或类推解决时，应依据自然正义原则加以解决。意大利法典规定，[103] 当某一问题无法通过解释或类推解决时，应依据国家法律秩序的一般原则作出裁决。墨西哥法典中[104] 也存在类似的指导原则，该法典同样提及了一般法律原则。

（五）填补"漏洞"的规范是否仍然存在漏洞？

或许可以主张，在一个包含确定如何填补漏洞所造成的空白的次级规则的法律体系中，不存在所谓的漏洞。诚然，在这种体系中，关于如何填补漏洞的问题本身并不存在漏洞。然而，该体系中仍存在其他需要填补的漏洞。当然，随着时间的推移，某些漏洞可能会得到填补，但同时可能会产生新的漏洞。因此，必须区分法律体系填补漏洞的潜在能力与法院实际填补这些漏洞的行为。只要法院尚未填补漏洞，我们便认为体系中存在漏洞，即使该体系具有能够填补这些漏洞的规范性潜力。

89

---

〔101〕 Sec. 1（2）of the Law of Obligation, 1907. See also von Overbeck, "Some Observations on the Role of the Judge Under the Swiss Civil Code", 37 *La. L. Rev.* 681（1977）.

〔102〕 Sec. 7 of the Civil Code of 1811.

〔103〕 Sec. 12 of the Civil Code of 1942.

〔104〕 Sec. 19 of the Mexican Code of 1928.

（六）在以色列填补漏洞的司法裁量：《法律基础法》

《法律基础法》（1980 年）废除了《枢密院令》（1922 年）第46 条，并在其基础上建立了新的规范秩序。该法令措辞如下：

> 如果法院认为某一法律问题需要裁决，且在制定法规范、判例法或通过类推均无法找到答案时，应依据以色列传统中的自由、正义、公平与和平原则作出裁决。

该条款虽未明确规范体系的层级，但合理的解释应为应按照该条款所设定的顺序进行操作。法院首先应考察该问题是否可通过制定法规范解决。若不然，则考察判例法中是否存在答案。只有在制定法规范与判例法均无法提供答案时，法院才诉诸"类推手段"，若类推亦无法解决问题，则依据以色列传统中的自由、正义、公平与和平原则作出裁决。因此，若可通过类推解决该问题，则不应援引以色列传统中的原则；若制定法规范或判例法中已有答案，则不应寻求类推；若制定法规范已给出答案，则无须考察判例法。

这一规则是以色列法律体系中最为核心的规则之一。它赋予了法官广泛的司法裁量权。如同任何一种司法裁量权一样，这种裁量权也是受到限制的。这些限制的范围当然取决于对该法条内容所作解释。如同任何其他制定法规则一样，这一规则也必须被解释。遗憾的是，其模糊性超过了明确性，许多基本问题仍然没有明确的答案。因此，即使在这里，司法裁量权的行使也无法避免。

第三章

司法裁量的形式渊源

一、司法裁量与司法立法

(一) 基本术语

根据我们的定义，司法裁量权是赋予法官从多种可能性中进行选择的权力，每种可能在该制度背景下都是合法的。在解释一项制定法规则时，这种权力意味着落实制定法语言中蕴含的任何一种可能性。在解释判例法时，这种权力意指确定案件的判决理由。在偏离现有普通法规则的情况下，这一权力用于以另一条规则取代现有规则。在没有先前的法律规范存在的情况下，这种权力的意义在于通过创制新的规范来填补空白。在所有这些情况下，通过运用隐性的司法裁量权，创造了一个新的规范性现实。基于具有约束力的先例原则，这一新的规范性具有了普遍性。

"立法"就是创制一般性的法律规范。正如汉斯·克林霍弗 (Hans Klinghoffer) 教授所说，"制定一般性规范是功能意义上的立法，与制定一般性规范的机关无关"。[1]在现代民主国家，立法首先是民选的政治机构（立法部门）的工作。立法部门的主要任务（如果不是唯一任务的话）是制定法律。社会要求行政机关也制定

---

〔1〕 H. Klinghoffer, *Administrative Law* 7 (1957).

法律。这是次级立法。但是，法官通过裁决案件，也参与了一般法律规范的制定。法官也参与立法：司法立法。[2]

因此，司法立法是法官在裁判过程中创造一般性法律规范的活动。司法裁量权是选择和创造的权力和权威。司法立法是运用这种权力和权威的结果。迪普洛克（Diplock）勋爵说：

> 这是司法程序的第二个功能，即决定实际发生的事情是否违反了邻里责任，这是我所关心的问题。只要人们对邻里责任的内容存在争议，就必须立法。在大多数情况下，是没有争议的。一旦查明事实真相，就不会对其法律后果有争议。相关的行为准则是明确的。但也有这样一些情形（比人们预想的要多得多），人们对行为规则的真正含义存在争议。议会法案制定的规则和普通法中发展起来的规则都是如此。[3]

当然，司法立法与其他形式的立法之间存在实质性差异。例如，司法立法始终是裁判行为的副产品，它不能独立地存在。诚然，政府的三个部门都参与了立法，但它们参与立法的方式是不同的，因此它们的立法在本质上是不同的。[4]然而，这种差异并不足以模糊相似性，也不足以掩盖法官在裁决争议时参与了立法的现实。

---

〔2〕　See Barak, "Judicial Legislation", 13 *Mishpatim* 25（1983）.

〔3〕　K. Diplock, *The Courts As Legislators* 5（Holdsworth Club, Presidential Addresses, 1965）.

〔4〕　迪克森（Dickson）认为："司法机关和立法机关都制定法律，但它们制定的法律种类不同，制定法律的目的也不尽相同。" See Dickson, "The Judiciary—Law Interpreters or Law Makers?" 12 *Manitoba L. J.* 1, 5（1982）.

（二）裁量、法律制定以及约束性先例的原则

我将司法立法定义为这样一种活动，即法官通过裁决创造一般
92 性法律规范。当司法部门创制单个的法律规范（即一个只对眼前当
事人具有约束力的规范）时，它并不参与司法立法，而是进行简单
的裁决活动。根据这种分析进路，司法立法与有约束力的先例原则
之间存在直接联系。这种联系意味着，只有在法院判决具有约束性
先例地位的情况下，才存在司法立法。[5] 当一个先例具有约束力
时，判决中蕴含的规则不仅对冲突各方具有约束力，而且也可以约
束整个社会公众。因此，法院的司法创制由此获得普遍效力。基于
此理由，人们认识到司法规则在功能意义上是一种立法行为。正如
迪普洛克勋爵所说：

> 然而，每一项不是在棕榈树下而是在受先例规则约束的法
> 院所作出的判决，都隐含着对未来的展望和普遍的启示意义。
> 它不仅对诉讼的特定当事人，而且对所有知道判决的人，都传
> 达这样一个意思："如果将来有人做这种事，就会产生这样的
> 后果。"法院正是通过每一项判决中隐含的内容，来履行一种
> 司法职能——即行使一种立法性权力。[6]

最高法院不受自身先例的约束，这一事实与本问题无关。就裁
决行为的立法性质而言，公众受最高法院先例的约束就足够了。同
样，立法机关可以通过自己的立法行为改变判决，这一事实并不减

---

[5] See Krindle, "The Law Making Process", 2 *Manitoba L. J.* 167 (1967); Hiller, "The Law-Creative Role of Appellate Courts in the Commonwealth", 27 *Int'l & Comp. L. Q.* 85 (1978).

[6] Diplock, *supra* note 3, at 3.

损判决的立法性质。

　　鉴于人们普遍认为司法克制会限制司法裁量，从而限制司法立法的范围，司法立法与具有约束性先例之间的这种联系，可能会令人惊讶。事实上，司法克制确实在一定程度上限制了司法创制的范围。然而，它将立法权赋予了它所承认的有限的司法创制。

　　尽管司法立法的功能概念与有约束力的先例原则之间存在形式上的联系，但是我们不能忽视社会法律的现实，社会法律现实也注重法院的某些判决，而这些判决的判决理由并不具有约束力。当然，这是那些与霍姆斯[7]一样的人所持有的观点，他们认为法律只是对法院判决的预测。根据这种观点，人们可以高度肯定地预测一项将被遵循的司法判决，它本身就是法律，即使并不具有约束性先例的那种效力。但是，即使是像我这样不赞同霍姆斯观点的人，从社会动态的角度来看，也不能忽视公众在实践中遵循的司法判决的地位，尽管从形式上看这些判决并不具有约束力，例如最高法院的附带意见、地区法院或治安法院的判决。正如泰代斯基教授所说：

　　　　即使没有具有约束力的先例，在世界习惯中，它也引发了人们对今后遵循它的某种期望。尤其是那些制定了旨在保证判例法统一性规则的法律体系中，因此我们不能说判决只与案件的各方当事人相关，仅此而已，也不能说，任何一个考虑到附带意见的陌生人就像窃听者一样，隔着一堵墙听到了不该听的话。[8]

　　因此，判例法表达的内容即使不具有约束力，也不只针对案件

---

〔7〕　Holmes, *supra* note 17, ch. 1, at 461.

〔8〕　G. Tedeschi, *supra* note 27, ch. 1, at 30.

93

的当事人，而其所有的裁决都构成立法，尽管不是正式意义上的立法。此外，就最低层级法院而言，如果没有它们的活动，最高法院就无法正常履行其职能。建立事实基础，提出各种法律选择方案，并为最高法院的裁决作好准备，这些在司法立法的发展过程中发挥着重要的作用。

（三）规范适用与司法立法中的司法裁量

司法裁量的对象可能是规范本身，也可能是将规范适用于特定的争议。在前一种情形下，我们试图了解什么是规范（什么是过失?）。在后一种情形下，我们想知道如何将规范适用于一组特定的事实（在特定时间以特定速度驾驶是否是过失行为?）。因此，就其本质而言，适用规范的司法裁量并不构成其他案件的先例。它仅代表特定案件中的决定。由此可见，以将特定规范适用于一组特定事实为对象的司法裁量，并不构成司法立法。然而，为了确立特定的判决，法官必须（有意识或无意识地）确定规范的范围。对规范范围的确定，在包含司法裁量的范围内，将构成立法：它具有一般性，根据有约束力的先例原则，它成为一种立法行为。因此，我们看到，在司法裁量的三个对象（事实、规范的适用和规范本身）中，只有第三个对象——规范本身的效力——才是司法立法的基础。

（四）在没有司法裁量情形下的司法立法

司法裁量与司法立法之间的联系并非不可避免。一方面，在没有司法立法的情况下，仍然可以存在司法裁量。这就是行使司法裁量而没有形成一般规则的情况。另一方面，在没有司法裁量的情况下，也可能存在司法立法。法官在没有任何其他合法可能选择的情形下创制一般性的法律规范，就是一个例子。在解释一项制定法时，当法官对制定法作出唯一可能的解释时，就会出现这种情况。在处理判例法时，当法院重复遵循一个合法作出的裁决或者偏离一个明显错误的裁决时，就会出现独立于司法裁量的司法立法。在法律规范缺失的情况下，当只有一种合法的解决方案填补空白时，就是同样的例子。在以上所有情形中，司法立法都是在法官没有司法裁量权的情况下进行的。

　　事实上，大多数司法立法行为都不涉及任何司法裁量。法官只有一种合法的选择，不允许他在不同的情况之间进行选择。在许多情况下，孟德斯鸠的描述是对的，他将法官视为重复法律语言的喉舌。在许多情形下，所谓的留声机理论是正确的，根据该理论，[9] 法官在重复立法者的话。同样地，在许多时候，法院重复遵循一个合法判决中的判决理由，而没有任何创新。根据宣告理论，法官并不创造新的法律，而只是宣告现存的法律，在此种情形下，宣告理论是无可厚非的。当人们没有作出必要的区分，而是认为在大多数情况下是正确的东西在所有情况下都是正确的时，困难就出现了——如果在大多数情况下，司法立法是在没有司法裁量的情况下进行的，这就表明所有的司法立法都是在没有司法裁量的情形下进行的。事实并非如此，人们必须一方面仔细区分简单案件与中间案件，另一方面又要区分简单案件与疑难案件。在前两类中，都不存在司法裁量，就这些裁判涉及司法立法——即通过先例确定一项一般性的规范——而言，其形成过程并不依赖司法裁量权的行使。然而，在疑难案件中存在司法裁量，在涉及司法立法的范围内，即以先例为基础形成的一项一般性规范，它们需要通过司法裁量来实现

95

---

〔9〕　M. R. Cohen, *Law and the Social Order* 112, 113 (1933).

这一点。法律领域并不是单一的（unitary）。它有山川，也有平原，无论谁在其中驰骋，都必须区分不同的道路。用萨斯曼法官的话说：

> 在孟德斯鸠眼中，法官的形象是一个极有能力在立法森林的隐蔽小径中找到自己方向的人，但孟德斯鸠的观点存在一个常见的错误，即这些路径总是存在的，你所有的努力只在于发现它们。孟德斯鸠没有意识到，有时这些道路根本不是由立法机关铺设的，法官自己必须铺设它们。[10]

不存在司法裁量的案件，即使存在心理意义上的权衡和衡量，也不在本书的讨论范围之内，不存在司法立法的案件也是如此，即使它们涉及通过特定行为在争议中作出决定。本书关注的是行使司法裁量之后的司法立法。作这种自我限制的原因是，在这类情形中，立法行为的实质合法性、法官在民主社会中的地位以及司法立法与权力分立的关系等问题都会出现难题。

二、司法裁量的形式渊源及司法立法

（一）问题

司法裁量的渊源是什么，以及紧随其后的司法立法的渊源是什么？这个问题涉及几个不同的方面。在当前的情况下，问题出现于形式方面：法官能够在众多可能性中作出选择，从而做出确立法律规范或确定法律规范适用范围的行动，这种做法背后的权威或权力依据是什么？这种审查极为重要，因为司法部门和其他部门一样，必须在法律的范围内活动。司法部门只能在法律所赋予的权限范围

96

---

〔10〕 Sussman, *supra* note 44, ch. 1, at 213.

内行事。这是形式法治原则。司法立法只有获得法律承认并且在法律所承认的范围内，才是允许的。因此，司法立法的权力和范围必须以法律为依托。这是形式合法性（formal legitimacy）原则。它适用于每个政府机构的活动，特别是适用于司法部门的活动，因为它审查其他机构是否在法律范围内行事。一个审查和检查他人行为是否合法的人，首先必须坚持要求自己的行动是合法的。

在法官行使司法裁量和创制法官法的正式权力的问题上，必须区分出两种法律情况：一是有明确的规则赋予法官裁量权，以确立法律规范或其适用范围；另一种情况是不存在这样的规则。

（二）形式性渊源：一条明确的规则

在第一种情况下，制定法规范明确规定法官在确定法律规范或规范的适用范围方面拥有裁量权。《法律基础法》中就有这种明确授权的例子，该法授权法官"通过类比"制定新规则的权力，或者在无法使用这种类比的情况下，"根据以色列传统的自由、正义、公平与和平原则"制定规则。类似的规则在许多法律体系中都存在。但一般来说，制定法很少明确授权法院确立规范或者规范的适用范围。这个问题通常留给法学（jurisprudence）和判例法本身去解决。

（三）形式性渊源：在没有明确规则的情形下

自然权力或授权权力。在第二种法律情形中，没有明确的规则赋予法官在确定法律规范或适用范围的裁量权。在这种情况下，法官这样做的权力来源是什么？答案是，这种权力是在争议中作出裁决的必然结果（necessary corollary）。为了在冲突中作出裁决，法院必须确定事实，并将法律规范适用于这些事实。为此，法院必须首

97

先确定法律规范是什么，并且要确定法律规范的适用范围。除非法官面前有据以裁决案件的法律规范，否则他无法裁决案件。裁决争议的权力也就自然而然地意味着，法官有权确定对案件作出裁决所依据的法律规范及其适用范围。这一决定权属于当事人，但由于具有约束力的先例原则，它在所适用的案件中具有普遍的规范效力。

当然，如果法律只包含一种合法的可能性，法官就必须根据这种可能性适用法律。他无权在简单或中间案件中行使司法裁量权。然而，当法律包含多种可能性时，法官别无选择，他只能有意识或无意识地在各种可能性中作选择。这是一种疑难案件，它授予法官行使司法裁量权。如果法官不选择合法的、具有约束力的规范，他就无法裁决案件。

对于一项制定法规范，我们也可以通过以下方式得出同样的结论："每一项立法性规范，作为一个自然而然和不言自明的存在，都包含着对法院解释权的授予。"[11]由此可见，即便没有明确授权法官行使司法裁量权，也总是存在默示的授权。[12]离开对一项制定法规范的解释，法官无法直接依照制定法规范裁决案件。[13]作出裁决意味着解释规范。"法律的适用经常——而且在实践中总是——涉及对法律的实质及内容采取立场。"[14]无论是谁制定了特定的规范，都默示地授予法官解释规范的权力，[15]并且授权法官确定规范的适用范围。无论谁授权法官对争议作出裁决，都默示地授权他确

98

---

〔11〕 H. C. 73/85 *Kach v. The Speaker of the Knesset*, 39 P. D. （3）141.

〔12〕 See Calabresi, *supra* note 11, ch. 1, at 92.

〔13〕 See Fiss, *supra* note 37, ch. 1.

〔14〕 H. C. 306/81 *Sharon v. The Parliamentary Committee*, 35 P. D. （4）118, 141 （Shamgar, J.）.

〔15〕 See Curtis, *"A Better Theory of Legal Interpretation"*, 3 *Vand. L. Rev.* 407, 424（1950）.

定据以裁决案件的规范及其适用范围。制定制定法就等于赋予了法官解释它的裁量权。

作为一项行为的基本条件，要求确定规范或其适用范围并不是司法机关所独有的。每一个根据法律规范行事的个人或机关，在采取行动的同时，都必须自觉或不自觉地确定行为依据的规范及其适用范围。我们生活在一个规范的世界里。我们每个人在任何时候都是根据法律规范行事，由此必须自觉或不自觉地为自己确定规范及其适用范围。这一点在政府机关问题上尤为突出。这些机关只拥有法律所赋予它们的权力。因此，它们的每一项行动都必须以法律为依据。由此一来，在它们采取行动之前，作为其行动的先决条件，它们自然会对适用于其自身的法律及其适用范围表明一定的立场。立法机关在立法之前，必须对宪法中规定的规范表明立场，并根据该规范行事，而不得偏离它。立法机关还必须对其他法律中的规范表明立场，不得违反这些规范。同样地，依照法律行事的行政部门在行使其立法、行政或司法权力之前，必须——有意识或无意识地——自行确定其行动所依据的规范及其适用范围。司法部门也是如此。每位法官在对争议作出裁决时，都必须顺带确定法律规范的内容及其适用范围。

法官权威的独特性。 每个人都必须有意识或无意识地自行确定其行为所依据的法律规范及其适用领域。那么，法官和其他人有何不同呢？答案是，每个人都为自己以及那些愿意或有义务接受其决定的人确定法律规范。只要没有人挑战他，他们就会按照这个决定行事。然而，有时一个人的决定会与其他人的决定冲突。例如，公民认为根据某个特定的法律规范，他享有某种权利或豁免权。政府则认为，同一法律规范并不赋予其权利或豁免权。这样就产生了冲突，需要法院对此作出裁决。法院在权衡各方立场之间作出裁决

99　时，将运用裁量权。一旦作出裁决，它的裁决——而且只有其裁决——才具有约束力。因此，法官在确定法律规范及其适用领域方面的裁量权不同于其他人的裁量权，因为法官的裁量权对其他人具有约束力，而其他人的裁量权并不会约束法官。换句话说，作为一个自然而又悬而未决的问题，对案件作出裁决的要求，包括要求确定法律规范及其适用范围。这一裁决对各方都有约束力，无论他们是谁。正如梅尔·沙姆加尔法官所指出的那样：

> 每个政府机关在指定的时间内都需要对法律进行解释，因为制定法的适用经常（在理论上总是）需要对其内容和实质采取立场。但是，对于法律的最终和决定性的解释确定权，即其在特定时间的有效性，掌握在法院手里。至于在法律体系内提交审查的案件，则由最高法院来负责。[16]

根据具有约束力的先例原则，这一裁决具有普遍的规范效力，并成为功能意义上的司法立法行为。我在其他地方曾讨论过这一点：

> 因此，每个政府机关——就此而言，也包括每一个人——都参与了法律解释，以指导自己的行动。有时，实践中的做法是将某个特定机关的解释权授予一个或另一个官员。因此，举例来说，行政机关的法律解释权授予了司法部长，他的解释在行政机关内部具有约束力。如果在审判过程中出现解释问题，则法院有解释权，其解释对各方当事人都具有约束力，如果最高法院对相关问题作出解释，那么该解释对全社会都具有约束力［国内具有约束力的先例原则：《基本法》第 20（b）节：

---

[16]　See *supra* note 14.

司法裁判〕。[17]

对于法官行使司法裁量权（自然或隐含）的权力来源，这种形式进路源于现代民主的概念。其核心是法治原则。每个人、每个私主体或政府机关都受到法律的约束。当法律的内容发生冲突时，决定权就交给司法部门。这就是权力分立原则，它赋予司法部门——也只有司法部门——拥有对争议案件作出裁决的权力。在作出这一裁决时，司法机关是独立的，在如何解释法律方面不受任何个人或机关的指示。它必须独立作出裁决，并应对自己的裁决负责。当然，在许多情形下，并不存在裁量权。只存在一种合法的可能性。但是在许多其他情形下，法律本身创造了一种裁量权的情形。法官必须从多种合法可能性中作出选择。选择权掌握在法官手中，在这样的选择中，除了法律之外，他别无选择。行政机关[18]和立法机关[19]无权指示他如何运用裁量来解释法律。我在其他地方讨论过这个问题，在我看来：

> 在司法机关和行政机关的关系中，以及在司法机关和立法机关的关系上，原则是，无论其他权力机关如何解释，具有约束力的解释是法院的解释。[20]

开明的民主国家也接受同样的原则。因此，例如，美国最高法院在"鲍威尔诉麦科马克"（*Powell v. McCormack*）案中这样裁决：

> 我们的政府体制要求联邦法院有时作出与其他部门不同的宪法解释。这种裁决可能导致的所谓冲突，并不能成为法院逃

100

---

〔17〕　H. C. 73/85 *supra* note 11, at 152.

〔18〕　See *United States v. Nixon*, 418 U. S. 683（1974）.

〔19〕　See *Powell v. McComack*, 395 U. S. 486（1969）.

〔20〕　H. C. 73/85 *supra* note 11, at 152.

避其宪法责任的理由……本法院有责任担当宪法的最终解释者。[21]

"这些话，并不是只有那些拥有正式宪法并承认对立法的合宪性进行司法审查的法律体系所独有的。它们是每个拥有独立司法机关的法律体系的基本真理。"[22]

这并不妨碍立法机关——如果它不受宪法条款的约束——合法地改变这些基本真理。因此，立法机关可以在一项法律中宣布，在某一事项上解释法律的权力不属于裁决冲突的法院，而是属于非司法机关，该机关的解释对法院具有约束力。但这样的规则很少见。一般来说，这些规则与否定法院审理案件实质问题的管辖权有关。事实上，有时否定法院审理和裁决案件的权力，要比否定法院解释其据以裁决争议的法律的自然权力要更为方便。然而，否定法院管辖权的情况也很少发生。因此，当立法机关对法院行使裁量权的方式不满意时，其主要工具就是改变判例法中得出的一般规范。

三、司法立法的范围——"形式正当性的区域"

司法立法的范围取决于司法裁量的范围。正如我们所看到的，司法裁量是有限的，而不是绝对的。因此，司法立法也是有限的，绝对的司法立法并不存在。法官所喜欢的每一种选择并非都是可能的，并不是所有考量都是允许的。当裁量涉及对法律的解释时，法律本身就限制了司法立法的范围。霍姆斯法官的话适用于这类立法："我毫不犹豫地承认，法官确实而且必须立法，但他们只能在

---

[21] See *supra* note 19, at 549.

[22] H. C. 73/85 *supra* note 11, at 153.

法律的间隙中立法；他们的行为幅度被限制在摩尔到分子之间。"[23] 兰道法官讨论了同样的原则："即使在这样的立法之后，法院也会回过头来，围绕法律的各个部分或在其裂缝内（间隙地）重新编织他们的解释网，这就像霍姆斯法官的那句名言一样。"[24] 材料是法定的（statutory），只有它的修改才是司法的。注释是法定的，只有对它们的解释是司法的。[25] 用兰道法官的比喻来说，[26] 法律要素（legal blocks）是法定的，对它们的重组是司法的。一方面是法律的文字表达，另一方面是立法目的，决定了司法立法的范围。当法官填补法律的空白时，他进行司法立法的范围就像法律造成的空白范围一样。这个空白并不是无限的。它是一个特定规范框架内的空白，是一个"封闭的空白"。[27] 因此，填补他的司法立法也是"封闭的立法"。卡多佐大法官讨论了这一点，他指出：

102

> 如果你问他如何知道一种利益何时超过另一种利益，我只能回答，他必须像立法者一样，从经验、研究和反思中获得知识；简而言之，从生活本身中获得知识。实际上，这就是立法者的工作与法官工作之间的交会点。方法的选择，价值的评价，最终都必须以对两者的相同考虑为指导。事实上，每个人都在其自己的职权范围内立法。毫无疑问，法官的权限范围更窄。他只在法律空白处立法。他通过司法立法填补了法律的

---

[23] *Southern Pacific Co. v. Jensen*, 244 U. S. 205, 221 (1917).

[24] Landau, *supra* note 17, ch. 1, at 297.

[25] See Frank, "Words and Music: Some Remarks on Statutory Interpretation", 47 *Colum. L. Rev.* 1259 (1947).

[26] Landau, *supra* note 17, ch. 1, at 292.

[27] 比较 Tammelo, "On the Logical Openness of Legal Order", 8 *Am. J. Comp. Law* 187 (1959).

空白。[28]

判例法中的司法裁量，也受到和司法立法类似的（如果不是完全相同的话）限制。原则、政策以及标准，都创造了司法裁量，但是他们也限制了司法裁量，同样也限制了司法立法。由此，司法裁量勾勒出了一个区域——形式合法性的区域。在这个区域内的每一个选择都是合法的，都是司法裁量的对象；而在此区域之外的每一种选择都是不合法的，并且不是司法裁量的对象。只有在这一区域的边界内，司法立法才是可能的。

（一）司法立法以及初级立法者立法

需要重申和强调的是，尽管法官参与了立法，但他的立法不同于立法机关的立法。在没有宪法的情况下，立法机关可以随意立法。相比之下，法官永远不能这么做。此外，影响立法内容的立法机关和法官的制度性特征也不同。法官在裁决时顺带进行立法，而且目的只是为了完成个案裁判。

他的立法不能独立于司法裁决。立法者则不同，立法是他的主要职能，立法活动能够独立存在。对此，布赖恩·迪克森（Brian Dickson）法官说："司法机关和立法机关都制定法律，但制定的并不是同一种法律，也不是为了同样的目的制定法律。法官的主要职责是裁决眼前案件，'解决诉讼问题'（*trancher le litige*），即解决争议的问题。"[29] 由此，司法立法具有自身特殊之处，使其有别于立法者的立法。

103

---

[28] Cardozo, *supra* note 67, ch. 1, at 113.

[29] Dickson, *supra* note 4, at 5.

（二）司法立法以及次级立法者立法

司法立法与行政部门的次级立法之间存在某种相似性。萨斯曼法官在谈到这一点时说："根据自己的解释作出裁决的法官，无异于一种权力受到削弱的次级立法者，他的权力限度是立法机关所表达的意图。"[30]无论是行政机关的次级立法，还是法官在解释制定法时所从事的司法立法，立法都是从制定法中提取的。两者都将制定法中蕴含的规范潜力付诸实施。制定法确立了一定的选择范围，法官和行政人员将其具体化。在这两种情况下，立法（司法立法或行政立法）都必须在成文的范围内进行，而不得超出该界限。同样地，立法都不能取消或改变制定法，而只能"执行制定法"，并将制定法中潜在的内容表达出来。

然而，司法立法与行政立法之间还是存在着实质性差异。正如我们所已经看到的，司法立法是裁判过程中的附带产物。行政立法并不附带于司法裁判。从这一事实中，我们得到了另一个制度上的区别。正如法官的制度特征不同于初级立法者，他们也不同于次级立法者。两者在形式上也存在实质性的差异。司法立法解释了一项立法行为，并成为该立法行为的一部分。它在规范等级中的地位与它所解释的立法行为的地位是平等的。另一方面，行政立法在规范等级中的地位低于它所执行的制定法规则。因此，通过解释宪法而产生的司法立法，与宪法本身具有相同的规范地位，只有宪法或司法规则本身的变化才能改变它。同样，通过对制定法的解释而产生的司法立法，在制定法自身的规范体系中具有等级地位，只有制定法或司法规则的变化才能改变它。迪普洛克勋爵对此表示："但是，

---

〔30〕　Sussman, *supra* note 15, ch 1, at 158.

104　　无论谁拥有最终权力解释议会所用词语的含义，谁都可以制定法律，就像它所给出的解释包含在一项新的议会法案中一样。如果想推翻它，就需要议会通过一项新的法案。"[31]

（三）司法立法的范围以及司法裁量的形式渊源

司法立法的范围是由司法裁量权的有限范围所决定的。这一范围随问题的不同而变化，人们不应该试图制定硬性规定。例如，我们不能这么说，在普通法法律体系中，司法裁量和司法立法总是比大陆法系更广泛。事实上，在普通法系中，也存在严格的具有约束力的先例规则，它甚至能够用来约束最高法院，司法裁量可能比大陆法系受到更多的限制。诚然，在普通法法律体系中，大部分法律来自判例法，但法官个人在特定时刻都可能发现自己比大陆法系的法官受到更多限制，因为大陆法系中的大部分法律来自立法机关。

在一个特定法律体系中，当成文立法在某一个问题上取代判例法时，我们无法提前知道司法裁量权是会增加、减少还是保持不变。[32]其效果取决于制定法颁布之前的司法裁量的范围，以及制定法框架内的司法裁量的范围。比如，在没有制定法的情况下，根据法律体系中的规则，法官可能拥有广泛的裁量空间。另一方面，制定法以详细的和决疑式（casuistic）的语言起草，立法目的非常明确。因此，司法自由会受到限制。在这种情况下，立法带来的结果是限缩司法裁量的范围。但是我们也可以想象相反的情况。在没有制定法的情况下，该领域可能充斥着各种司法先例，因此在该体系规则的背景下，司法自由会受到极大的限制。与此相反，制定法规

〔31〕　Diplock, *supra* note 3, at 6.

〔32〕　See Traynor, "Statutes Revolving in Common-Law Orbits", 17 *Cath. U. L. Rev.* 401（1968）.

则采用了笼统、宽泛和开放式的语言，并在非常广泛的立法目的框架内运作，因此其中的司法自由也极为宽泛。

　　有时，立法部门颁布的法律属于制定法已经覆盖的领域。立法 105
机关废除旧的法律，制定新的法律取而代之。人们无法预测这将对司法裁量和司法立法产生何种影响。司法裁量权可能会因此减少，但也可能因此增加。影响取决于立法机关的立法政策。例如，构成以色列《民法典》的新制定法主要是以简明扼要的形式起草的。这些制定法使用的一般性语言有时是含糊不清的和具有开放性结构的，并且建立在具有高度一般性的立法目标基础上，将具体化的工作留给了法院，法院必须在一般原则之间进行权衡。这赋予了法院广泛的司法裁量权，为司法立法确立了广阔的空间。事实上，如果我们将《民法典》和《法律基础法》放在一起考虑，就会发现以色列立法机关倾向于授予司法部门广泛的司法立法权。

四、司法裁量——创造法律还是宣告法律？

（一）问题

　　司法裁量权意味着并非每个法律问题都有一个合法的答案，在某些情况下，法体系中包含了许多合法的解决方案，法官可以从中进行选择。这种做法是否符合法律的宣告理论？根据宣告原则，法官并不创造新的法律，而只是宣告"隐藏"在法体系中的现有法律。即使后来的司法裁决废止了先前的司法规则，新规则也不能确定先前的规则是错误的，而只能确定它根本不是法律。[33] 在他的著作中，德沃金教授试图为宣告理论注入新的动力。[34] 我的观点与德沃金相反，我的观点是否与宣告理论相容呢？

（二）司法裁量与法律宣告

106　　我认为我对司法裁量的看法与宣告理论之间没有任何矛盾。后者将司法裁量视为法体系隐藏潜力的发挥。根据这种看法，当法官对一项含糊不清、晦涩难懂和结构开放的制定法进行解释时，他就是将文本中已有的合法可能性付诸实施，因此他是在宣告该文本。当法官从现有规则中进行类推时，他使潜藏在规则中的内容得以实现，而他正是从这些规则中汲取了类推的依据。当他偏离现有判例法或制定新规则时，他就是在发展现有规则的辐射力。由此，从教义学的角度看，宣告理论与法官根据制定法规则（它规定法官可以按照他认为合适的方式行事）进行的司法活动之间并不矛盾。在后一种情况下，法官也将该规则中潜藏的无限潜力付诸实施。泰代斯基对此这样说道：

> 即使明确赋予法官一种实质性权力，让他以自己认为合适的方式来裁决案件，在许多人看来，他的活动仍应被视为是宣告性的。因为即使是未制定的规则，也已经由立法机关通过如何、以何种方式以及由谁来表达该规则的决定有所暗示。换句话说，即使是在这些情形下，一些人也认为法官是在制定法的

---

〔33〕　See W. Blackstone, *Commentaries on the Law of England* 88（13th ed., London, 1796）; Friedmann, "Limits of Judicial Lawmaking and Prospective Overruling", 29 *Mod. L. Rev.* 593（1966）; Mishkin, "The High Court, the Great Writ, and Due Process of Time and Law", 79 *Harv. L. Rev.* 56（1965-66）.

〔34〕　Dworkin, "Natural Law Revisited", 34 *U. Fla. L. Rev.* 165.

框架内行事的，尽管这个框架极为宽泛。[35]

然而，我对司法裁量的看法表明，宣告理论是虚构性的。诚然，法官将法律体系中隐含的内容激活了，但这部分隐含的内容尚未经过提炼，只有通过裁决行为才能将其形式化为具有约束力的法律，从而明确界定人际关系中的权利边界，规定何者可为，何者不可为。有人或许认为，普通法早已植根于英国法中，法官的职责不过是将其发掘并公之于世。但这不过是一种虚构的说法，[36]就如同声称某项制定法早已隐含于宪法之中，或次级立法本就蕴藏于制定法之内一样，皆属虚构。因此，我们必须区分两种情况：一种认为具体的解决方案隐藏在法律体系中，另一种认为法律体系本身蕴含了解决具体案件的方法。如果宣告性理论将这两者等同起来，那么它的方法就是错误的，其观点也是站不住脚的。

诚然，法律的宣告理论可以与我有关司法裁量的看法相一致。但这一理论很难与现实相吻合。代表不同和对立哲学思潮[37]的大多数法律学者和大多数法官都将其看作是虚构性的。[38]下面引用的里德（Reid）勋爵的话很有代表性：

> 曾几何时，人们认为建议法官制定法律是不合适的。法官只能宣告法律。那些喜欢童话故事的人似乎认为，在阿拉丁的某个洞穴里，隐藏着普通法的全部精华，法官一经任命，就会

107

---

〔35〕 Tedeschi, *Studies in Israel Law* 143 (2d ed. , 1959).

〔36〕 See Jessel M. R. *In Re Halle's Estate* (1879) 13 Ch. 696, 710.

〔37〕 See Friedmann, *supra* note 17, ch. 1.

〔38〕 See Diplock, *supra* note 3, at 2; Scarman, "Law Reform—Lessons from English Experience", 3 *Manitoba L. J.* 47 (1968); Edmund‑Davies, "Judicial Activism", 28 *Curr. Legal Probs.* 1 (1975); Fox, "The Judicial Contribution", in *Law Making in Australia* 3 (Erb Soon Tay and Kamenka, eds. , 1980).

掌握"芝麻开门"的魔咒知识。如果法官弄错了密码，就会开错门，进而作出错误的裁决。但我们不再相信童话故事了。因此，我们必须接受这样一个事实，即无论好坏，法官确实在制定法律。[39]

举一个简单的例子。基于一组特定的事实，确立了某条规则。在以后的案件中，同样的规则适用于一组不同的事实。宣告理论认为，在第二个案件中，法官只是在新案件中激活了原本隐藏在法体系中的东西。[40]事实上，确实如此，但当他这样做时，他创制了一个新规则，因为规则取决于事实。或者，以《民事侵权行为条例》之外的一项具体制定法规则为例，它规定了船东的绝对责任。该规则对受害方的共同过失只字未提。法院裁定，[41]这种沉默构成了一个立法空白，应该通过类比《民事侵权行为条例》中的共同过失的法律规定来填补空白。宣告理论认为，填补空白的法院只是激活了该体系隐藏的潜力。作为类推依据的制定法（《民事侵权行为条例》）和确定类比的制定法（《法律基础法》），都是该体系的一部分。然而，出于同样的原因，人们也可以说，法官创造了一条之前不存在的新规则。以前，人们对是否存在法律空白有疑问；现在疑问打消了，法官已经将空白填补上了。此外，本来还可以通过其他方式填补空白，例如直接适用《民事侵权行为条例》，但没有选择这条路。这些和其他例子表明，宣告理论似乎只剩下司法裁决必须合法，并且必须建立在某些形式渊源的基础上。法官不能在形式合法性范围之外行事。这一主张似乎没有争议。

108

---

[39] Reid, "The Judge as Law Maker", *J. Soc'y Pub. Teachers of Law* 22 (1972).

[40] See *Lord Esher in Willis v. Baddeley* [1892] 2 Q. B. 324, 326.

[41] C. A. 804/80 *Sider Tanker Corporation v. Ailat-Ashkelon Pipe Line* 39 P. D. (1), 393, 421, 441.

我强调了宣告理论的虚构性。当初级规则不存在，而（在次级规则的背景下运作的）司法裁量确立了初级规则时，这种虚构性表现得尤其明显。说初级规则隐藏在次级规则中，是一种虚构；另一方面，说初级规则的合法性来自次级规则，这是正确的。当存在初级规则时，宣告理论的虚构性就不那么极端了，司法裁量——在这里，也在次级规则的框架内运作——确立了其适用范围。在这种情况下，法官将隐藏在初级规则中的潜能付诸实施的做法具有一定的合理性。然而，这两种情况之间的区别仅在于虚构性的程度，而不在于它是否存在。因此，宣告理论的问题在于它是单向的，它没有提供司法裁量的整体视角。诚然，法官宣告法律，但在此过程中，有时他也会创造法律。宣告法律与创造法律并不是相互矛盾的功能。相反，它们是一体两面的关系。如果从这个角度看待宣告理论，认为它只代表了整体的一部分，那么该理论不仅可以为司法裁量提供合法性，还可以帮助解决各种法律问题，例如司法规范的溯及力问题和司法客观性问题。

（三）司法裁量与法律创造

司法裁量是指法官创制法律。法官从合法的选择中进行选择，并确定唯一且具有约束力的选项，从而创造新法律。在解释制定法时就是这种情况。解释者的作用是从摆在他面前的各种可能性中选择适当的可能性。这种选择并不是一种机械的行为，而是一种创造性的行为。而且这种创造力不仅停留在心理层面，也存在于规范层面。解释者创建了一个新的规范。在解释判例法规范，以及在规范阙如的场合行使司法裁量权时也是如此。在所有这些情况下，法官都会创制新的法律，其创制范围取决于赋予他的司法裁量权的范围。

法学家们并不急于承认这种情况。人们不止一次在判例法中发现，在司法判决中法官并未创造法律，而只是宣告现有法律。这种做法可能从宣告理论中汲取其特性。有时，它只是表达了一种观点，即司法创造必须以法律为基础，对此我并不反对。其他人使用这种"宣告"术语只是为了表达这样一种观点，即司法裁量和司法立法的范围是有限的，因为立法部门可用的选项对司法部门并非也可用，而且司法立法也不同于立法机关的立法。由此，法官的裁量必须正式植根于法律，它从来不是绝对的，并且不同于初级或次级立法者的裁量权，这一点我是可以接受的。然而，这一判断与法官在法律框架内通过行使有限裁量权制定新法的主张并不矛盾。因此，法官在宣告法律的同时，也在创造新法律。

司法裁量能够导致制定新法，这一观念如今已经相当普遍。拉德克利夫（Radcliffe）勋爵在这个问题上判断很有代表性：

> 关于法官是否制定法律的问题，从来没有比这更没意义的争论了。他当然会。他怎么能不这样做呢？立法和司法程序分别是制定法律的两个互补来源。[42]

西蒙（Simon）勋爵也曾经表达过同样的想法：

> 在这个国家，人们长期以来认为法官不是法律的制定者，而只是法律的发现者和解释者。这种理论认为，每个案件都受到相关法律规则的调整，这些规则存在于某个地方，只要有足够的学识和严谨的思维就能发现它们……但近年来，司法立法的真实性，即使是有限的，也得到了更加广泛的认可。[43]

110　　本着类似的精神，大法官阿尔弗雷德·维特康写道：

---

[42] C. Radcliffe, *Not in Feather Beds* 216 (1968).

[43] *Jones v. Secretary of State* [1972] 1 All E. R. 145, 198 (H. L.).

今天，人们普遍认识到，司法职能不仅局限于解释和适用法律，还包括制定法律。无论我们对此感到高兴还是心存疑虑，这都已成为现实。这一说法不再有任何新意，无须赘述。[44]

学者们在文章[45]和书籍[46]中重申了这些观点，法官们在意见[47]和文章[48]中也重申了这些看法。

---

[44]　Witkon, *supra* note 17, ch. 1, at 475.

[45]　See Keeton, "Creative Continuity in the Law of Torts", 75 *Harv. L. Rev.* 463 (1962) ; Stevens, "The Role of a Final Appeal Court in A Democracy: The House of Lords Today", 28 *Mod. L. Rev.* 509 (1965) ; Veitch, "Some Examples of Judicial Law Making in African Legal Systems", 34 *Mod. L. Rev.* 42 (1971) ; Hiller, "The Law–Creative Role of Appellate Courts in the Commonwealth", 27 *Int'l & Comp. L. Q.* 85 (1978) ; Koopman, "Legislature and Judiciary: Present Trends", in *New Perspectives for A Common Law of Europe* (M. Cappelletti, ed. , 1978) ; Hall, "Law Reform and the Judiciary Role" 10 *Osgoode Hall L. J.* 399 (1972) ; Cappelletti, "The ' Mighty Problem' in Judicial Review and the Contribution of Comparative Analysis", 53 *S. Cal. L. Rev.* 409 (1980) ; Clinton, "Judges Must Make Law: A Realistic Appraisal of the Judicial Function in a Democratic Society", 67 *Iowa L. Rev.* 711 (1982).

[46]　See Stone, *supra* note 40, ch. 1; Keeton, *supra* note 11, ch. 1.

[47]　See J. Bell, *Policy Arguments in Judicial Decisions* 4 (1983).

[48]　See F. Hodson, *Judicial Discretion and Its Exercise* (Holdsworth Club, Presidential Addresses, 1962) ; Traynor, "Better Days in Court for A New Day's Problem", 17 *Vand. L. Rev.* 109 (1963) ; Stevens, "*Hadley Byrne v. Heller*: Judicial Creativity and Doctrinal Possibility", 27 *Mod. L. Rev.* 121 (1964) ; Traynor, "The Courts: Interweavers in the Reformation of Law", 32 *Saskatchewan L. Rev.* 201 (1967) ; H. Friendly, *Bench–marks* 41, 96 (1967) ; Traynor, "The Limits of Judicial Creativity", 29 *Hastings L. J.* 1025 (1978) ; Traynor, "Transatlantic Reflections on Leeways and Limits of Appellate Courts", *Utah L. Rev.* 255 (1980) ; Barwick, "Judiciary Law: Some Observations Thereon", 33 *Curr. Legal Probs.* 238 (1980) ; Easterbrook, "Legal Interpretation and the Power of the Judiciary", 7 *Harv. J. L. & Pub. Pol.* 87 (1984).

第二部分

司法裁量的限制
——司法合理性的区域

第四章
合理性的区域

一、如何解决疑难案件？

（一）问题

在第一部分中，我试图表明，除了没有司法裁量的简单案件和中间案件外，还有存在司法裁量空间的疑难案件。我分析了司法裁量的形式渊源和实质渊源。我试图证明，法官不仅仅宣布现行法律，而且还创造了法律。我指出了"司法立法"的存在，并提出司法裁量不是绝对的。此外，我还一般性地讨论了对司法裁量权施加的程序限制（公平性）和实质性限制（合理性）。我指出，尽管存在这些限制，但仍然有一个领域，法官可以从若干可能性中自由选择他认为最佳的合法可能性。

我现在面临的问题是，法官应如何行使司法裁量权。对司法裁量权进行实质性限制是什么意思？如何确立"合理性的区域"？因此，我在第二部分处理的问题不是有限的司法裁量是否存在，或者法院在制定法律时是否存在司法创造力。当然，有限的司法裁量确实存在，法院在制定法律方面也当然具有司法创造力。我感兴趣的问题是，对司法裁量施加实质性限制意味着什么？法官如何在这些限制之下进行司法裁量？我不再关注法官是否有选择权的问题，我现在关心的是法官如何行使选择权的问题。正如里德勋爵所说：

"我们必须接受这样一个事实，即无论好坏，法官确实在制定法律，并解决他们如何对待自己的任务以及应该如何对待的问题。"[1]迪克森法官重申了这一点："我丝毫不怀疑法院拥有创造性行动的权力——它在无数场合这样做过；但显然我们必须去问——司法职能的界限是什么？"[2]这些问题不仅是法官提出的，而且也由学者提出来。沃尔夫冈·弗里德曼（Wolfgang Friedmann）教授写道："司法裁判中的政策因素可能会被细化，也可能会被一再延迟实施。不确定性的范围可能会缩小。但必须始终保持一个必须作出选择的点，而且有必要确定指导这一选择的因素。"[3]确实，该如何作出选择呢？是什么确立了合理性的边界？

（二）问题的重要性

我介绍了如何解决疑难案件，或者如何确定司法裁量的合理性问题。这个问题非常重要，原因有二：第一，因为法官的不合理裁决是不合法的，它违反了对司法裁量的限制。正如人们想知道立法和行政裁量权的合法边界在哪里一样，人们也想知道司法裁量权的边界在哪里。我们对此特别感兴趣，正是因为司法裁量权经常用于审查行政或立法裁量权，人们可以想象，没有比在审查裁量权的适当行使时不适当地行使裁量权更大的不幸了。此外，当司法裁量权是某一法律体系中最高法院享有的裁量权时，就不存在对该裁量权的司法审查。因此，制定指导最高法院使用其裁量权及其自我审查权的标准非常重要。

这个问题之所以重要的第二个原因是，行使司法裁量权在很大

---

[1] Reid, *supra* note 39, ch. 3.

[2] *Harrison v. Carswell* (1978) 2 S. C. R. 200, 218.

[3] Friedmann, *supra* note 17, ch. 1, at 827.

程度上是具有重大公共意义的问题。司法裁量的核心是"开放术　　115
语"（open terminology）。司法裁量存在于以下情形中，即法官需要
在相互矛盾和冲突的原则、系列政策及标准之间进行权衡。司法裁
量权的行使完全属于价值观、意识形态和政治领域。有时，对于司
法裁量权的行使没有达成共识。它可能成为各政党为争取选民选票
而展开政治竞争的主题。法官必须权衡正义、道德、效用和社会利
益的一般考虑因素。仅仅靠逻辑是不够的，他必须权衡政策因素。
所有这些因素决定了法律的动态框架，以及法律如何变化和如何更
新。新规范的诞生是因为现有规范获得了新的形式，或者是因为法
院区分或偏离了现有规范，或者是因为法院填补了法律中的空白。
法律体系发生了变化。因此，疑难案件决定了法律的活力。它们决
定了法律未来的发展方向，以及这种发展是缓慢渐进的还是快速而
全面的。它们定义了特定法律体系中稳定与变化之间的关系。在这
些情况下，从功能的角度来看，司法裁量权的目的旨在通过变化实
现稳定，通过稳定实现变化。[4]

　　所有这些都使法官处于一个复杂而艰难的现实中，他们要与有
时成为公众辩论议题的意识形态考量作斗争。不合理地行使裁量权
不仅可能会损害当事人，而且可能损害全体社会公众。这可能会损
害司法部门本身的声誉，它与其他部门的关系，它在社会中的地
位，以及公众对司法部门的信任。鉴于这些后果，人们可以看出如
何解决疑难案件问题的重要性。

---

　　[4]　庞德指出："法律必须是稳定的，但也不能停滞不前。因此，所有关于法
律的思考都在努力调和稳定和变革需求之间的冲突。" See R. Pound, Interpretation of
Legal History 1（1923）.

（三）合理性的区域

法官的基本职责是合理地行使司法裁量权。不合理的选择就是不合法的选择。法官只能选择合理的方案。有时只有一种合理的选择，因此不存在司法裁量权，但有时存在不止一个合理的选择：法官面前有许多合理的选择。这就形成了一个合理性的区域。在这个区域内，每个选择都是合理的。法官应该如何作出选择？在第二部分中，我将讨论法官在合理性的区域内作出选择时必须考虑的各种因素。

我从客观因素开始。法官必须客观地从不同方案作出选择。法官必须站在一个理性法官的立场上行使裁量权。为了做到这一点，他必须意识到自己拥有裁量权、裁量权的含义以及在行使这种裁量权时必须权衡的各种因素。但是，一旦法官意识到存在司法裁量权，并意识到客观行使司法裁量权的必要性，他应该如何行动呢？合理性原则提供了哪些额外的指导？

合理性是衡量行为的标准。[5] 就目前而言，这是审查司法裁量所依据的标准。在每个标准的基础上，都存在对行为的评估，这种评估依据常识的标准，同时考虑到特殊情况。到目前为止，我已经讨论了构成司法裁量客体的个别规范。我研究了作为司法裁量权基础的结构特征（开放术语）和内容特征（各种价值）。这一审查对理解司法裁量权的渊源至关重要。但该审查本身并不能确定行使裁量权是否合理，因为这个检验只涉及为什么存在司法裁量权的问题。它不涉及如何行使司法裁量权的问题。行使司法裁量权涉及一系列过程和动态，这些过程和动态需要考虑其所发生的"环境"因

---

[5] See MacCormick, *supra* note 28, ch. 2.

素。要讨论司法裁量的合理性，必须正视以下三个问题：第一，规范体系（法律），在其范围内运行的个别规范构成了司法裁量的对象；第二，激活规范的机构体系（法院）；第三，在国家基本价值（民主）的背景下，所有机构体系（权力分立）之间的相互关系。　117
当然，这三个组成部分是相互关联的。然而，它们中的每一个部分都值得单独考虑。

（四）司法裁量及合理性区域

合理性区域将简单案件与疑难案件区分开来。它集中体现在疑难案件中，并为法官解决这些案件提供了选择。正如我所指出的，简单案件和中间案件与疑难案件之间的区别并不明显。从这一现实出发，在确定合理性范围的边界时就会遇到困难。法官在确定该边界方面有很大的裁量权。原因在于，我们将讨论的各种因素，无论是规范性的、机构性的还是机构之间的，都没有提供一个明确的答案，也没有明确区分合理的与不合理的。它们确立了一系列的可能性，其中一些更合理，另一些则不那么合理。例如，力求体系的融贯性和有机发展的规范性原则并没有为法官在各种可能的选项中进行选择提供明确的解决方案。根据该原则，两种相互冲突的可能性或许都是合理的，而在合理与不合理之间的广阔范围内，许多可能性或许彼此接近。对于共识的检验标准和其他检验标准，例如法院的机构适宜性（institutional suitability），无论从无法提前规划事务的角度，还是从法院可利用的信息的角度，抑或是从其所掌握的资源的角度来看，都是如此。在所有这些问题上，人们发现不仅有黑白之分，也有很大的灰色地带。因此，在确定合理性区域本身时，存在广泛的司法裁量权。对于什么位于合理性区域之内，什么位于合理性区域之外，没有一个正确的答案。一个广阔的灰色区域将合理区域内与合理区域外连接起来。因此，合理性的区域本身在几个点之间移动。

因此，在这一区域内，人们经常发现存在多种可能性，这些可能性以或强或弱的方式满足了基本考量，无论是规范性还是机构性的考量。因此，例如，从需要与体系中其他部分保持一致性的角度来看，两种可能性都可能是合理的，尽管其中一种选择的一致性比另一种选择更高。同样地，从法院可采用的手段的角度来看，两种可能性也可能都是合理的，尽管其中一种选择的手段比另一种更为传统。事实上，我所讨论的基本问题分别造成了其中的每一种可能性，而所有这些可能性又共同造成了一系列可能性。人们可以将其比作一系列层层叠加的网，不同的可能性通过这些网渗透进来。每一层网都会过滤出不止一种可能性。在合理性的范围内，多种可能性汇聚在一起，每种可能性都能满足规范性和机构性考虑的要求，但每种可能性对基本考量的适宜性强度又各不相同。

（五）在区域中选择合理的可能性：合理性的考量

合理行使司法裁量权，要求选择位于合理性区域中的一种可能性。法官无权选择位于区域外的可能性。但是，他可以通过主观性裁量选择该区域内的任何可能性吗？对司法裁量权的限制是否随着该区域的确定而终结，法官从而在区域内可以自由行事？我认为，答案是否定的。该区域确定了一系列可能性，必须以合理的方式在这些可能性中作出选择，而不仅仅是将它们纳入区域。

法官不能武断。他必须是理性的。他无权通过掷硬币在不同的可能性中作出选择。他必须权衡与规范体系的结构和发展、机构体系以及机构之间相互关系有关的考虑因素。法官不能说，"我选择可能性 X，仅仅是因为它促进了 Y 可能性的实现"。这是一个不合理的选择，因为两者之间并不一定有任何相关联系。同样，法官无权说，"我拒绝可能性 A，因为它在法律体系 B 中不被接受"。只要法官未能提供合理和相关的理由来支持在他的体系中为何拒绝可能性 A，这就是一个不合理的拒绝。与另一个体系的联系本身并不是理由。另一个体系可能会给法官带来灵感，但他最终必须权衡自己体系的考虑因素。

如果法官说，"我拒绝偏离先例，因为我认为从体系的角度来看，任何偏离先例的行为都是不可取的"，这种自我克制是不合理的，它没有考虑到每个具体案件的特殊情况。合理性是一个灵活的概念，它必须考虑到变化的情况。同样，如果法官说，"我不打算承认新的诉因 X，因为承认新的诉因并不是我作为法官的职责。我的职责是宣布现有的诉因"，那么他考虑的也是一个不合理的因素。正如我们所看到的，法官的职责有时是承认新的诉因。一概否认法官承认新的诉因的权力，不符合当今公认的法官角色概念，因此是不合理的。

如果法官说，"我知道我有权偏离先前的裁决，但根据具体个案，为了保持体系连贯性，我更倾向于现有的情况"，会如何？如果法官说，"本案中，我认为体系限制范围之内不宜承认新的诉因 X"，又会如何呢？这两种情况之中，法官都会考虑相关因素，并且给这些因素赋予分量，根据他认为适当的方式权衡各种因素。此时，我认为司法裁量就是合理的。当然，我们也可以得出不同的结论，我或许会认为基于保持较低限度的融贯性并且使法律更能适应社会需要，可以适当偏离先例。或者我也可能认为现有的制度限制并不足以拒绝新诉因。虽然方法不同，但不能说另一位法官所权衡的因素就是不合理的，不同的法官可以权衡不同的因素，而没有哪一位的方案是不合理的。两个解决方案可能都有合理之处，即便从决策者角度来看只能选择一个正确答案。

我提到了一些我认为可能合理或者不合理的考量因素，而主要的困难在于如何比"相关考量"这一术语更为精准地界定上述情况。合理性理论更多起源于行政法领域而非司法领域，第一个困难就是选择所依据的原则本身的不确定性。归根结底，是选择者的个人经历及其对选择本质的观念决定了某一选择是否合理。就我们的目的而言，确定一种合理的可能性是基于法官的个人经历及其司法职责观念。这两者在宽泛的可能性区域中发挥作用，笔者认为，根据法律共同体公认的标准（需要指出，这是主要标准），如果一个法官因为偏离先例在法体系看来并不可欲，而就此认为绝不能背离先例，那么他就并未正确理解他的司法角色。同样，法官如果认为他永远不得承认新的诉因，那么他就误解了司法职责，这也是法律共同体公认的。但这些是极端个例，大多数情况则处于中间地带，对于此类司法职责并未形成统一的观念。因此，缺乏充分指引之下不同的法官可能会达致不同的结果，但不会作出不合理的行为。

选择的合理性。合理性是在不同可能性之中作出选择的标准。在一个案件中，我对这一标准阐述如下：

> "理性人"标准的适用范围取决于法官是否同意结果的反应程度，此类反应一方面基于法官的个人经验，另一方面则基于社会原则和目标。[6]

上述一般性表达同样适用于司法裁量语境下在多个可能性中进行合理选择的情形，选择的合理性取决于法官的世界观，这一世界观基于法官的个人经验及其对社会原则与政策的理解，这二者也建构了他关于司法职能的观念。这两者决定了法官对各种可能性赋予

---

〔6〕　C. A. 243/83 *supra* note 25, ch. 2, at 137.

的分量，以及他在它们之间所作出的权衡。就其本质而言，不同的个人经验和职能观念决定了不同的合理性选择。

（六）选择的合理性：个人经验　　　　　　　　　121

合理选择的决定因素之一是法官的个人经验：其教育背景、个人品性以及情感构成。有的法官比较谨慎，而有些法官则不那么谨慎。有些法官相比其他法官来说更容易受到某些观念的影响，有些法官坚持认为若要偏离现行法体系必先承担更重的论证负担。有的法官深受作家、学者与其他法官论著的影响，而有的则对上述论著不甚了解。每个法官的人生经历都是复杂的，经历过魏玛共和国时代的法官和未经历过这一时代的法官对非民主政党活动的态度是不同的。相比其他法官，有的法官倾向于考虑安全，有的法官则更倾向于考虑言论自由。有的法官要求秩序、纪律，因此他们也会坚持法律的有机生长和有序发展。有些法官的个性使其或多或少地考虑机关之间的关系。上述所有的考虑因素与其他因素一同决定了法官的个性及其个人经验，我们不能忽视这一因素，也不希望在一个上述因素占比不大的制度中行动。

应当注意，我们正在处理的是一个没有唯一正解的领域。我们处理的并非简单案件和中间案件，而是疑难案件。在这一领域，只有传达决策者个人经验的合理性标准才能占绝对主导地位。

此外，司法裁量的客观化意味着特殊的个人经验不能被考虑在内，但法官作为人的个性会广泛地影响其选择。再次申明，我们所采用的并非那种有时被归为美国现实主义者的观点，即主张个人考量对所有个案都起决定性作用。正如笔者所言，我们处理的疑难案件处于运用了一系列复杂的客观因素之后的合理性区域界限之内，　122
在这个最后阶段，法官的个人经验才起决定性作用，而这一阶段只存在于少数个案之中。

（七）选择的合理性：司法职能观

除了个人经验之外，还有第二个因素：司法职能观。即法官认为自己在疑难案件中扮演何种司法角色。在他看来，解决眼前冲突的个案判决和创设新规则的规范性判决之间是什么关系？阿格拉纳特法官对此这样说道：

> 依照我的司法经验来看，当必须裁决案件的法官面临创设一般性法律规范与否的选择时，他的内心会产生某种张力。产生此种心理张力的原因是，一方面他想大胆地选择第一种方案，以得出他认为在案件具体情况下公正的个案裁判结果；另一方面，则源于他渴望加倍谨慎地行使司法裁量权，从而选择第二种方案，目的是避免落入主权者立法的领域，以至违反权力分立原则。我认为，解决这一难题的理想方法是在司法激进与自我克制之间取得最大限度的平衡。[7]

我同意这一观点，但其他法官是否会同意呢？如果有法官认为，他们必须先给出在某一个案中较为公正的解决方案，之后再考量一般规则，笔者也不会感到惊讶。此外即便所有人都同意阿格拉纳特法官的做法，那么他所说的"最大限度的平衡"又是什么呢？

司法职能观并不侧重于一般性规则和个案之间的关系，而涉及司法职能的全部范围。法官是否认为使法律适应不断变化的现实是自己的义务与权利，并因此身体力行，还是将之视为不能避免的困扰？他是否认为运用社会价值是其职能的一部分，还是尽可能避免这么做？他是相信只有凝聚为社会共识的价值才能进入司法认识范

123

---

[7] Agranat, *supra* note 9, ch. 2, at 256.

围，还是乐于为尚未形成共识的价值创设标准？所有这些问题的答案决定了司法职能观和合理可能性的选择。沃尔特·谢弗（Walter Schaefer）在谈到偏离先例时，也讨论了这个问题：

> 如果我试图一概而论（事实上不该如此），就应该说这主要取决于法官未挑明的自己对法院职能所持的观念。如果他认为法院的职能是被动的，他就愿意将变革的职权授予他人，而并不在意该项职权是否得到行使。如果他将法院视为一种通过判决反映共同体道德的社会机制，他就更有可能偏离先例，或用他所在时代的精神和理念衡量先例。[8]

需要强调的是，我并不是在谈论法律共同体无法接受的司法职能观念。我所指的是法律共同体所接受的一种观念中的不同侧重点、细微差别或不同层次。

（八）"在他看来的最佳可能性"

在合理性框架内，基于合理性考虑，每个法官都有权选择他认为的最佳可能性。他对各种考量因素赋予的不同分量及其权衡方式，凝结了他作为法官的个人经验和世界观。谢弗法官谈到了这一点：

> 我所谓的强度和因素并非客观意义上的分量，每个法官都会对特定先例的价值和个案事实的压力作出自己的反应，更会对我此前提及的其他因素的分量进行自己的评估。[9]

因此，不同的法官会得出不同的结果，因其个人经验和世界观　124

---

[8] Schaefer, *supra* note 94, ch. 2, at 23.

[9] *Ibid.*, at 22.

各不相同。一位法官也会在不同的时期得出不同的结果，因为他的个人经验和世界观会应时而动。[10] 有时，面对疑难案件，法官也会陷入两难之中，因为个人经验和世界观无法将其引向唯一正解，而会将其引入不同的甚至相互冲突的方向。他的个人经验可能建议他谨慎行事，而他的司法世界观则可能促使他相对激进，他知道自己必须在二者之间寻求平衡，但各种因素的分量如何分配呢？在这个领域，客观标准无济于事，法官无所依从。因此，他的内心或许有惊涛骇浪，因为有时不同方向的力量相等，他自己也在犹豫思考，[11] 直至几天甚至几周之后才能作出决定。这将是法官能作出的最佳决定，但也带着他个人的独特印记。

因此在疑难案件中，客观标准无能为力之时，法官就会根据个人经验及法官的世界观进行裁决，其司法理念将指引他解决所面临的疑难问题。事实上，这才是疑难案件中法官拥有的最为切实的东西。卡多佐法官谈到了这一点：

> 你认为所谓终极概念并不具备实用性，当你已经在自己的领域游刃有余时这或许是真的，但当你遇到更高层次的问题时就会发现，与其说研究终极问题没有用处，倒不如说研究其他任何问题也没有用处。[12]

因此，疑难案件的最终判决很大程度上取决于法官的司法理念、他对司法职能的态度，以及他的司法世界观。

---

〔10〕 See Friendly, *supra* note 123, ch. 1, at 229.

〔11〕 See Cardozo, *supra* note 125, ch. 1, at 80.

〔12〕 Cardozo, *supra* note 6, ch. 1, at 23；弗洛伊德认为："由此可以说对于法官来说最重要的就是他的司法理念，如果说法官秉持某种理念是危险的，那么更危险的是他自欺欺人地认为自己没有秉持任何理念。" See also Freund, "Social Justice and the Law", in *Social Justice* 93, 110 (R. Brandt, ed., 1962).

二、合理性的区域及司法客观性

我旨在制定司法裁量的合理性标准，希望能够创建一种便于对司法裁量进行审查的客观检验标准。问题是：在案件的具体情境中，一位理性的法官应该如何进行司法裁量？在制定规范 X 的司法政策时，一位理性的法官会如何平衡各种价值？或者，一位理性的法官在偏离或区分先例时，会如何权衡各种考量因素？又或者，一位理性的法官会如何填补法律的漏洞？

但这个"理性法官"又是谁呢？似乎每位法官都认为自己就是那个理性的法官，大多数情况下，当法官描述"理性人"时，他实际上是在描述自己。然而，这与事实相去甚远。正如并非每个人都是理性人一样，并非每位法官都是理性法官。"法院"才是理性人。从"法官"到"法院"的转变，是从主观到客观的转变。因为理性本身是一个客观问题。它试图通过寻找普遍性和共性来摆脱围绕每个个体的主观性。正如大法官格林（Greene, M. R.）勋爵所言，

> 我们必须将法官的正义感普遍化。他与陪审员一样，是"理性人"，他的正义感等同于"善良家长"（bonus paterfamilias）的正义感。他必须避免个人偏见，其对是非曲直的判断必须符合实践性标准，而不能受制于某些虽具吸引力但仅限于心理或伦理层面的理论。他必须践行理性人或善良公民眼中的正义。[13]

当我们要求法官识别社会价值时，他应探寻那些为社群成员所共享的价值，即便他自身并不持有这些价值。他应避免将自己的主观价值强加于该社群，尤其是在这些主观价值与他所生活的社群的

---

[13] Greene, *supra* note 42, ch. 1, at 7.

基本信念相悖时更是如此。[14]例如，具有宗教世界观的法官不会将其宗教世界观强加于他所生活的世俗社群，而具有世俗世界观的法官也不会将其世俗世界观强加于他所工作的宗教社群。兰道法官曾就此问题作过这样的讨论：

> 这并不意味着法院可以根据法官个人从这些基本视角所认为的"善"与"有益"来作出裁决；相反，法官必须作为一位忠实的解释者，严格遵循其所置身其中的开明群体所普遍接受的观念。[15]

卡多佐大法官持有类似观点：

> 我认为，法官若将自己的行为或信仰上的个人癖性强加于整个社会作为一种生活准则，是会犯错误的。试想，一位将剧院看戏视为罪过的法官，如果在一个法律规则尚未明确的领域，他放任这种与当时社会主流行为准则相冲突的信念左右自己的裁决，那么他是否是在做正确的事情呢？在我看来，他有义务遵循社会所普遍接受的准则，即当时的风俗习惯。[16]

当法官必须根据各种价值的分量进行权衡时，他应当努力依据其认为的社会基本观念来进行权衡，而应避免依据其个人的基本观念行事。[17]正如阿格拉纳特法官所说："法治原则意味着法官必须

---

[14] See Johnson, "In Defense of Judicial Activism", 28 *Emory L. J.* 901, 909 (1979).

[15] H. C. 58/68 *supra* note 51, ch. 2, at 520.

[16] Cardozo, *supra* note 67, ch. 1, at 108.

[17] 弗兰德利指出："法官应当尽力确保他所解释的是该社群的长期确信，而非其个人灵光一现的想法。"See Friendly, *supra* note 123, ch. 1, at 231.

尽可能避免将个人见解置于正义原则要求之上。"[18]卡多佐大法官亦曾指出："他们的标准必须是客观的。在这些问题上，重要的并非我认为哪些属于正确之事，而是我有合理理由相信其他具有正常理智与良知之人可能认为什么是正确之事。"[19]

因此，这种客观性对法官提出了要求。[20]法官必须进行自我反思与内心审视，明确自身可能持有非普遍性的价值观，以及其个人观点可能具有独特性和非常规性，进而或许会将公众视为琐碎无意义的问题赋予极大重要性。法官必须清晰地认识到自身上述特质，并竭尽所能避免基于这些主观特质行使司法裁量。法兰克福特大法官曾就此问题指出：

> 我们不能仅仅依据个人的主观观念和私见，而忽视法官在其司法职能中所受的约束……为了践行必要的超然性并实现足够的客观性，无疑要求法官养成自律与自我批评的习惯，摒弃自身观点不可动摇的确定性，并对不同意见保持敏锐的包容性。[21]

法官必须能够从"外部"审视自身。他必须为自己设置一张过滤网，用以捕捉并筛除那些异常与特殊之物，并将普遍接受的观念纳入其司法裁量之中。法官必须具备自我分析、自我批评、自我约束的能力。若法官自认为无所不知，且其个人见解总是最佳且最为恰当，那么他将由于无法区分其个人信念与国家的信念而无法恰当

---

[18]　H. C. 58/68 *supra* note 51, ch. 2, at 600.

[19]　Cardozo, *supra* note 67, ch. 1, at 89.

[20]　See J. Frank, *Courts on Trial* 250 (1950).

[21]　*Rochin v. California*, 342 U. S. 165, 170, 172 (1952). See also F. Frankfurter, *Of Law and Life and Other Things That Matter* 188 (1965).

地履行职责。作为法官，他必须考虑国家的信念，而非其个人的信念。他必须意识到这种差异的存在，并避免在司法裁量中表达个人信念。只有意识到自身职责以及所肩负的责任的法官，才能够满足这些要求。正如罗杰·特雷诺法官所说：

> 尽管法官的偏好可能在其迈向创造性解决方案的初始方向选择中发挥一定作用，但这些偏好几乎不可能决定解决方案本身，无论该方案多么带有其个人风格的印记。我们伟大的创造性法官们皆为技艺卓越之人，他们擅长抑制自身的偏好，并且以严谨审慎的态度加以克服。[22]

法官是其所处时代的产物。他生活于特定的时空与社会之中。客观性的目标并非要将他与其周遭环境割裂开来，而是恰恰相反：它旨在使法官能够妥当地提炼出其所处时代的根本原则。客观性的目标并非"解放"法官，使其脱离其过往经历、教育背景、实践经验、信仰以及价值观。相反，其宗旨在于激励法官充分利用这一切，以尽可能纯粹的方式反映国家的根本价值。[23] 被任命为法官的人无须也无从改变其本性，但他必须培养出对其职位的分量以及该

128

---

〔22〕 Traynor, "Comment on Courts and Lawmaking", in *Legal Institutions Today and Tomorrow* 52 (J. Paulsen, ed. , 1950).

〔23〕 泰特认为："他们代表自己这一代人发声，因此，参与审判的法官关于在特定事实背景之下何者应构成公平法律处置的个人化及非代表性观点，往往通过上诉复审机制的运用，与社会普遍认知和时代道德感趋于一致。" See Tate, " 'Policy' in Judicial Decisions", 20 *La. L. Rev.* 62, 69 (1959).

职位所施加的约束的敏锐感知。[24]"你以为我在赋予你权力？其实我在给予你责任。"[25] 法官必须展现出自我批评精神与谦逊态度，从而避免将自身与一切美好事物等同起来。[26] 他必须表现出自我克制，使其能够将自己的个人情感与国家的内在情感区分开来。他必须展现出一种智力上的谦逊，使其能够承认："我犯了错误，因为我将我所期望的与所应得的混淆了。"如果法官不按此行事，而是将其主观性强加于社会，他将与周围环境产生紧张关系。[27] 只要他和他人继续坚持这种做法，司法部门与其他部门之间的紧张关系就会不断加剧。这种紧张关系的结果可能对社会不利，而更重要的是，它可能对法院的地位以及公众对法院的信任产生负面影响。

　　为了避免法官与周围环境之间产生张力，每一个法律体系都维护一系列制度与程序，以引导法官的司法裁量沿着客观路径进行。法官享有独立地位，使其免受过去可能存在的任何主观压力。他不属于任何特定群体或部门，而是全体人民的法官。对抗制诉讼程序旨在将各种可能性呈现于法官面前，而无须法官主动介入，这些可能性或许法官自身也未曾察觉，而律师则揭示并呈现给法官各种蕴含于特定情境中的可能性。诸多规则确保了司法程序的整全性以及

129

---

〔24〕　法兰克福特指出："不，他的角色并未转变。当他在最高法院的法官席上就座时，他带来他的整个经历，他所经手的训练，他的社群、智力成果与道德环境。但一位称职的法官必受其职责所约束。那些支配其思维的自律性智识习惯，如同其可能在律师执业期间所代表的利益影响一样，构成了他自身的一部分，甚至往往更为重要。"See Frankfurter, *supra* note 7, ch. 1, at 40.

〔25〕　Horaiot, 10.

〔26〕　See Tate, "The 'New' Judicial Solution: Occasions for and Limits to Judicial Creativity," 54 *Tul. L. Rev.* 877, 914 (1980).

〔27〕　考克斯认为："社会并不会长久容忍一位仅凭其个人正义感进行个案裁判的法官，即便他可能最为明智。"See Cox, "Judge Learned Hand and the Interpretation of Statutes", 60 *Harv. L. Rev.* 370, 373 (1947).

排除内外部影响的纯粹性，审判公开以及判决说理义务增强了司法过程的客观性要素，而司法伦理规则引导法官的行为遵循客观路径。

除上述引导客观选择的程序性因素外，社会性因素亦不容忽视。法官之间相互影响，形成一种行业协会（fraternity）同僚共同体，这种行业协会的形成可能对司法客观性产生潜在影响。法官受到法院内部传统的影响，这种传统如同薪火相传，从一代法官传递至另一代法官。它并未被书写于任何典籍之中，却逐渐渗透进法官的意识，促使其司法裁量的客观化。法官受到其时代所特有的智力因素和法律思想的影响。法官是其所处民族的一部分，尽管他有时可能生活在象牙塔中，但这是一座位于耶路撒冷山丘上的象牙塔，而非奥林匹斯山上的孤立之塔。他关注着民族的动态，知晓国家的问题，阅读其文学作品，聆听其歌曲。所有这些元素都被法官所吸收，并在其司法裁量中得以体现。法官是其所处时代的产物，他随着历史的进程而发展。所有这些因素在一定程度上影响着司法裁量中对客观性和理性的侧重。

（一）司法客观性的难点

司法裁量的客观化远非易事，它实际上引发了诸多问题。首先，所需的客观性能否真正实现？即便我们试图从外部审视自身也只能通过我们自己的眼睛，[28] ［因此］我们是否能够超越自身本质，以一种非自我的视角看待自己？其次，司法裁量的客观化可能会削弱决策的人性化因素。当我们试图摒弃内在的主观性时，是否

---

〔28〕 卡多佐法官指出："我们尽可能以客观的视角看待事物，却始终无法摆脱自身视角的局限。" See Cardozo, *supra* note 67, ch. 1, at 13.

也在压抑我们自身所具有的善良品质？此外，客观化是否会削弱法　130
官对其裁量的个人责任？第三，当社会价值与正义和道德的基本原
则相冲突时，客观化的方法会带来困难。法官是否应当表达其社会
所接受的一切观点，即便这些观点与他所认为的正义和道德相悖？

　　这些问题极为棘手，无法回避，它们揭示了客观性的脆弱。然
而，只要我们尚未找到更好的替代方案，继续使用这一术语便是恰
当的。事实是，客观性并非从外部强加于法官——尤其是初审法
官——之上，而是要求法官从内心去努力实现。他所受到的教育与
法律训练为他提供了助力。法官习惯于在"理性人"的概念中寻找
客观性。这种对主观与客观区别的敏感性，无疑也有助于他尽可能
地理解自身。这种理解并不会削弱法官的人性化特质或其对裁决的
责任感。相反，如果法官意识到客观性要求他恰当地重视人性化因
素以及个人责任，那么这些特质很可能会得到增强。当法官面对各
种社会价值时，他必须表达那些在他看来反映民主制度基本信念的
根本价值。客观性标准迫使法官表达社会的根本价值而非其主观价
值，至少在两者存在差异时是这样的。客观性并不要求法官表达社
会中暂时性和短暂性的观念。他必须表达的是社会的核心价值与基
本价值。因此，当某一社会未能忠实于其自身价值时，客观性标准
并不意味着法官必须表达当下的情绪。他必须抵制这种情绪，同时
表达他所生活的社群的基本价值。通过这种方式，法官能够提升其
所生活的社群的水平。这种"指导性"活动与其司法职能以及对其
所要求的客观性是相容的。[29]法官无须要求社会成员表现得如同羔
羊，但他必须要求他们避免表现得如同豺狼，而客观性使他能够要

　　〔29〕　See J. Morris, *Law and Public Opinion* 22（Holdsworth Club, Presidential Addresses, 1958）.

131　求他们表现得像人。客观性促使法官深入探究民族意识的深处，他必须从"法官所置身其中的民族社会意识的源泉"中汲取灵感；[30]他必须理解，"我们从一个民族复杂的生活整体中学习其法律"；[31]他必须表达"我们社会制度赖以建立的基本理念"。在所有这些方面，法官并不是在进行投票。他并不总是寻求多数观点，除非这些观点被成文法所表达。他试图实现的是根本价值，那些"为他所置身其中的开明公众所接受的价值观和理念"。[32]

哲学上，是否能够谈及绝对的客观性尚存疑虑。在司法裁量领域并不存在绝对的客观，所有的司法客观性都包含着相当程度的主观性，即对客观事物的某种主观化处理。法官亦凡人，尽管他可能非常希望摆脱个人偏好，却无法完全脱离自身。因此，（司法裁量的）目的并非实现绝对客观，而是寻求客观性与主观性之间的适当平衡。为此，法官需要具备自我批判精神、自我克制力以及为追求客观性而作出的智识上的努力。这一追求的过程中，既定体系下不同的法官有时会得出不同的结论，这是自然的。他们的个人构成、倾向、观念以及教育背景——所有这些塑造自身特质的因素——都可能导致法官得出不同的结果，这是无法回避的。然而，促使司法裁量客观化的内心反思能够确保一般性出发点的统一性。正如考夫曼（Kaufman）法官所言："法官的出发点和推理过程虽然存在差异，但这些差异都围绕着一个共同主题。"[33]当一般性的出发点一致时，终点也不会相距甚远。

---

〔30〕　Landau, *supra* note 17, ch. 1, at 306.

〔31〕　Justice Agranat in H. C. 73/53, *supra* note 56, ch. 2, at 884.

〔32〕　Justice Landau in H. C. 58/68, *supra* note 51, ch. 2, at 520.

〔33〕　Kaufman, "Chilling Judicial Independence", 88 *Yale L. J.* 681, 688 (1979).

（二）"法官独立裁判"

当法官必须选择在他看来最为妥当的解决方案时，他只能独自
决断。这意味着他将负担全部的责任，而没有任何外在标准可供参 132
考，此时法官必须向内自我省思。正如卡多佐大法官所言：

> 在这一过程中，法官必须警惕个人化、主观性的价值论。
> 法官所应实现的并非其个人的价值尺度，而是通过其对社会意
> 识的解读所揭示出的价值尺度……然而，许多时候并不存在立
> 法性宣示以指引法官对生活与习俗之书进行解读。此时，法官
> 应当尽可能设身处地，并依据由此揭示的真相来构建其对价值
> 的评估。客观性标准可能会失效，或者变得混乱而令人困惑，
> 此时法官必须向内审视自身。[34]

然而，在这种情势下，法官是否会回归主观性及其个人偏好？
客观性的"净化"是否会失去其效力，而将法官引向其自身独一无
二的个人特质？在我看来，答案是否定的。法官不应回归其个人偏
好或独特观点，也不应回归那些与其所生活的社群基本信念相悖的
特殊性价值。主观性的道路已被封闭，无法再回头。法官必须尽其
所能作出最为客观的决定。在这种情境中，逻辑的闭环并未形成。
法官并未回到原点，他努力向前迈进而非后退。他凭借自身经验、
教育、信仰和文化背景——这些都经过了主观倾向的净化——尽全
力给出他所能提供的最佳解决方案。他既不忽视人民的基本信念，
也不忽视司法裁判中的特殊问题。他将所有这些因素纳入考量，并
基于上述完善之后的因素进行裁量。在此阶段，他不再受制于约束
性的标准，而是享有在多种可能性中进行选择的裁量权。他并未走

---

〔34〕　Cardozo, *supra* note 125, ch. 1, at 55.

下寻求客观性答案的高峰，而是继续攀登直至峰顶。

霍姆斯大法官曾写道："若法官过早地将他对某一方的有意无意的同情纳入法律之中，那将是一种不幸。"[35]然而，如果由此就推导出法官可以在稍后阶段考虑他对某一方的"同情"，也是不正确的，法官不能回归到个人的同情之中。当霍姆斯大法官提到法官对其个人同情的"过早"考虑时，他所指的并非法官个人的同情，而是那些尚未凝结为国家基本价值的社会价值。霍姆斯所要求法官在后期阶段考虑的"同情"，也不是法官的个人同情，而是指那些在社会斗争中最终胜出的价值。以下是霍姆斯大法官的原文：

> 法律是那些在观念竞争中获胜并转化为行动的信念的体现。当疑义仍然存在，对立信念仍然相互交锋时，法律的时机尚未成熟，那些注定胜出的观念尚未获得占据法律领域的资格。若法官过早地将他对某一方的有意无意的同情纳入法律之中，并忘记所谓的"基本原则"可能并不会得到半数同事的认同，这将是一种不幸。[36]

因此，正如霍姆斯大法官所指出的那样，每位法官都带有其自身的"情不自禁（can't help it）"。然而，这种"情不自禁"并不是回归主观臆断，而是在客观领域内的作业。任何已经完成自我内心审视并成功克服个人倾向的法官，都不得再回退到个人倾向中，而必须在其所处之客观因素框架内找寻最佳解决方案。

---

〔35〕 Holmes, *supra* note 122, ch. 1, at 295.

〔36〕 *Ibid.*, at 294.

（三）　直觉

在确定最佳解决方案时，法官有时会借助其直觉。[37]法官依据其内在感知在问题与其解决方案之间建立起联系。有时，法官甚至会在尚未明确通往适当结果的路径之前，就感知到所期望的结果。在分析那些影响司法裁量的各种因素时，尤其是在各种价值相互冲突的疑难案件中，卡多佐大法官指出：“司法裁量将受到法官生活经验、对现行正义与道德准则的理解、对社会科学的研读的影响；有时，最终会受到其直觉、猜测，甚至无知或偏见的影响。”[38]的确，人们不应忽视直觉在司法决策中的作用与重要性，[39]这是许多法官所亲身体验到的现实。它主要出现在法官认定事实以及将某一规范适用于一组事实时。然而，人们也无法忽视它在确定规范自身适用范围时的作用。如我们所见，这些要素是相互交织的。有时，法官会凭借直觉得出结果，然后再通过逆向推理获得其将依据的原则。[40]

因此，直觉在司法裁量中发挥其作用。法官亦凡人，直觉在每个人的活动中都扮演着重要角色。但这并不意味着司法裁量始于直觉、终于直觉。直觉必须接受审视，必须经历理性的检验过程。谢弗法官曾就此问题指出：“倘若我凭借一种直觉作出裁决，那么这种直觉必然是经过长时间沉淀的，因为很多时候，我满怀信心地朝

134

---

[37]　See Hutcheson, "The Judgment Intuitive: The Function of the 'Hunch' in Judicial Decision", 14 *Cornell L. Q.* 274 (1929); Hutcheson, "Lawyer's Law, and the Little Small Dice", 7 *Tul. L. Rev.* 1 (1932).

[38]　Cardozo, *supra* note 6, ch. 1, at 85. See also Selected Writings of Benjamin Nathan Cardozo 26 (M. Hall, ed., 1947).

[39]　See Pound, *supra* note 27, ch. 2, at 59. 40.

[40]　See Frank, *supra* note 9, ch. 1, at 110.

着某一结论迈进，却因进一步检视而被迫停顿并转向。"[41] 因此，法官不能将一种源自人格异常或与基本价值体系不相容的价值直觉强加于社会，[42] 所谓的"直觉"必须具有充分的根据与说服力。因此，直觉或许是一道照亮正确路径的闪光，但它并非路径本身。直觉亦非智识的替代品，它不能取代司法裁量实践的适当标准，但可以激发更为深入、理性的审视。[43]

法官必须在其理性思维与直觉之间寻求平衡。在多数情况下，他可能会发现二者是相容的，但在某些特定案件中，他可能会察觉到二者之间存在鸿沟。此时，他必须探究这一鸿沟的成因。他不能忽视自己的直觉，因为直觉可能是一种不完整思考的信号。如果在法官完成这一审视过程，并依据我所讨论的检验标准对自己的思维进行检查之后，其理性结论与直觉之间的鸿沟依然存在，那么他应当优先选择理性思维。在这种情况下，很有可能直觉仅仅是法官努力摆脱的那些主观因素的累积。最终，司法裁量必须以理性思维的形式表达，而非基于主观臆断，这是司法工作的职责所在。

三、司法裁量的意识

（一）意识及其后果

司法裁量意味着从多个合法的可能性中作出选择。合理司法裁量则意味着基于适当的考量从各种可能性中作出选择。通过抛硬币来选择一个选项可能会得出一个合法的选择，但这种选择行为本身并不合理。由此可以推断，合理行使司法裁量权要求意识到选择行

---

[41] Schaefer, *supra* note 94, ch. 2, at 23.

[42] See G. White, *Patterns of American Legal Thought* 136, 159 (1978).

[43] See Friendly, *supra* note 123, ch. 1, at 230.

为本身。进行司法裁量的法官必须意识到自己正处于疑难案件的领域之中。他必须认识到司法裁量的重要性。若法官对所有这些因素缺乏自觉意识，他就无法在其所面对的各种可能性之间作出恰当的选择，他的选择因此就不合理。

事实上，法官有时并未意识到自己正在进行司法裁量。这是司法裁量的附属性所致。法官需要对争议作出裁决，而司法裁量的行使仅仅是这一裁决的副产品。有时，法官假定了一种规范性情境，并据此作出本案的判决，却未意识到其假定本身涉及从若干可能性中择一的行为。实际上，法官有时并未意识到自己正处于疑难案件的领域之中。他可能认为自己面对的是一个简单案件或中间案件。法官以为自己只是在重复既有规范，而实际上他正在创设新的规范。这同样与某些法官所接受的宣告性理论有关，该理论认为法官并不创设法律——因此，他们并不是在我所使用的意义上行使司法裁量权。

这种无意识的状态并不可取。司法裁量的适当进行必须基于对其构成基础的自觉意识，司法裁量的适当行使是客观的，而法官必须（主观上）意识到这一点。进行适当的客观司法裁量必须基于对司法裁量被激活的主观自觉，这种路径为法官带来了沉重的负担。纠纷并不会自己贴上标签向他宣告："我是简单案件"或"我是疑难案件"。法官必须自行分析他所面对的案件，通过审视他所面临的疑难类型来完成这一过程。他必须问自己，他是在适用既定的规范，还是在创设此前并不存在的规范？

若法官在未意识到自身正在进行司法裁量的情况下作出裁决，这种无意识的司法裁量是否会导致该裁量行为无效？在拉兹教授看来，无意识的司法裁量行为并不削弱司法裁量的有效性。

> 法院在处理未受规范调整的纠纷时创设法律，无论其是否

意识到自身正在从事这一行为。这构成了立法性法律创设与司法性法律创设之间的重要概念性差异。立法行为是一种意图改变法律的行动，而司法性法律创设则无须具有这种意图。法官可能在一项他认为仅仅是适用法律的判决中创设一项新的规则。如今，法官在很大程度上充分意识到其法律创设的权力，但这一概念性区分并未失去其重要性。尽管法官知晓其常常创设法律，他们却并非总能准确判断某一具体判决中的观点是创设性的还是适用性的。司法裁判的有效性不因法院是否正确识别其裁判性质为创设性或适用性而受到影响，这对于司法制度的正当运行至关重要。[44]

笔者赞同这种观点。适用既有法律（在简单案件和中间性案件中）与创设新法（在疑难案件中）之间的区分是困难且微妙的。有时，也难以知晓法官是否意识到其正在进行司法裁量。法官并不总是将其主观意识写入判决之中。基于上述原因，笔者接受如下结论：法官裁决的合法性不应以是否存在自觉意识为前提。司法体系对稳定性与可预测性的需求，可能导致如下结果：即使法官并未明确意识到正在行使裁量权，或者无法从判决中推断他意识到正在进行司法裁量，这些都不影响裁判本身的合法性。然而这并不意味着对自觉意识的需求是多余的，合理且妥当的司法裁量要求法官意识到其正在进行司法裁量。尽管如此，缺乏自觉意识以及不合理地进行司法裁量，并不必然导致裁判无效。

尽管我能够接受这一结果，但它并不能令人心悦诚服。我理解从特定案件的裁判结果角度来看，缺乏自觉意识不影响裁判的有效性，但笔者仍然认为，缺乏自觉意识必然会影响裁判在规范领域的

---

[44] Raz, *supra* note 12, ch. 1, at 207.

地位。一种新的司法创设若是基于有意识创设新规范而产生，其规范性分量与无意识之下产生的同一创设是不同的。在此，我们同样无法制定出绝对明确的规则。在一个对司法创设合法性存在疑问的法律体系中，我们无法期待无意识的行使司法裁量权能够在规范性层面产生任何效果。这或许可以解释为何在 19 世纪的英国普通法体系中，这一问题从未出现。如果主流理论认为法官仅仅是宣告法律，那么对存在司法裁量的自觉意识就不会被赋予重大意义。然而，在一个法律共同体充分意识到（存在）司法创设，并且能够明确区分简单案件、中间案件以及疑难案件的法律体系中，情况则有所不同。在我看来，后一种类型的法律体系或许会存在这样的规则：如果司法创设是在无意识的情况下作出的，那么它将失去部分规范性效力。

即便法律共同体尚未发展出对区分不同类型案件的敏感性，也应当可以制定一项法律规范，据此，一项仅包含事实与裁决而未进行规范性讨论的判决，将不构成未来规则的渊源。该判决可作为遵循先例的体现，但不应作为先例。在我看来，这或许能够恰当地表达规范性创设需要法官意识到其创设行为这一事实。此外，为了提升自觉意识在司法裁量中的重要性，法官应在裁判意见中表达其自觉意识，以便仅通过阅读判决即可知晓该裁决是否是基于存在司法裁量这一意识作出的。如果法官知晓他被期待在外部表达其自觉意识，那么在实践中他将真正意识到自己的行为。

138

（二）意识的类型

司法裁量的意识包括如下几类：

1. 意识到存在司法裁量。

2. 意识到进行司法裁量意味着什么。

3. 意识到需要阐明法律规范目的。

（三）意识到司法裁量的存在

意识与合理性。合理行使司法裁量的基本条件是意识到司法裁量的存在及其行使。若法官未意识到存在不同的可能性，他就无法在开放的（选择）可能性中作出合理决定。那些自视为立法机关"传声筒"的法官，在面对规范层面的多种可能时，无法作出理性抉择。他甚至对这些可能性视而不见。罗斯科·庞德教授曾写道："苏格拉底（Socrates）认为许多看似错误的行为实则出于无知，此言并非全错。当法院认识到自身行为的本质，并因此能够有意识地尽力将其做到最好时，将收获颇丰。"[45] 一位误以为自己在处理简单或中间案件，而实际上是在裁决疑难案件的法官，将难以应对司法裁量所带来的问题。

意识与责任。一位法官如果在行使司法裁量时没有意识到这一点，就不会感受到赋予其自身的责任，于此，他会在没有责任感的情况下行使权力，而这种状态是不理想的。正如朱利叶斯·斯通（Julius Stone）教授所言：

> 如果一位法官认为自己只是在执行法律规定，而实际上其是在行使由法律所赋予的司法裁量权，那么这种行为就是一种不负责任的权力滥用。无论这种信念是源于错误的逻辑观念，对法律规范范围的误解，还是单纯的混乱，情况都是如此。[46]

后来：

139

---

[45] Pound, *supra* note 17, ch. 1, at 959.

[46] Stone, *supra* note 40, ch. 1, at 678

> 我们仍然相信，在有司法选择的地方，责任应与权力相匹
> 配，这要求对选择有意识，并关注相关事实和政策，同时也包
> 括法律原则。[47]

任何行使权力的人都必须感受到赋予其自身的责任。这种感觉确保他将尽一切可能以理性和合理的方式行使权力。在我看来，关于司法裁量权存在的信息不会导致对理性行使该权力之需求的漠视。相反，这种意识会增强司法的敏感性。无论如何，即使这种危险确实存在，也必须直接面对，而不是以缺乏权力为借口。

意识与客观性。如果法官没有意识到司法裁量权的存在，他就不会有意地区分自己超乎寻常的主观感受与作出客观裁决的需要。正如斯通教授所言："我们仍然相信，无意识的主观性会限制客观表现，这一点适用于法官，也适用于其他人。"[48] 爱德华兹法官在重复这一观察时说道："当法官甚至没有意识到潜在威胁时，其个人意识形态可能在某些不适当的案件中影响其裁决，这才是真正的威胁。"[49] 行使司法裁量权的意识使法官保持警惕，并使他有可能切断那些不应考虑的主观因素。我并不主张法官应该接受心理分析以使他们意识到自身的主观性。然而，在我看来，对司法裁量权存在的主观意识是其客观行使的一个必要条件。

不可否认，有些情况下法官在行使司法裁量权时并未意识到自己在这样做。然而，也不应夸大此类情况的频率：首先，司法裁量权有时是通过明确的语言被授予的。在这些情况下，必须假定法律语言使法官意识到司法裁量权的存在。其次，即便在没有明确规则

140

---

〔47〕　*Ibid*. , at 686

〔48〕　*Ibid*.

〔49〕　Edwards, *supra* note 2, ch. 1, at 410.

授予司法裁量权的情况下，当今的现实是许多法官都意识到自己手中的司法裁量权。实证研究证明了这一论点。在总结 1957 年至 1973 年间对上议院法官的一系列访谈时，帕特森教授广泛引用他们的书面回答，就法官的主观感受发表了如下看法：

> 上仪院常任上诉法官（Law Lords）确实行使选择权。许多案件并没有正确答案，即使法律贵族们足够敏锐，也无法推导出这些答案。他们的工作是从现有材料中作出最佳决策——归根结底。上仪院常任上诉法官是工匠，而非寻宝者。[50]

我确信，就最高法院的法官而言，以色列的情况也是如此。诚然，这种意识并不总是体现在法院的判决中。有时，法官们只将斗争的结果诉诸文字，而非斗争本身。然而，根据经验，从实证角度来看，我相信在大多数法官拥有司法裁量权的案件中，他们中的大多数实际上都意识到了这一点。

（四）意识到运用司法裁量的意义

意识到法律随现实变化而变化。司法裁量权的使用意味着新法律的创造。这是从功能意义上讲的立法。当然，不同案件中的裁量程度有所不同。在解释模糊的制定法规则时存在的司法裁量，与偏离先例或从制定法规则中类推得出的司法裁量有所不同。在所有这些情况下，裁量都是有限的。然而，立法总是在发生。合理行使司法裁量权意味着法官意识到自己正在参与立法，换句话说，就是在改变法律。正如霍姆斯大法官所言：

> 但迄今为止，这一过程在很大程度上是无意识的。因此，

---

[50] Paterson, *supra* note 4, ch. 1, at 194

重要的是要回顾实际发生的事件经过。即使只是为了更有意识地认识到法院的立法功能，如刚才所解释的那样，这也是有益的。[51]

一位法官若认为改变法律非其职责所在，那么其便未能合理行使裁量权。即便他自认为并未改变法律，但通过将旧法适用于新现实，他实际上是在改变法律。[52] 这种改变是无意的。法官并未意识到自己可采取的可能性，因而他的行为是不合理的。社会变革必然会导致法律的变革。这种法律的变化源于现实与规则之间的关系。法律规范调节着人与人之间的既定关系，随着这一关系体系的变化，尽管形式上未作修改，法律规范本身也会随之发生变化。卡多佐大法官曾写道：

> 我们生活在一个不断变化的世界中。如果存在一套足以适应今日文明的法律体系，它也无法满足明日文明的需求。社会是变动不居的。只要社会是多变的，并且根据这种变动的程度，法律就不可能保持恒定。动态力量对我们而言过于强大。如果我们拒绝改变这些"公式"，可能会认为法律依旧没有改变。但这种一致性仅停留在字面上。"公式"与现实之间的对应关系已不复从前。将其转化为行为时，其含义也发生了改变。法律定义了一种关系，而这种关系并非总是在固定点（fixed points）之间。往往是，甚至最常见的是，处于不断变化的点（varying position）之间的关系。需要规范的行为和情境本身具有［独立的］动态特性。无论我们意愿如何，变化总在

141

---

[51] Holmes, *The Common Law* 36 (1881).

[52] See Radcliffe, *supra* note 42, ch. 3, at 271.

发生。[53]

因此，当可预见的危险来自手推车、马车和石头时，否定或承认注意义务的法律，与可预见的危险来自汽车、火车和原子爆炸时的法律并不相同，即便在形式上没作改变。社会变迁导致了法律规范在功能、性质、结果及行动上的变化。当河流变为湖泊时，河坝便不再是水坝。尽管坝体本身未发生物理变化，其功能及作用后果已然改变。法官必须意识到这一现实。他必须明白，在疑难案件中，他所作的任何决定——即便是决定不改变法律——都涉及对法律的某种变化。唯有此种意识才能引导司法裁量的合理行使。

意识到需要有意识地改变法律。法律总是随着社会现实的变化而变化。法律的历史也是其适应生活变化需求的历史。有时，法律的非正式变更并不足够；有时，需要正式、主动的变更。法律的生命不仅仅是逻辑或经验，还包括基于经验和逻辑的革新，以使法律适应社会现实。这一革新任务首先由立法机关承担。立法机关的一项主要职能就是创造能够包含新社会现实甚至决定其形象和特征的新法律工具。然而，这一任务并非由立法机关独有。将法律应用于社会现实也是法官的职责。[54]正如阿格拉纳特法官所言：

> 当一组事实向法官揭示，这些事实基于新的生活条件，而非现有规则制定时所依据的条件时，法官被迫重新审视在不同背景下创建该规则所依赖的逻辑前提，旨在通过拓宽或缩小其适用范围来适应新的条件，并且——在没有其他选择的情况下——还须考虑完全放弃作为现有规则支撑的逻辑前提，转而

---

[53] Cardozo, *supra* note 125, ch. 1, at 10.
[54] See *Packer v. Packer* [1953] 2 All E. R. 127.

采用另一种法律规范，即使这是一种此前未知的新法律规范。[55]

当然，这条法律路径存在诸多限制。例如，并非所有可能的改变都是可取的，也并非每一种权力都必须被利用。很多时候，将任务留给立法机关更为可取。然而，法官若要合理决定是否启动法律的变更，他必须意识到自己正在改变法律。[56]

（五）意识到制定法律规范背后目的的必要性

规范目的的核心性。法律规范是一种有目的性的规范，其旨在实现某个特定目标。法官必须赋予法律规范以能实现其目标的意义。为此，法官必须了解规范的目标。如果不了解规范的目的，便无法实现其目标。在简单或中间案件中，明确法律规范所追求的目标通常相对容易，通过立法历史（针对制定法规则）以及判例法（针对判例法规则），可以大致［清楚］地确定法律规范试图达到的目标。然而，在大多数疑难案件中情况并非如此。往往使案件成为疑难案件的，正是难以确定法律规范目标这一事实。现有渊源可能无法清楚地指向规范的目标，或者从中得出的目标并不能帮助解决法官所面临的困难。尽管如此，法官必须克服这些困难并找到规范的目标。他必须形成规范目标及其目的的概念。合理性区域仅包括那些能实现这一目的的可能性。最终选择将只能在这些可能性中作出。因此，如果法律规范是一种具有目的性的规范，而法官的职能是赋予规范以实现其目的的意义，那么除非法官意识到规范的目的，否则其无法在各种可能性中作出合理决定。

143

---

［55］ CA 150/50 Kaufman v. Margines, 6 P. D. 1005, 1034.

［56］ See Hart and Sacks, *supra* note 26, ch. I, at 316.

公共政策。法律规范的目标和目的是构成该规范基础的公共政策。法官必须阐明这一政策。只有在法官意识到法律规范所依据的公共政策后，才能合理行使司法裁量权。有时，可以从立法或判例法历史中揭示公共政策。有时别无选择，只能转向法律体系的基本价值观，要么假设这些价值观构成公共政策的基础，要么将其作为制定（公共）政策的独立来源。无论采取哪种方式，建立和阐明公共政策都是法官的主要任务之一。如果不了解法律规范所依据的公共政策，他就无法合理地行使裁量权。

然而，许多法官认为制定公共政策是立法者的职责而非法官的责任，因此避免处理政策问题。[57]当然，确定制定法规则的政策是立法机关的事务。通过颁布制定法，立法机关表达了其政策。但法官的任务是解释立法规则，为此他必须揭示立法机关确立的公共政策。正如萨斯曼大法官所言："我们从立法者的文字出发，试图追溯立法者的足迹，从而揭示其观点。这就是解释者的任务。"[58]只要立法机关的政策源自可靠来源，就应予以体现。法官并不强加自己的公共政策，而是揭示立法机关的政策。但有时在某些疑难案件中，立法政策并无可靠的表述，法官别无选择，只能自行确定政策。然而，这一确定并非是任意的：他不会凭空创造公共政策。法官会参考法体系的基本价值观，并试图从中了解公共政策。有时，为了从这些新价值观中获悉规范背后的政策，法官不可避免地将新价值观引入制度之中。

一匹野马。许多法官在权衡公共政策考量时畏缩不前。他们将公共政策视为一匹"野马"——用伯勒（Burrough）法官在"理查森

---

[57] See Lord Morris in *Home Office v. Dorset Yacht Co. Ltd.* [1970] A. C. 1004, 1039; Lord Scarman in *McLaughlin v. O'Brien* [1983] A. C. 410.

[58] F. H. 3/62 *The Interior Minister v. Musa*, 16 P. D. 2467, 2474.

诉梅利斯案"（*Richardson v. Mellis*，1824）中的话来说[59]——任何珍视自己生命的人都应与之保持距离。拒绝考虑公共政策的做法本身即是某种公共政策的体现。自"野马"比喻使用以来，已过去约150年，我们对法律的理解已有所深化。如今我们意识到，每一条法律规范都有其目标与目的，法官必须发现并揭示这些目标与目的，以便赋予规范以意义。人们可以从立法历史中了解规范的目标与目的。然而，有时不可避免地需要诉诸（法律）体系的普遍价值观。在所有这些活动中，正如兰道法官所言："法官必须成为他所在社会之开明公众普遍接受观点的忠实诠释者。"[60] 每位法官在被任命后都会骑上那匹"野马"，他别无选择，只能驾驭它。正如科宾（Corbin）教授所指出的：

> 无论马匹多么难以驯服，法院都不可能拒绝骑乘。正义（无论是被描述为"自然"还是"人为"）、公共政策、普遍福利、人类的既定信念、社群理想，这些实际上都是对同一事物的不同描述。而法院设立的目的就是为了执行这一点，并最终基于这一点作出判决。[61]

因此，每位法官在各种选项中进行选择时，都必须考虑公共政策的因素。里德勋爵对此这样说道：

> 只要当权者……能够确保新一代法官不仅仅是技术专家，同时也是通晓世故之人，我们就可以——实际上我们必须——信任他们熟悉公共政策，并以合理的方式将其应用于不时出现

[59] 130 E. R. 294.
[60] C. A. 461/62 *Zim v. Maziar*，17 P. D. 1319，1335.
[61] Corbin, On Contracts, 121n9（1962）.

的新问题中。[62]

在"拉维夫诉贝特·尤勒斯有限公司"（C. A. 207/79, *Raviv v. Beit Yules Ltd*）一案中，我曾指出：

> 法官必须承认，在其司法职能中，他必须权衡公共政策的考量，这些考量无非是正义的考量及冲突利益间的平衡。他必须立足于过去，必须认识现在，必须为未来解决问题准备工具。生活处于不断变化之中，法律亦然。法官必须在稳定与变动之间找到平衡，他借助公共政策来实现这一点。这一公共政策原则将法律体系的具体规则与其精神生活的核心连接起来，为这些规则注入血液与生命力。法官必须认识到这一现状，不能通过视而不见来改变它。问题仅在于，当法官作出裁决时，他是否意识到了赋予他的选择自由以及在选择中所承担的责任，还是说他是在无意识中作出判断，因而也是不负责任的。[63]

霍姆斯大法官对此表示：

> 我认为法官们自身未能充分认识到他们权衡社会利益考量的职责。这一职责是不可避免的，而司法上常宣称不愿处理此类考量的结果，仅仅是让判决的根基和基础变得模糊不清，且常常是无意识的。[64]

我在贝特·尤勒斯案（*Beit Yules case*）中补充道："每位法官都骑在'野马'上……问题仅在于，在得出这一结果的过程中，是

---

[62] Reid, *supra* note 39, ch. 3, at 27.

[63] 37 P. D. 1, 533, 556.

[64] Holmes, *supra* note 17, ch 1, at 467.

法官被'野马'引领，还是法官引领马匹到达目的地。因此，我们越能识别公共政策，就越能理解我们的司法职能。"[65] 如果法官不了解公共政策，他们将无法妥善地执行其职责。

争夺主导地位的价值。法官必须意识到构成合理性区域内各种可能性的公共政策基础。他必须了解法律规范所依据的原则、政策路线和标准。他必须明白，法律规范——无论他是解释它还是创造它——都是一种有目的性的规范。它必须实现某些目标。它通常代表了冲突价值之间的一种妥协。合理行使司法裁量权要求法官意识到这一现实。霍姆斯大法官曾说：

> 但我认为最重要的是要记住，每当出现疑难案件，一方有某些类比，另一方也有其他类比时，真正摆在我们面前的是两种社会欲望之间的冲突，每一种欲望都试图将其支配权扩展到该案件上，但它们无法同时实现（各自的目标）。社会问题在于，哪一种欲望在冲突点上更为强烈。[66]

庞德教授重申了这一观点："普通法的主体内容是由对冲突的个人利益的调整或妥协构成的，在这些调整中，我们通常以公共政策之名转向某些社会利益，以确定合理调整的界限。"[67] 霍姆斯大法官和庞德教授都谈到了冲突的利益。这种方法过于狭隘。我们处理的是争夺优先地位的价值，这些价值反映了包含各种利益和标准的原则和政策路线。如果法官没有意识到这一点，没有正确识别这些价值，赋予它们适当的分量，并在它们之间建立适当的平衡，他就无法妥善完成他的任务。

---

〔65〕　C. A. 207/79, *supra* note 63, at 557.

〔66〕　Holmes, *supra* note 122, ch. 1, at 239.

〔67〕　Pound, "A Survey of Social Interests", 57 *Harv. L. Rev.* 1, 4（1943）

（六） 意识到基本问题

我讨论了法官对司法裁量权本身的认识。没有这种认识，合理行使司法裁量权是不可能的。不言而喻，为了合理行使司法裁量权，法官必须意识到构成司法裁量基础的根本问题。他必须意识到基本的规范性问题。因此，例如，他必须明白，合理行使司法裁量权不仅需要考虑现有的基本价值，还需要考虑新的价值。他必须意识到有机发展的必要性。他必须意识到自己在当前面临的特定冲突中扮演着裁定者和确定一般规范的双重角色，并且在这两项任务之间存在着持续的紧张关系。他必须认识到需要确保一致性和中立性，同时对追溯力问题表现出特别的理解。同时，他必须意识到司法裁量基础上的机构问题及其行使过程中的偶然性。他必须明白，在行使司法裁量权时，他在信息和手段上都是有限的。他必须意识到自己要伸张正义，并且正义也必须看起来已经得到体现。为此，他必须客观行事。除了所有这些要求外，他还必须意识到法官在权力分立体系中的地位。他必须认识到民主问题以及社会对司法角色的观念。他还必须考虑到各政府机构之间的关系。

如此广泛的认知给法官带来了沉重的负担。德沃金教授将理想中的法官称为"赫拉克勒斯"（Hercules）是正确的。[68] 当然，不应夸大其词。司法裁量权产生于特定领域并依据特定事实，它并不会全面引发所有问题。通常情况下，只需有限的认知即可。然而毫无疑问，选择往往颇为艰难。

147

---

[68] Dworkin, *supra* note 16, ch. 1, at 105.

四、最合理的可能性与司法能动主义和司法自我克制的区别

(一) 术语的界定

关于司法能动主义或克制主义的问题已有大量论述。[69]人们并没有明确界定这些术语，[70] 尽管它们具有多重含义。任何关于司法能动主义或自我克制问题的讨论都必须假定法官在合理性区域行事。当法官没有司法裁量权，且只存在一种可能性时，能动主义与自我克制之间的区别就毫无意义。法官必须选择这一可能性，无论这一选择使其成为能动型法官还是被动型法官。因此，只有在存在司法裁量权的情况下，即法官可以自由选择多种合法可能性时，能动主义与自我克制的区分才有意义。

根据我的需求，我将能动型法官定义为从可供其选择的可能性中，选择最能改变现有法律的那种可能性的法官；而将自我克制型法官定义为从所有可能性中，选择最能维持现状的那种可能性的法官。因此，两者之间的区别只是相对的。有时，区分能动与克制较为容易。例如，当存在先例时，能动型法官是偏离先例的那位，而克制型法官则是遵循先例的那位。但有时区分二者则较为困难。例如，当我们面对一条尚未被解释且可作多种解释的模糊制定法规则，或是一个尚未被考虑的新判例法问题时，有时难以确定哪种解

〔69〕 See Edmund‐Davies, "Judicial Activism", *supra* note 38, ch. 3; *Supreme Court Activism and Restraint* (S. Halpern and C. Lamb, eds., 1982); A. Miller, *Toward Increased Judicial Activism* (1982); Oakes, "Judicial Activism", 7 *Harv. J. L. and Pub. Pol'y.* 1 (1983); M. Wilkey, *Activism by the Branch of Last Resort: Of the Seizure of Abandoned Swords and Purses* (1984).

〔70〕 See Canon, "A Framework for the Analysis of Judicial Activism", in Halpern and Lamb (eds.), *supra* note 69, at 385.

148

释及规则变更相较于其他（"与当前选择相比的其他可能性"）更
能改变规则。

（二）"能动主义—自我克制"与适应生活的需求和稳定性

有时，人们可能会将能动型法官视为寻求使法律适应生活变化
需求的法官，而将克制型法官视为寻求维护法律稳定性和安全性的
法官。事实上，法律的改变不仅仅是为了改变而改变，法官有时寻
求改变是因为他希望在生活与法律之间创造更大的和谐。同样地，
对现有事物的维护并非为了维护本身，有时被动型法官这样做是为
了维持法律生活中的稳定性和安全性。但这种结合并非总是存在。
有时，能动型法官引发的法律变化会导致生活与法律之间的不匹
配。另一方面，克制型法官可能保留现有法律，而该现行法律本身
包含着潜在的变化。例如，在过去的某个案例中，为了适应生活需
求而对某项法规进行了修改。克制型法官选择保留了这一规则，并
且不愿意再作改动。而另一方面，他的同事，能动型法官，则对这
一改变并不满意，希望对其作进一步的修正。在此例中，是被动型
法官使规则适应生活的需求，而能动型法官则反其道而行之。同
时，不应将能动主义等同于追求正义，也不能将自我克制等同于对
正义考量的漠视。现行法律可能是公正的法律，这正是克制型法官
希望维护的。另一方面，能动型法官则希望改变这部公正的法律。
当然，人们也可以设想相反的情形。

（三）"能动主义—自我克制"与司法裁量的基本问题

能动主义法官与自我克制的法官——各自从自身视角出发——
都面临着司法裁量的基本问题。现有对司法裁量权的限制跨越了这

一区分，影响着能动型法官和克制型法官。[71] 以规范体系的基本
问题为例，对于能动主义法官来说，有机发展是一个问题。希望变
革的法官可能会遇到需要维护有机发展的情况。然而，被动型法官
同样会遇到这一问题，因为有机发展实际上可能表明需要变革。或
者，以机构体系的基本问题为例，无论是希望改变现行法律的法
官，还是想要维护它的法官，都会面临这些机构性问题。对于机构
体系之间的关系，情况亦是如此。因此，举例来说，能动型的法官
可能会从多数决原则的角度与民主问题发生冲突，而克制型法官则
可能从社会基本价值观的角度与民主问题产生碰撞。公众对司法系
统的信任也可能因过度能动或过度克制而受到损害。[72]

　　同时，能动型法官似乎比其克制型同事更有可能与司法裁量的
限制发生冲突。维护现状者受到已经通过司法裁量限制考验的法律　　150
规范的约束。由于在此期间发生的变化，法官再次遇到这些限制的
风险小于试图引入变革的人所面临的风险。[73] 因此，能动型法官可
能会面临根本性的规范问题，因为一致性与有机成长的要求有时会
成为过度变革的障碍。不言而喻，只有他才会遇到溯及力的问题。
基本的机构性问题也将会对能动型法官造成特别重大的影响。例
如，司法客观性问题主要会与他相关。各部门之间的关系亦是如
此。这些问题主要出现在可能会侵入其他部门领域并损害公众对司
法信任的变革中。因此，无论是能动型法官还是克制型法官都必须

　　[71] See Wright, "The Role of the Supreme Court in a Democratic Society—Judicial
Activism or Restraint?" 54 Cornell L. Rev. 1 (1968).

　　[72] See Hazard, "The Supreme Court as a Legislature," 64 Cornell L. Rev. 1
(1978).

　　[73] See Wallace, "The Jurisprudence of Judicial Restraint: A Return to the Moor-
ings," 50 Geo. Wash. L. Rev. 1 (1981).

意识到他们的行为，但似乎能动型法官需要格外谨慎。[74]

（四）"能动主义—自我克制"与最合理的可能性

从我的分析中可以看出，在合理性区域内，最合理的可能性与法官的能动性或自我约束之间并无先验联系。我们无法事先断定最合理的可能性是由能动型法官选择的，同样也无法提前说最合理的可能性是由自我克制型法官选择的。因此，既不是能动主义也不是自我克制主义决定了最合理的可能性；相反，是最合理的可能性要求采取能动主义或自我克制主义。因此，说能动型法官是"好"法官或自我克制型法官是"好"法官是没有意义的。一位好法官是选择最佳可能性的法官，这种选择可能带来变革，也可能会维持现状。[75]同样，说一位能动型法官本质上是自由派，而一位自我克制型法官是保守派，也是没有意义的。[76]无论人们如何定义"自由派"和"保守派"，当法官所作出的改变产生了新的保守立场时，一位能动型法官也可能被认为是保守派。同样，如果法官在维护现状时保留了现有规则中蕴含的自由价值观，一位克制型法官也可能被认为是自由派。

因此，在我看来，我们所定义的能动主义和自我克制主义之间的区分并无助益。它不包含任何价值元素，也无法回答关键问题：何时应成为能动主义者，何时应实行自我克制。[77] 就我个人而言，

---

〔74〕 See Traynor, "The Limits of Judicial Creativity", 29 *Hastings L. J.* 1025, 1039 (1978).

〔75〕 See J. Agresto, *The Supreme Court and Constitutional Democracy* 31 (1984).

〔76〕 See Shetreet, "On Assessing the Role of Courts in Society", 10 *Manitoba L. J.* 35 (1980).

〔77〕 See Kurland, "Toward A Political Supreme Court", 37 *U. Chi. L. Rev.* 19, 21 (1969).

我会避免这种区分。[78] 从本质上讲，它必须表明法律分析的最终结果。实际上，它为自身生成了一种独立的力量，有时甚至成为决定最终结果的主要因素，尽管它本身并未包含这样做的标准。因此，我们常常发现有人对某项规则感到不满时，会宣扬司法能动主义的优势，并将其作为改变规则的独立理由，而对规则感到满意的人则会将司法克制主义视为保留规则的独立理由。[79] 然而，这些理由都是空洞的。[80] 如果司法能动主义本身就是一个理由——而不仅仅是一个结果——那么它也将被用作改变一个无人想要更改之规则的手段；而如果自我克制主义本身就是一个理由——而不仅仅是一个结果——那么它将被激活以保留一个无人想要保留之规则。因此，我们常常发现人们宣传司法能动主义作为改变他们不喜欢之规则的一种理由，而一旦这种改变实现后，他们又开始宣传司法克制主义作为保留这一新规的理由。这种双重标准是不幸的。它削弱了公众对司法系统的信任。司法能动主义和自我克制主义并非独立的考量因素，它们也无法引导法官得出最合理可能性。司法能动主义和自我克制都是通过行使司法裁量权达到的结果，而司法裁量权则是由其他考量因素指导的。[81]

---

〔78〕　See Traynor, *supra* note 74, at 1030：“不合时宜的口头禅：司法能动主义。”

〔79〕　See Greenawalt, "The Growth of Judicial Power: A Comment", *The Judiciary in a Democratic Society* 89 (L. Theberge, ed. , 1979).

〔80〕　See Deutsch, "Neutrality, Legitimacy and the Supreme Court: Some Intersections between Law and Political Science", 20 *Stan. L. Rev.* 169, 171 (1968).

〔81〕　See Cappelletti, "The Law Making Power of the Judge and Its Limits: A Comparative Analysis", 8 *Monash U. L. Rev.* 15, 51 (1981).

第五章

规范性体系的基本问题

一、体系融贯性与司法裁量

什么是规范性结构，这种结构对法律体系有什么作用——这些都是法哲学的基本问题。[1] 正如我所指出的，我不打算处理上述问题。就本书的目的而言，从司法裁量权是有限的而不是绝对的这一事实来看，我们只需要说明，法官并不能任意地赋予法律规范任何他想要的内容。制度化的规范体系[2]限制了他可能的考量范围。例如，在这样的法律体系中，法官无权说，"我不喜欢先例 X，因为最佳解决方案与之不同，所以我将偏离它"。即使法官不受先例的约束，可以自由地偏离，但是在一个如以色列一般制度化的规范性法律体系中裁判的法官，偏离先例也必须基于特殊的理由。正如拉兹教授所说：

> 但在普通法法域内，法院对具有约束力的普通法规则没有这种偏离的权力。无论如何，即使权衡之后认为偏离先例更好，他们都不能改变这些普通法规则，而只能出于某些特定的

---

〔1〕 See J. Raz, *The Concept of a Legal System* （1970）；J. Raz, *Practical Reason and Norms* （1975）.

〔2〕 拉兹称之为"制度化体系"，它与"绝对自由裁量体系"相对，see Raz, *Practical Reason and Norms* 133 （1975）。

原因改变它们。例如，不公正、不公平的歧视、法院所持法律 153
体系观念与其本身所处的法律体系不一致。但是，基于一些其
他未列入许可清单的原因，即使发现这些普通法规则不尽如人
意，法院仍然必须遵循这些规则。[3]

　　显然，不同法律体系中允许或否认偏离先例的因素迥然不同。
法律体系 X 可能会确立某些与该体系的其他规则毫无共同之处的要
件。在这种情况下，偏离现有规范的标准是为某一特定教义所固有
的。但一般来说，一个法律体系不会这样运作。无论如何，在司法
裁量权的行使是以合理性为标准的情况下，人们必须努力确保法律
体系不会偏离自身，并且不会使自己受制于一个与之无关的标准。
因此，在我看来，合理性的检验要求偏离既定的安排（如偏离早期
的先例），或在此基础上继续发展（如创造新的判例法），或在其
框架内对价值进行平衡（如模糊规则的解释），以此维护体系的规
范融贯性。朗·富勒（Lon Fuller）教授对此这样说：

　　　　那些创制和执行法律规则的主体将始终面临着一个体系问
　　题（*problem of system*）。适用于个人化争议裁决的规则不能疏
　　离于司法智慧。它们必须被嵌入并维持在某种体系性的相互关
　　系中，显示出某种融贯的内部结构。[4]

　　每种法律制度的存在都创造了一种现实，在合理性检验的框架
下，这种现实影响了向法官开放的选择的性质以及并不向其开放的
选择的性质。例如，一项制定法可以规定，当法官遇到一个法律体
系没有提供任何解决方案的问题时，他必须援引外国法律体系以获

---

[3] Ibid. , at 140.
[4] Fuller, *supra note* 81, ch. 2, at 94.

得解决方案。但是，他无法通过行使司法裁量权来实现类似的结果。

在我看来，合理性原则要求各种规范间的内部融贯和内部联系。那么，对一个新问题提出的解决方案完全脱离了体系内类似问题的解决方案，这就是不合理的。融贯性的程度可能会因不同的体系而改变。若一个特定的法律体系可能不包含关于此种类型的规则，那么这个问题将留给司法裁量权。然而，在每一个现有的体系中，我们似乎都能找到一个基本的规则，即必须存在最低程度的融贯性。

二、体系的基本价值

（一）基本价值的重要性

国家的基本价值在该国的法律中发挥着重要的作用。[5] 有时它们构成了宪法或制定法文本的一部分。例如，当法律规定一项权利或义务必须"以习惯的方式和善意的态度"行使或履行时；又如，当法律提到"否定国家的民主性质"时。即使文本本身没有采用体现价值的语词，这些价值也总是作为解释文本的标准。无论是通过区分还是通过偏离，它们也都构成了改变现有判例法规则的标准。一个在特定时间、特定体系范围内裁决的法官有一套特定的基本价值。很少有法官面临新情况的情形。然而，即使是一个在现有体系的边界内裁决的法官，基于已经被接受的价值体系，也可能面临着有关该体系在价值上的难题。因此，他可能会发现自己面临相互竞争的价值，并被迫去衡量它们。有时，法官必须确定以下问

---

〔5〕 See Wellington, *supra* note 20, ch. 1; Raz, *supra* note 21, ch. 1, at 841.

题：他是否有权在现有的价值中增加一个以前没有被承认的新价值。

在这种情况下，他该如何行使其裁量权？合理性标准对他有什么要求？在我看来，法官面前产生了合理决定这些问题的需要。在目前的情况下，这意味着他的决定必须适应体系的既定结构，必须维持体系内一定程度的融贯性。他不能任意地选择一个在他主观上看来是最好的解决方案。他必须提供一个能在现有体系中创造某种程度融贯性的解决方案。当然，从立法机构的角度来看情况是有所不同的。因为立法机关可以提供其认为最好的解决方案，而不需要满足内部结构的要求。

（二）相互竞争价值的衡平

必须在合理性标准的基础上平衡相互竞争的价值。法官从他的主观视角出发，认为一种价值比另一种价值更可取，这是不够的。他必须在合理解释的基础上证成这种偏好的合理性。整个体系的融贯性是衡量这种合理说明是否可取的参考点。例如，保护体系本身不受破坏是一种理性的考量；优先考虑国家层面的价值而不是其他价值，如选举权和被选举权，这也是合理的。"国家存续的利益和选举权的利益并不是同等的利益。前者显然优先于后者，因为前者是后者存在的条件。"[6]国家的民主性质这一价值的决定性意义也是如此。

有时，在某种情况下，体系会优先考虑 X 价值而不是 Y 价值。如果一个类似的优先权问题摆在法官面前，那这种优先权的行使必

---

〔6〕 See E. A. 2/84 *Naiman v. Chairman of the Central Election Committee*, 39 P. D. (2) 225.

须有一个适当的标准进行衡量。确保体系的整体融贯性也需要这样的结果。比如，最高法院确定平等原则优先于保护公务员免于承担侵权责任的原则。[7] 在我看来，融贯性的方法要求法官必须在解释刑法领域的豁免规则时采用同种标准[8]，例如以色列议会议员的刑事责任豁免。同样，法院通过确定适当的衡量标准，确定了公平审判原则优先于新闻自由原则。[9] 同样的标准也可以用于公平审判原则和游行示威自由原则的衡平中。这两个例子是相似的，并且融贯性要求解决方案是类似的。

在法律的许多领域都需要在相互冲突的价值之间取得平衡。当法官面临衡量问题时，他必须考察在类似案件中是如何达成平衡的。为了保证体系的统一性，法官就必须考虑过去的做法。因此，当法院在新闻自由和国家安全之间已经作出过某种"权衡公式"——可能性测试时，[10] 另一个法院如果需要在这两者之间作出平衡时就必须考虑到这个公式。[11] 从结构的角度看，这两个问题是相似的，并且涉及类似的价值间竞争优先性的问题。为了确保制度框架的融贯性，法院需要采用类似的权衡公式。

当然，必须考虑到，新的案例往往与旧的案例不尽相同，价值相互竞争的情况也并不完全一样。这是不采用旧方案的一个合理理由，但它需要说明。旧的案例必须参考。尽管存在差异，旧案也应构成新方向的起点。裁判新案件的法官并不是在一张白纸上作出裁

---

〔7〕　See C. A. 507/79 *Roundnoff v. Hacim*, 36 P. D. （2）757.

〔8〕　See C. H. 507/81 *Abu Hazera v. Attorney General*, 35 P. D. （4）561.

〔9〕　See Cr. App. 126/62 *Disenchik v. Attorney General*, 17 P. D. 169.

〔10〕　See H. C. 73/53 *supra note* 56, ch. 2.

〔11〕　See H. C. 153/83 *Levi v. Commander of the Southern District of the Israel Police*, 38 P. D. （2）393.

决的。法律不是从他开始的，他站在整个规则体系面前，而这个体系可能会提供给他很多可能的参考。如果过去给出的某些解决方案在他看来与本案不够相似，他必须避免适用这些解决方案，但他也不能避免考虑这些解决方案。此外，当法官认为过去在类似案件中给出的解决方案并不是一个合适的解决方案时，那他就必须放弃对此类方案的援引。这在法官不受先前判例约束的法律体系中是可能的。然而，这种偏离也必须基于对合理性的检验。因此，在一个发达的法律体系中，一定有规范性结构、规范性的解决方案以及平衡各价值间冲突的公式，法官在作出他自己的特殊司法贡献之前，必须考虑到现有的结构。

这些考量是很重要的，例如，当一个法官必须决定是否在过失侵权（tort of negligence）框架内承认一个新的"注意义务"（duty of care）时，为了回答这个问题，法官必须在相互竞争的价值之间权衡。这些价值的冲突，不仅体现在新的注意义务上，也体现在过去被承认或否认的理论义务上。法官必须考虑到所有这些。他必须考虑过去达成的解决方案与权衡，除非有新的理由偏离这些解决方案和权衡，否则它就要在未来适用。这是由保持体系融贯性的需要产生的。同样，当法官在行为自由和国家安全的对抗中寻求平衡点时，他必须考虑他所处的体系在言论自由和国家安全的冲突中建立的平衡点。这些问题是相似的。言论自由和行为自由都源于民主自由的观念。如果法院得出了不同的权衡公式，那么他就必须说明这种差异，否则就会损害体系内部的融贯性。

（三）定位价值

体系的基本价值对其运行极为重要。但这些价值是什么呢？法官不能随意编造价值，无论这些价值在他看来多么合适。他必须发现已经隐藏在框架中的价值，或者考虑到尚未渗透到体系中的价值。在这两种情况下，他都没有绝对的裁量权。他必须考虑到整个体系的框架，进行合理裁决。

很明显，就确定现有的价值而言，需要对体系进行以上这种考虑。现有价值在体系内部，因此法官必须考虑他所处的体系，以使发现其内部的价值。这并不困难，特别是当这些价值在宪法或法律条文中被明确时。在以色列，《独立宣言》中提到的价值就是这种情况。然而，那些没有被明确表达的价值呢？尽管它们没有被明确地提及，但这些也可能是体系的价值之一。只要它们隐含在体系的结构和本质中就足够了。[12] 以色列最高法院在建国初期就曾对某些基本价值有过这样的说明，如言论自由和职业自由。阿格拉纳特法官写道：

> 以色列政治机构的建立和运作所依据的一系列法律证明了这是一个以民主为基础的国家。同样，在《独立宣言》中所宣称的语词——特别是关于将国家建立在"自由的基础上"和保证信仰自由（freedom of conscience）——意味着以色列是一个追求自由的国家。[13]

从这些详细的原则中，阿格拉纳特法官推断出了言论自由这一价值。从中也可得出游行自由。[14] 同样，什尼奥尔·赫辛法官从法律体系的基础中认识到，个人寻求生计和收入的自然权利得到了认可。[15] 权力分立、法治和人的尊严等问题上的原则也是从这些

[12] See Friedmann, *supra* note 17, ch. 1, at 843.
[13] H. C. 73/53 *supra* note 56, ch. 2, at 884.
[14] H. C. 153/83, *supra* note 11.
[15] H. C. 1/49 *Bezerano v. Minister of Police*, 2P. D. 80.

基础原则中得出的。"不成文的"基本权利没有在体系中明确宣示，但是却来自体系本身，隐蓄在体系的本质中。

在体系中明确承认的基本价值的核心周围，有一个半影区，它包含了其他基本价值的核心，这些基本价值没有被明确承认，但却是由它们（被承认的基本价值）产生的。在这些其他基本价值的核心周围，还有一个包含其他原则核心的半影区。[16] 因此，这些价值是交织在一起的，一个支持另一个，所有这些价值共同构成了整个法律体系。

有时，法官必须游离他所处的法律体系辖区，以便将其中尚未发现的基本价值引入其中。这是允许的。基本价值的列表并不是封闭的，法官有权用尚未得到司法承认的基本价值来充实其法律体系。但是，在这样做的时候，他不能自由地按照他无限制的裁量权运作。他无权引入他偏爱的任何基本价值。他的裁量权是有限的，因为新的价值必须与体系中已经存在的价值兼容。因此，举例来说，如果法律体系是建立在性别平等的价值之上，那么一个坚持性别不平等的法官就无权将这种基于不平等的价值观导入法律体系。因此，法官并不是为那些在法律体系中的无名或无痕迹的新价值而奔走的改革者。他有权引入与现有价值一致的或代表其自然而接续之发展的价值。

法官可以跨越其体系的边界，在他所处的社会中发现某些为公众所接受的基本价值。众所周知，如果这些价值与法律体系内的价值兼容，法官就有权将其引入法律体系。在矛盾的情况下，法官必须处理掉这一问题，决定新的价值是否足以取代旧的价值。法官不能仅仅因为新的价值是新的，在法律体系中尚未得到承认而忽视它

159

---

[16]　See *Griswold v. Connecticut*, 381 U. S. 479（1964）（Douglas）.

们。理性和合理的审查必须将新旧价值进行比较。正如旧的价值不能因为它们存在的年限而被抛弃一样，也不能因为新价值的新奇而阻止其渗透。但是，如果新价值尚未建立在坚实的社会基础上，那么新价值将不会取代旧价值。法官必须审查那些扎根于公众意识深处，或者至少是扎根于绝大多数公众心中的价值。[17] 法官不得将尚不完善的[18]或易引发激烈争端的价值纳入其体系。这样就可以确保法律体系的价值准确地反映社会价值，而只有社会价值的充分演进才会导致法律价值的革新。因为新价值引入法律体系时有一套渐进的模式，即通过与体系中已经存在的价值形成互惠而紧密的联系，因而法律体系的融贯性也将得到保证。阿格拉纳特法官曾讨论过这一点，他说：

> 这些概念和真理的诞生是社会慎思的产物，它们的产生和演变是通过各种社会机构（政党、报纸、不同的协会和专业组织等）进行讨论和阐释的结果。只有在它们通过了初步凝结过程之后，国家——立法机关的法律、行政机关的规章和指令以及法院的判决——才会出面改造它们，将它们翻译成法律语言，并在它们身上打上具有约束力的实在法印记。对这一点的解释要基于民主理论，即国家的职能在于实现人民的意愿，并使人民所推崇的那些规范和标准生效。由此可见，必须首先在开明的社会成员中形成共识，即这些规范和标准是真实和公正的，然后我们才能说，这些规范和原则的形成已经是一种普遍的意愿，并需要赋予它们以约束力，将其作为实在法并附加惩罚后果。需要指出的是，这种确信的本质不是说这些规范和标

160

---

[17]　See L. Hand, *The Spirit of Liberty* 15 (3d ed. , 1960).

[18]　See Holmes, *supra* note 122, ch. 1, at 295.

准还未出现，而是说尽管它们缺乏法律的正式表达，但它们早已真实存在。因此，社会就某一特定规范的真实性和公正性而达成共识先于国家对其的法律认可。显然，这种社会共识的形成并不是一天两天内完成的；这个过程是一个逐步演变的过程，它在时间上是漫长而不断自我更新的。[19]

因此，正如法官不能仅仅因为那些在体系中已完善的基本原则对他本人没有吸引力而不去援引一样，他也不能对他个人偏爱的尚不完善的原则进行表述。因此，法官可能会发现自己经常处于这样一种情况，即那些可以衍生出法律的基本原则并不存在，或者尚不存在。在这种情况下，法官必须承认支撑他裁判的渊源已经枯竭，并且他也不能把尚不完善的原则引入法律体系。关于这个问题，兰道法官在《谁是犹太人?》中说：

> 正如我所解释的，当没有其他渊源时，开明公众间的共识也是一个适当的裁决渊源。法院已经不止一次在裁决中利用这一渊源，这些裁决已经成为我们判例法发展的标志，并且将来肯定还会有这样的机会。但在目前的情况下，鉴于公众中普遍真实存在的意见分歧，这种渊源仍然是不足的。[20]

三、有机生长

(一) 一个活的有机体

当法官行使司法裁量权时，他并不是在执行一个孤立于现有规

---

[19]　H. C. 58/68 *supra* note 51, ch. 2, at 602.

[20]　Ibid. , at 530.

范秩序的"一次性"行为。司法裁量权在一个体系的框架内行使，并且必须适应这个体系。司法裁量权被置入法律体系内，这个体系并不是僵化的，而是一个活的有机体，司法裁量权是使其各部分变丰满的力量之一。行使司法裁量权，一方面是发展体系的组成部分，另一方面是发展法律体系这个活的有机体，两者之间必须和谐，否则就会出现"癌变的部分"。用霍姆斯法官的话说：

> 我毫不犹豫地承认，法官确实而且必须立法，但他们只能在法律的间隙中立法；他们的行为幅度被限制在摩尔到分子之间。一个普通法系的法官不可能说，"我认为对教义的考量不过是些历史上的废话，在我的法庭上不应该执行它"。[21]

一般来说，法律体系的生长需要逐步发展。要确保体系存续的就得演进，而不是革命。通常情况下需要的是连续性，而不是一系列的跳跃。当然，有时人们无法避免急速转弯和危险跳跃，但这仅在特殊情况下发生，有时也只能用确保逐步发展的需要来说明。通常情况下，一个法律体系的正常运作需要缓慢和渐进的转变。司法裁量必须符合这些框架要求。它的转变也必须是缓慢和渐进的。特雷诺法官对此有很好的描述："普通法最伟大的法官都是以这种方式推进的，他们的改进不是一蹴而就的，尽管它背负着过去，但它仍以龟速稳步前进。"[22] 从司法裁量必须符合法律秩序这一要求中，我们可以得出一些与行使司法裁量权相关的结论。

（二）自然的发展

司法裁量必须确保自然而有机的增进和发展。正如兰道法官所

---

[21]　*Southern Pacific Company v. Jensen*, 244 U. S. 205, 221（1917）.

[22]　Traynor, *supra* note 74, ch. 4, at 1031.

写的：

> 法官立法往往是曲折蜿蜒的小径，须得小心翼翼地从一个个案例中摸索出更多的一般解决方案，并通过有机发展以弱化不坚实的部分，以便强化有生命力的部分。这种判例法是一种为制定法的实行而积攒经验的便捷实践。[23]

从一个案件到另一个案件的缓慢过程使得谨慎、安全成为可能，如果有必要，还可以溯源到各个步骤。以色列最高法院在规定检方对被起诉者负有注意义务时讨论了这一点。我认为：

> 如果事实证明我们犯了错误，我们可以在未来改变我们的方法。杰克逊法官写道："我们说了算不是因为我们不犯错，我们不犯错是因为我们最终说了算。"（*Brown v. Allen*，344 *U.S.* 446，540，1953）而我认为这位尊敬的法官犯了错误。我们判决的最终性是基于我们承认错误的力量，以及我们在适当的情况下这样做的意愿。[24]

司法的航船通常不会驶入惊涛骇浪，而是沿着安全的海岸线谨慎而缓慢地航行，[25] 偶尔试图征服汹涌的波涛。一旦发现其实现的可能性微乎其微时，它就会返回到常规的路径中。里德勋爵曾对法官立法的特点进行了准确的描述，他说：

> 我想拿老旧的、手工制作的、昂贵的优质商品和体现现代科技的快销产品之间的区别作为一个类比。如果你以月为单位，希望顷刻间解决你的问题并且不介意它并不经久耐用，那

162

---

[23] Landau, *supra* note 17, ch. 1, at 297.

[24] C. A. 243/83 *supra* note 25, ch. 2, at 136.

[25] See Wright, "The Study of Law," 54 *Law Q. Rev.* 185, 186（1938）.

么就去立法。如果你以几十年为单位，喜欢有序地生长并且相信古话"欲速则不达"，那么就坚持使用普通法。[26]

庞德教授提出了一个类似的方法：

> 在与立法的竞争中，司法裁判具有真正的优势，因为它是以具体的案例为基础的，只有在经过长期的检验和错误的努力后才能概括出一个可行的原则。立法，当它不仅仅是宣告式的、不仅仅是权威性地重述司法经验所表明的内容时，它就包含预判的困难和风险。[27]

因此，法律体系的发展是从一个具体个案到另一个具体个案，通过必须符合整体体系架构的抽象提炼来实现的。[28]

163

（三）三角联系：过去、现在与未来

将司法裁量与法律体系框架相联系的要求意味着，法官所面临的具体争议，当下司法裁量权的行使必须与过去相联系。然而，今天的当下就是明天的过去。因此，司法裁量必须着眼于未来。在得出今天的判决时，法官也为未来确立了规范。同时，法官与昨天联系在一起，并从中获取养分。他对当前的具体争议作出裁决。所以，他也为明天创造了一个一般的法律规范。当下的司法裁量权行使必须通过这个三角测试。兰道法官很好地描述了这个三角关系：

> 这种通过判例法形成法律的过程要求行使裁量权，不仅是

---

〔26〕 Reid, *supra* note 39, ch. 3, at 28.

〔27〕 R. Pound, *The Formative Era of American Law* 45（1938）.

〔28〕 See Wasserstrom, *supra* note 89, ch. 2, at 172；E. Levi, *An Introduction to Legal Reasoning* 8（1949）；Stoljar, "The Logical Status of a Legal Principle," 20 *U. Chi. L. Rev.* 181（1953）.

为了在具体案件中找到一个公正的、令人满意的结论，这只是首要的要求，我甚至会说这是最原始的要求，就像坐在门口的城市老者的判断。但是，法官必须始终记住，"疑难案件出坏法"，他必须瞻前顾后；他的判决必须符合此前存在的判例法网络，同时必须为将来出现的类似案件制定法律奠定基础。一项判决如果不能通过这种一致性的三角测试，即体现具体案件中的公正性、整合入先前的判例法以及为未来的判决提供依据，那么它就只是任意性的，其命运是不稳定的。[29]

法官必须为当前的争议作出判决。他自然要努力达成一个公正的解决方案，但他不能忽视这样的事实，即他的解决方案必须符合现有的规范网络，同时他的解决方案不仅是为他的当事人，而且对未来的类似当事人都必须是公正的。一个理想的司法裁量权的行使，要满足与过去整合、体现正义以及面向未来以提供适当的解决方案这三方检验。然而，这样的成就并不总是可以实现的。在我看来，进行司法裁量如果只考虑现在，只考虑到判决双方的当事人，那就是不合理地行使司法裁量权。法官必须考虑到整个规范秩序。在个案中，一个公正的解决方案可能会在类似的案件中产生一个不公正的解决方案，而这些类案却无法与这个例外区分开来。

因此，在特殊和一般之间，在具体案例和一般规则之间存在持续 164 的紧张关系。法官不能忽视这种张力。如果他忽视了一般情况，只关注他面前的个案，那么他的操作就是不合理的。这种发展可能会对整个体系产生不公正。对某一具体案件的公正解决可能会产生对其他案件来说不公正的规范。然而，同样的道理，如果法官无视具体案件而只关注一般规范，他的行为也是不合理的。我们不应忘记，一般规

---

[29]　Landau, *supra* note 17, ch. 1, at 293.

范的存在只是为了解决具体案件。缓解这种紧张关系的一个可能的方法是，审查具体案件是否表明了一般规范应当被改变，或者应该为某类案件设立例外。这种审查考虑到了具体案例，因为正是这些个案导致了对整个问题的重新思考。然而，审查不能以具体案件为终点。必须审查其对过去发生之事件的影响并思考未来可能出现的情况。合理行使司法裁量权必须权衡进行规范性变革的基本利弊。只有在利大于弊的情况下才应该进行改变；从而实现合理解决方案的三个理想组成成分中的两个（过去和未来）。如果没有达到普遍的利大于弊，即使在具体案例中利大于弊，现有的规则也都应该保持原样。对过去和未来的考量可能比现在的需要更重要。

（四）连续性

司法裁量符合过去和未来的要求使得司法事业具有连续性。司法创新是一本由多位作者撰写的书[30]，每位作者都贡献了部分章节创新。一章的作者不能忽视前面的章节。此前的章节搭建了总体框架，后面的独立章节必须与之相适应。如果它骤然地完全由新的主角和新的情节组成，那么他的这一章将是不专业的。因为章节之间必须有连续性。然而与此同时，某一章的作者不能只是重复以前的章节，这种行为也是不专业的。他必须发展情节。一些人物可能会衰老和死亡，新的人物也可能会进入情节。有时为了揭示其中隐

165

---

[30] 这是德沃金教授使用的一个比喻。See Dworkin, *supra* note 86, ch. 1 at 168; Dworkin, *supra* note 89, ch. 1。这个说法已经被批评了。See Fish, "Working on the Chain Gang: Interpretation in Law and Literature," 60 *Tex. L. Rev.* 551（1982）. 这一批评得到了回应：see Dworkin, "My Reply To Stanley Fish（and Walter Ben Michaels）: Please Don't Talk About Objectivity Any More," in *The Politics of Interpretation* 287（W. Mitchell, ed., 1982）.

藏的潜力甚至有理由在情节中引入一个转折点。而当这一章被构思出来后，它就成了旧情节的一个不可分割的部分，新作者会根据它写出新的篇章。

就像写一本连载的书一样，司法创新是一项持续的活动。卸任的法官们写下了早期的章节，现任的法官写下了续篇，但他们是在过去的基础上写的。这都是在一个连续的过程中写出来的。正在书写的章节，随着它们的成文化，也成为过去的一部分；而新的章节，即新法官的劳动成果，也被书写出来。这样就实现了司法创造，它没有开始，不会结束，而是永续发展的。

将行使司法裁量权比作文学作品中的一个章节，包含着重要的寓意。一方面，它表明了司法自由的程度。法官并不盲目地追随前面章节的内容。他有权发展情节，当然这也是必须的。但另一方面，这种比较也指出了对司法裁量的限制。法官不能随心所欲地行事。他是在一个他必须适应的体系范围内行事的。他必须保持融贯性。

连续性影响着司法修辞。法官撰写的判决书在很大程度上是对过去几年开始的判例法的延续，这种延续一直持续到撰写意见的时候。在我看来，在重要的案件中，应该在意见中体现出司法连续性。这不仅对于强调不是所有的事情都是从今天开始的这一历史真相来说很重要，而且还能让公众意识到这种连续性的存在。同时，这也会增强司法体系的公信力。因此，法官不仅要以最新的判决为基础，也要以最古早的判决为基础，从而给予司法连续性以适当的表达。

（五）基于基本价值的司法裁量

前文讨论过基本价值的重要性。一旦确立了这些价值，那么按

166　照这些价值行事的法官就能保证体系有机地生长。新的审判对司法程序来说是自然的。用狄克逊（Dixon）法官的话说，这是"一种开明的适用模式，以确保尊重法院的传统。这是一个反复使用的过程，通过这一过程，法律得以发展，它适应了新条件并在内容上得到了改进"。[31] 司法裁量在其自然运作中依赖于基本原则。从一个具体的案例规则过渡到另一个具体的案例规则，不仅是在具体法律的"层次"上进行的。从判例法到判例法的过渡是通过共同的基本原则来实现的。司法过程的机理包含了具体的判例法，它不是独立存在的，而是从一个基本原则衍生出来的。这个原则本身是根据生活中不断变化的要求，作为新的具体判例法的加工地点。这就是判例法运作的"精神"[32]。它不是一个展示司法裁量孤立判例的集合，而是一个规范体系，其中不同的规范通过基本原则联系在一起。新的规范来自现有的基本原则。因此，这个体系有机地、自然地发展，并确保了司法创新的连续性。法官个人作出了自己的贡献，但法律是反映了公认价值[33]的整个体系的基本原则的结果。并不是法官个人辨别是非的主观感受触发了他的裁量，而是体系的基本价值。[34] 最终，通过将新的规范整合入既存的体系组织中，用一种有条理的、平衡的方法来发展法律，以裁决的客观性维持社会公信，这是有可能实现的。

---

〔31〕　Dixon, "Concerning Judicial Method," 29 Aus. L. Rep. J. 468, 472（1956）.

〔32〕　See *Viscount Simonds in Scruttons v. Midland Silicones* ［1962］1 All E. R. 1, 7："法律是通过将旧原则应用于新情况而发展起来的。这就是它的天才之处。"

〔33〕　See Chafee, "Do Judges Make or Discover Law?" 9 *Proc. Am. Phil. Soc'y* 405. 409（1947）.

〔34〕　See Barwick, "Precedent in the Southern Hemisphere," 5 *Isr. L. Rev.* 1, 8（1970）.

（六）一致性

为了合理化，司法裁量必须是一致的。[35] 只有这样，裁量才能融入整个法律体系，成为其中不可分割的部分。一位法官无权在两个类案中以不同的方式行使其裁量权。[36] 这是正义的基本要求，它标志着司法裁量的合理性界限。因此，司法裁量权的一致化行使也意味着司法裁量权的中立行使。[37] 因此，例如，当法官决定授权示威游行对公共安全"可能"造成伤害时，他必须在每个案件中都适用这一观点，而不是更重视游行者或游行行为可能伤害到的人的身份。同样，当法官采用某种解释方法（如文义解释）时，他必须在每个案件中都采用这种方法，而不能仅仅为了在某个特定案件中达到他认为可取的结果而转向采用另一种解释方法（如目的解释）。

当然，法官在行使其裁量权时，可能会造成对原有法律的偏离。一致性并不要求放弃一切变化。然而，即使有所变化，法官也必须保持一致和中立。他必须在每一个类案中都适用新的规则，而且他必须准备在类似的情况出现时同样地偏离先前的法律。这就是司法机关的裁量与立法机关的裁量之间的区别之一。后者没有法律义务要保持一致。它不需要中立地行事。法官则不然：他的裁量必须是合理的，必须符合法律结构的要求。因此，他必须保持一致和中立。

---

〔35〕 See Hart and Sacks, *supra* note 26, ch. 1, at 161.

〔36〕 See Wasserstrom, *supra* note 89, ch. 2.

〔37〕 Wechsler, "Toward Neutral Principles of Constitutional Law," 73 *Harv. L. Rev.* 1 (1959).

四、司法裁量与溯及既往的问题

法律体系的连贯性及其有机生长要求，根据一个人做出行为时的有效法律来审查他的活动。法律溯及既往的变化将现在的法律复制到过去，因此追溯性地产生了法律的巨大变化，而在这之前法律体系没有自然成长和有机发展。因此，一般来说，被每一个开明的社会都接受的方法中，其法律规则不应溯及既往，这是法治原则的一部分。如果一个人的行为在做出时没有被禁止，但是现而今将其置于有组织的社会惩罚之下，这是不公平或不公正的。恰当的社会生活要求人们按照事先知道的规则行事。在这些规则的基础上，人们可以计划自己的行为。溯及既往的适用会影响人们的期望，从而使适当的社会生活结构变得混乱。法律规范的溯及既往损害了司法过程的本质。这个过程的目的是为过去发生的冲突作出判决。它的视角是从现在到过去，而问题是，当事件发生时它们是否合法。法律的溯及既往实际上涉及将争议从过去复制到现在，即使在技术上并非如此，而法院必须判决的问题是，根据新的规范，这些行为是否合法。这就改变了司法职能的全部性质。

当法官裁决一个简单的案件或中间案件时，溯及既往问题根本不会出现，或只是以较弱的形式出现。在这些案件中，从一开始就存在着一个规范，它指导案件各方并只允许有一个正确解决方案存在。裁决冲突的法官确定了唯一存在的正确解决方案。然而，即使在这些案件中也可能出现追溯力问题。例如，法院可能偏离先前的规则，其新规则将溯及既往。正如我们所见，这种偏离可能属于中间案件的范围，只要法律共同体一致认为先前的规则有根本性的缺陷，那么在这个案例中，新的司法规则将追溯性地适用。然而，它造成的伤害却很小，因为根据定义，法律共同体认为之前的规则基本上是有缺陷的，所以在这种情况下反对法律适用中溯及既往的论点被大大削弱了。

　　另一方面，追溯性的问题在疑难案件中全面展现。根据定义，这些案件并不只有一个正确的解决方案。法官通过行使其裁量权来制定法律。如果这种权力行使是具有追溯力的，那么在行使司法裁量权和预期性地适用法律的必要性之间就会产生冲突。宣告理论试图通过强调行使裁量权所产生的新规则并不逆向地取消旧法，而只是宣布后者从来不是法律来掩盖这一冲突的痛点。但大家都清楚，这是"皇帝的新装"。不管是追溯性地废除旧法，还是宣布其从未成为法律，过去发生的冲突都是根据冲突发生时未生效的法律来决定的，而所有关于追溯性的争论都适用。边沁（Bentham）在他的著作中强调了这个问题。他试图指出制定法相对于司法规则的优势。他发现普通法的主要缺点之一是其溯及力。以下是他对这个问题的描述：

　　　　正如我们所见，是法官制定了普通法。你知道他们是如何制定的吗？就像一个人为他的狗制定法律一样。当你的狗做了任何你想让它不要做的事，你就等着它做，然后为此而打它。这就是你为你的狗制定法律的方式；这也是法官为你和我制定法律的方式。他们不会事先告诉一个人他不应该做什么——他们甚至不允许他被别人告知；他们保持这种状态直到他做了他们觉得他不应该做的事情，然后他们为此处罚他。[38]

　　因此，司法裁量引发了一个复杂的追溯性问题。[39] 所以，基于司法裁量存在的不正义性，德沃金教授为其否认司法裁量存在的

---

〔38〕　*The Works of Jeremy Bentham*, vol. 5, 233, 235（Bowring, ed., 1843）.

〔39〕　说到预期推翻，参见下文 note 47。

169

理论提供了最主要的证立之一，而这都是由于其追溯性造成的。[40]
其他人认为，德沃金教授的理论体系本身就包含了强烈的追溯性
因素。[41]

（一）解决此问题的考量一：司法裁量的适用必须有追溯力吗？

整个问题的出发点是，从行使司法裁量权中产生的司法规则具
有追溯力。[42] 这是一个不容破坏的规则吗？正如我们所看到的，
宣告理论假设了这一结果并对其进行说明。随着对宣告理论批评的
增加，认为司法裁决并非不可避免地具有追溯性的认识也在增加。
当前通行的观点是，司法规则在时间上的适用问题是每个体系中的
既定秩序问题，司法规则本身的性质[43]或宪法中的权力分立结
构[44]都没有要求追溯性。因此，在普通法体系中，这个问题由法
院根据公共政策的考量自行决定。[45] 迪普洛克勋爵在讨论此问题
时说道：

> 然而，一个新的先例适用于它制定之前行为的这种规则并
> 不是司法程序的一个基本特征。它是一种法律拟制的结果，即

---

〔40〕 See R. Dworkin, *supra* note 16, ch. 1, at 84.

〔41〕 See Kress, "Legal Reasoning and Coherence Theories: Dworkin's Rights Thesis, Retroactivity, and the Linear Order of Decisions," 72 *Calif. L. Rev.* 369（1984）.

〔42〕 See *Justice Holmes in Kuhn v. Fairmont Coal Co.* 215 U. S. 349, 372（1910）："据我所知，本法院没有任何权威说，一般而言，国家的决定只能为将来制定法律。近千年来，司法判决一直具有追溯力。"

〔43〕 See J. Salmond, On Jurisprudence 127（12th ed., 1966）.

〔44〕 See *Great Northern Ry v. Sunburst Oil and Refining Company*, 287 U. S. 358（1932）.

〔45〕 See *Jones v. Secretary of State for Social Services*〔1972〕1 All E. R. 145, 189（Lord Simon）.

认为法院总是仅仅在阐述法律。我认为，现在是反思我们是否应该摒弃这种拟制的时候了。[46]

事实上，在美国，各种"预期推翻"[47]（prospective ruling）的方法是众所周知的，而且这个问题在其他一些国家，如英国、德国和法国也得到了处理。[48] 在以色列，这件事情从司法和政策的角度都尚未决定。[49] 就目前而言，必须强调的是，在一个将普通法的适用问题从时间观念转移到司法裁量的法律体系中，法官必须将其纳入他所权衡的全部考虑因素中。这个问题是构成使用裁量权的合理性的要素之一。

（二）解决此问题的考量二：司法裁量与溯及既往 171

在一个法律体系中，追溯性问题特别重要，在这个体系中，普通法不承认预期推翻先例，因此所有的司法裁决都具有溯及力。在这样的体系中，法官在行使裁量权时必须考虑这个因素。因此，不采用法院所能采取的某种可能性应该是合理的，因为选择这种可能

---

[46] Diplock, *supra* note 3, ch. 3, at 17.

[47] See Currier, "Time and Change in Judge-Made Law: Prospective Overruling," 51 *Va. L. Rev.* 201（1965）; Schaefer, "The Control of 'Sunburst': Techniques of Prospective Overruling," 42 *N. Y. U. L. Rev.* 631（1967）; Traynor, "Quo Vadis, Prospective Overruling: A Question of Judicial Responsibility," 28 *Hastings L. J.* 533（1977）.

[48] See Tedeschi, "Prospective Revision of Precedent," 8 *Isr. L. Rev.* 173（1973）; Tur, "Varieties of Overruling and Judicial Law-Making: Prospective Overruling in a Comparative Perspective," 23 *Jurid. Rev.* 33（1978）.

[49] See Tedeschi, *supra* note 48; Kaplan, "Prospective Overruling for the Supreme Court's Precedents," 9*Mishpatim* 221（1979）; Nicol, "Prospective Overruling: A New Device for English Courts," 39 *Mod. L. Rev.* 542（1976）.

性会产生与普通法的追溯性有关的不良后果。[50] 因此，法官必须时刻谨记溯及力问题。他必须始终检查他的规则在时间维度上是如何运作的。在这种情况下，其一，在一个案件中，当法官制定的法律已经存在，而法院偏离了该法律或与之区分；其二，一个案件中有追溯力的法院既不偏离现有的法律也不与之区分，而是对法定规则作出初步解释或填补体系中的空白，这两者之间可能存在重大的区别。很自然的是，在第一种情况下（偏离先前存在的规则）对公信力的损害要比第二种情况下（新规则）大得多。[51] 即使存在法院偏离或区分的先前规则，追溯力损害的范围仍可以减轻。因此，例如，法律界意识到一个案件中先前规则的问题并期望这一规则被改变的情况与变化并不被期待的情况是不同的。在这方面，法院可以使用不同的方法，例如采用附带意见来提高法律共同体的意识，使他们对即将到来的、将追溯适用的变化作好准备。

---

〔50〕 See Jackson, "Decisional Law and Stare Decisis," 30*A. B. A. J.* (1944); Sprecher, *supra* note 94, ch. 2; *United States v. Southeastern Underwriters Ass.* 322 U. S. 533, 573 (1944) (Stone, J.); *Florida Department of Health v. Florida Nursing Home Ass.* 450 U. S. 147.

〔51〕 关于信赖利益（reliance interest）和推翻先例（overruling of precedent），见 *Washington v. W. C. Dawson & Co.* 269 U. S. 219, 238 (1924); Cardozo, *supra* note 6, ch. 1, at 122; Currier *supra* note 47; Schwartz, "New Products, Old Products, Evolving Law, Retroactive Law," 58 *N. Y. U. L. Rev.* 796 (1983)。

第六章
机构体系内的基本问题

一、有限的司法裁量与机构难题

（一）进行司法裁量的机构

在疑难案件中，我们能够看到法官面对的是一个"开放"的术语。他必须从一些向他开放的可能性中作出决定。除其他之外，这些可能性与价值观和意识形态有关。法官必须确定这些价值并在它们间取得平衡。指导司法裁量的标准，在其有限的形式下，是合理性的标准。法官必须进行裁量，以合理的方式在各种可能性中进行选择。合理性要求对"环境"因素进行审查，其中之一就是我之前提到过的整体的规范体系（法律）。现在我再来谈谈第二个环境因素，它就是进行司法裁量的机关（法院）。

（二）司法决定的剖析

从机构性的角度来看，[1] 人们可以将进行司法裁量的司法过

---

[1] 就此议题参见 Fuller, "The Forms and Limits of Adjudication," 92 *Harv. L. Rev.* 353（1978）；Freeman, "Standards of Adjudication, Judicial Law Making and Prospective Overruling," 26 *Curr. Legal Probs.* 166（1973）；Laskin, "The Institutional Character of the Judge," 7*Isr. L. Rev.* 329（1972）。

173　程描述如下：[2] 当一方诉诸法院，另一方作出回应时，司法过程就开始了。双方通过各自的立场建立事实基础，在此框架内对争议作出司法裁决。证据规则（在可采性和相关性方面）决定了将提交给法官或合议庭的证据类型。诉讼程序本身必须满足自然正义的规则。每一方都必须有听取意见和被听取意见的权利。法官必须表现出客观性和无偏倚性，它们需要通过其独立性得到保障。每一方——无论是单独还是在律师的帮助下——都要展示支持其方案的法律论据。无论是一致同意还是多数同意，在论辩结束后都将作出司法裁决。它必须是有理由的。它确定事实并适用了法律。胜诉方获得救济，法官不对其执行情况负责。从司法判决中得出的裁判规则（holding），根据具有约束力的先例原则，需要被施于全部公众。

（三）根本问题

对进行司法裁量的机构性框架作出简要描述，揭示了与进行司法裁量相关的一些基本问题。[3] 我已经讨论过其中一个问题——溯及既往的问题。在下一章，我将讨论另外两个问题——民主问题和分权问题。在这里，我将重点讨论两个机构性问题：与纠纷裁决相关的司法裁量附带性与司法本身的客观性问题。

---

〔2〕 我的描述总体上围绕着"私法"争议的特点展开。当其中一方是国家或公共机构时，它就发生了变化：参见 Chayes，"The Role of the Judge in Public Law Litigation," 89 *Harv. L. Rev.* 1281（1976）. See also Dan-Cohen，"Bureaucratic Organizations and the Theory of Adjudication," 85 *Colum. L. Rev.*（1985）。

〔3〕 Kurland，"Toward a Political Supreme Court," 37 *U. Chi. L. Rev.* 19（1969）.

二、司法裁量的附带性

(一) 旨在定分止争的司法裁量

对司法过程结构性方面的研究揭示了其最为重要的基本特征。法院是一个裁判机构。解决纠纷是它的主要功能。法院进行司法裁量，从有关法律规范的各种可能性中作出选择——它的存在，它的适用范围——只是一种裁决手段。裁量不是这个过程的目标，而只是一个副产品。裁量不是一项独立的活动，而是在争端中作出裁决的附带条件。兰道法官说："法院的职能是以法律处理提交给它的事务，其司法规则必须从对具体案件的裁判中自然产生。"[4] 同样的想法出现在萨尔蒙德（Salmond）的著作中：

> 我们必须将立法机关的立法与法院的立法区分开来。立法机关可以以纯粹为未来制定规则，而不涉及任何实际的争端；就法院制定的法律而言，只能适用于其面前的案件，而且其只能在解决这些案件所需的范围内进行。司法立法是解决法律纠纷的附带条件；立法机关立法则是立法机关的核心职能。[5]

这一观点在哈特和萨克斯的表述中得到了明确的展示：

> 一套裁判之法的发展只是司法过程的副产品。法院的基本职能是裁决，或者更准确地说，是以裁决的方法解决争端的职能。[6]

---

[4] Landau, "Trends in the Decisions of the Supreme Court," 8 *Tel-Aviv U. L. Rev.* 500, 503 (1982)

[5] Salmond, *supra* note 43, ch. 5, at 155.

[6] Hart and Sacks, *supra* note 26, ch. 1, at 367.

泰代斯基教授很好地表达了这一点，他说：

> 在先例原则下，规则的制定仅仅是裁决的副产品。这就是制定法（或习惯）与先例的区别：前者即使在法律程序中不适用也有效力，而后者只有在作为判决的"判决理由"出现时才存在。[7]

法院需要对纠纷进行裁决。为此，它必须确定它所面对的事实和它所依据的法律。在它所制定出裁决冲突的法律规范之前，它无法确定事实或裁决冲突。为此，它有时必须利用其裁量权，在疑难案件中从各种解决方案中进行选择，每一种都是在体系框架内合法的选项。只要没有作出选择，就没有可以据此进行裁决的法律。作出选择就有可能作出裁决，但选择并不能单独存在。它是为了在冲突中作出裁决而作出的，也是为了在冲突中作出裁决而附带作出的。

在确定事实的法院中，进行司法裁量的附带性尤其引人注目。而在最高法院中则不那么惹人关注，[8] 因为根据先例原则，最高法院将其裁量的产物变成了一般的、有约束力的规则。然而我们不能模糊立法和裁判之间的界限。即使是最高法院，也只是偶然地参与了法律的制定，而且是作为其在裁决冲突中的副产品出现的。事实上，司法造法成为最高法院的核心职能。然而，即使是这一核心

---

〔7〕 Tedeschi, *supra* note 27, ch. 1, at 31. 泰代斯基教授指出了法官的立法和他的裁决之间的分离，"只有在法官的立法发生在司法裁决的框架之外，从而在先例的框架之外才有可能。例如，过去法国的议会为确立程序规则、民法或习惯法而颁布的决定（*arrets de reglement*）就是如此，它只具有司法逮捕（judicial arrest）的形式，而且通常甚至不是在司法过程中附带出台的"。

〔8〕 See Hofstedler, "New Blocks for Old Pyramids: Reshaping the Judicial System," 44 *S. Cal. L. Rev.* 901 (1971).

职能也是裁定争议中延伸出的附带影响。即使是最高法院也是一个在当事人之间的争议中作出裁决的法院。在这一点上，它与立法机关不同，对立法机关来说，制定法律是一项独立的核心职能。有时，立法机关接手了一项政治争端，其通过颁布一项法律来解决这一争端，由此决定了各方的命运。人们可能会说，立法机构的这种立法行为是在裁定冲突中附带完成的，是这项决定的副产品。然而，立法机关立法的"附带性"和"副产品"与司法机关立法的"附带性"和"副产品"之间存在着巨大的差异。就立法机关而言，附带性是历史环境性的，换言之，人们对其提出的问题是：是什么催生了立法？另一方面，对于法官来说，这种附带性是功能性的。法律的制定是从裁判行为中生长出来的，没有裁判行为，法律就不存在。由此也可以看出，立法机关总是将参与法律的制定作为一个独立的事项参与。另一方面，法官总是在处理案件的裁决时附带地创造法律。法院永远不可能仅仅通过创造法律来履行其职能。它制定的法律是由它的裁决发展而来的。这种情况反映了现实，没有人主张应该改变这种情况。法院过去是，而且必须继续是一个进行裁决的机构。最高法院绝不能变成立法主体框架下的上议院。法院不是"第二议院"，必须保持这一区别。法院对法律创制的贡献只在其裁决的范围内完成。亨利·哈特教授讨论了这一点：

> 只有当法院作为解决争议的机构时——无论是个人之间的争议还是个人与政府之间的争议，法院才能作为立法者作出特有的贡献。这一事实标志着法院与其他立法机构之间潜在竞争领域的外部界限之所在。[9]

〔9〕 Hart, "The Courts and Lawmaking: A Comment," in Paulsen (ed.), *supra* note 22, ch. 4, at 41.

当然，法院与其他每一个参与立法的机构之间的差异会影响到法院的组织架构。这可能造成额外的后果，对选择各种解决方案中最合理的方案有影响。因此，格林纳沃特教授说："任何可辩护的司法裁判理论一部分必须包括考虑法官能够比立法者和行政人员做得更好的部分，以及他们不能做得更好的部分。"[10] 司法判决的附带性影响到法院机构性结构的整体性。它使其在充当法律制定的角色中保有优势和劣势。合理的裁量将这些因素统统考虑在内。

(二) 争议存在的需求

司法裁量不是在法院认为该进行的时候才会进行。法院不会为进行司法裁量而创造机会。只有当原告或控诉人决定向法院提出需要裁决的冲突时，法院才会进行司法裁量。没有原告就没有案件，没有案件就没有司法裁量。与立法机关的成员不同，法官不能对制定法律提出动议。他受制于某一方的提议。因此，司法裁量的进行是零星的，不系统的（unmethodically）。[11]

提交给法院的事项是完全随机的。一个困扰公众的问题可能在被提交裁决之前已经潜伏了数十年，而另一个问题则可能在短时间内不经任何协调就在一些多元的、需要衡平的背景下出现。[12] 法院并不控制原告或控诉人选择提交给法院裁决的问题类型。法院的控制往往只有在案件已经摆在它面前时才开始。而一般说来，当一个问题已经提交给法院时，法院不能仅仅因为裁决不符合其意愿而

177

---

〔10〕 Greenawalt, *supra* note 79, ch. 4, at 90.

〔11〕 See Traynor, "Transatlantic Reflections on Leeways and Limits of Appellate Courts," *Utah L. Rev.* 255, 261 (1980).

〔12〕 See Friendly, "The Courts and Social Policy: Substance and Procedure," 33 *U. Miami L. Rev.* 21, 22 (1978).

拒绝作出裁判。[13] 因此，一般情况下不可能提前计划进行司法立法，如果想通过司法立法覆盖整个领域，有时不得不等待多年。

（三）法院处理的信息

司法立法的附带性与法院所面对的事实基础密切相关，这个基础包括与作为争论事件相关的真实事件。已经形成的证据法则，无论是在可采性领域还是在相关性领域，都剔除了任何与争议事件无关的事实。因此，我们通常会阻止法院审查和确定那些与案件事实无关的其他事实，但这些事实与形成规则内容的公共政策考量有关。我们在大多数情况下都不会把这些所谓的立法和社会事实提交给法院，因为它们并不构成案件本身发生史的一部分。[14] 这种事态是法院机构性配置的自然结果，其目的是对争议进行裁决。尽管如此，这种状况还是阻碍了在司法裁量的框架内对各种可能性进行合理选择。这种选择不仅与争议的事实有关，而且还与社会和立法事实有关，而这些事实通常不会自己展示在法院面前。正如法兰克福特大法官所说："法院没有能力去寻找发现明智政策的途径。法院被限制在一个特定记录的范围之内，其甚至不能塑造这种记录。

178

---

　　[13]　See Eckhof, *supra* note 70, ch. 1, at 42："他们也不能像报纸编辑那样，以司法政策为由拒绝对不符合其报纸政策的文章进行裁决。"

　　[14]　关于裁判事实和立法事实之间的区别，参见 Hart 和 Sacks，前注 26，第 1 章，第 384 页。霍洛维茨教授区分了社会事实和历史事实：D. Horowitz, *The Courts and Social Policy* 45 (1977)。另见 Lamb, "Judicial Policy-Making and Information Flow to the Supreme Court," 29 *Vand. L. Rev.* 45 (1976); Baade, "Social Science Evidence and the Federal Constitutional Court of West Germany," 23 *J. of Pol.* 421 (1961); Daynard, "The Use of Social Policy in Judicial Decision-Making," 56 *Cornell L. Rev.* 919 (1971); Miller and Barron, "The Supreme Court, the Adverary System and the Flow of Information to the Justices: A Preliminary Inquiry," 61 *Va. L. Rev.* 1187 (1975)。

通过诉讼的狭窄窗口，只能看到社会问题的碎片。"[15]

尽管证据规则允许扩大事实框架，它们也不一定得到充分利用。事实基础取决于当事人的能力和他们的才干。当事人并没有将有些事实提交给法院，即使他们有权利这样做。有时，当事人可能不会为进行司法裁量奠定适当的基础，因为他们对可能采取的解决方案不感兴趣。在对抗性程序中，是当事人决定了冲突的范围，也是他们为解决冲突奠定了证据基础。因此，法院可能只能获取到一个局部的情况，而没有充分考虑到第三方或整个公众的利益。

而且，即使奠定了了最为广泛的事实基础，法院也不一定拥有与之缠斗的智识工具。我们必须牢记，在"一般"法院工作的法官不一定有任何特殊的专业知识。他受过的法律教育和司法经验并不总是使他有资格处理复杂的社会或经济政策问题。正如亨利·弗兰德利（Henry Friendly）法官所说的那样："除了少数专门的法院，法官都是通才，尽管他们大部分优点被认为在于此，但这同样严重阻碍了他们处理大量的技术、社会和经济材料。"[16] 这一现实自然会影响到进行司法裁量的法官，尤其是当他准备从向他开放的各种选项中进行选择时。这也就解释了为什么一般法院的法官倾向于不干预和服从专门处理某一问题的法院的决定，如劳动法或军事法，或在问题有一个以上的合法解决方案时服从专门机构的决定。[17]

179

---

〔15〕　In *Sherrer v. Sherrer*, 334 U. S. 343, 365（1948）.

〔16〕　Friendly, *supra* note 12, at 23.

〔17〕　对特别法庭或机关的解释——不同于事实发现和法律适用——的尊重只应在疑难案件中进行。此外，只有权衡了所有相关的考量因素——包括法庭或机构的特殊地位——之后才可以这样做。参见 L. Jaffe, 前注 54, 第 1 章; K. Davis, *Administrative Law Treatise* 400（2d ed. , 1984）。比较一下，Woodward 和 Levin, "In Defense of Deference: Judicial Review of Agency Action," 31 *Ad. L. Rev.* 329（1979）。

（四）法官处理采取的方式

该决定在特定争议中的核心地位自然会影响到法院所给予的救济和补偿。这些主要是使原告或控诉人的问题得到解决的救济模式。它们并不是旨在全面解决问题的救济模式。抱怨监狱条件差的罪犯可能会对自己条件的改善感到满意，但这并不会导致所有罪犯的监狱条件发生根本性的变化。法院只对面前的被告给予救济，而不是对所有的罪犯都同样如此。人们可以部分地找到这个问题的解决方案[18]——如集体诉讼——但基本问题仍然存在。法院从特定人的角度处理问题。它不会抽象地处理问题，而且它所给予的救济只是为了解决前来寻求救济的原告的问题。

法院所能采取的手段是有限的。弗兰德利法官说："与立法者不同，法院通常只限于使用禁止或强制行为，无论是通过赔偿金还是……通过禁令或宣告性判决，然而，立法机关有许多更进一步的选择，包括征税和补贴。"[19] 因此，法院可以施与一项义务或确立一项禁令，但一般来说它无权确定责任的上限或下限。法院有权扩大或缩小侵权责任，但是一般来说，它无权设立支付赔偿金的基金。它无权强制实施许可制度或纳税。法院在其可以立法的法律材料方面受到限制，尽管这些限制有时并不严苛。在创造新的救济方式方面有一些回旋的余地，特别是在运用一些条件去使用现有救济模式的框架内。因此，例如，法院可能难以为罪犯的生活条件制定一个详细的计划，但它可以说，如果这样的计划没有得到实施，它

180

---

[18]　See O. Fiss, *The Civil Right Injunction* (1978).

[19]　Friendly, *supra* note 12, at 23.

将行使其权力，发布禁令。[20] 法院不能管理公共机关，但它可以发布命令关闭它，除非它以某种特定的方式运行。[21] 在违反合同的情况下，法院可以在私法领域，在发出禁令的条件框架内使用这一体系。法院也可以在公法领域内使用这种方法。然而，给予法院的灵活性是最小的。[22] 一个负责任的法院通常不会下令关闭一家医院或监狱。归根结底，管理卫生机构、监狱和其他机构的责任在其他部门手中。法院缺乏关于它们的信息。[23] 它也缺乏手段。它不能控制预算，而预算是有限的，并且有议会确定的优先位序。汉密尔顿的这句话我们耳熟能详："司法机关……对剑和钱都没有影响力。"[24] 然而，即便如此，如果一个公共机构违反了法律，法院有义务命令它遵守法律，即使这会涉及财政支出。但是开支的比率，金额以及实施该事项的实际方法并不属于法院的专业领域。[25] 一旦介入到执行的细节中，法院将进入一个它缺乏知识、手段和专

---

[20] See Johnson, "The Constitution and the Federal District Judge," 54 *Tex. L. Rev.* 903 (1976); Baude, "The Federal Courts and Prison Reform," 52 *Ind. L. J.* 761 (1977); Johnson, "In Defense of Judicial Activism," 28 *Emory L. Rev.* 901 (1979).

[21] See Note, "Implementation Problems in Institutional Reform Litigation," 91 *Harv. L. Rev.* 428 (1977); Special Project, "The Remedial Process in Institutional Reform Litigation," 78 *Colum. L. Rev.* 784 (1978); Eisenberg and Yeazell, "The Ordinary and the Extraordinary in Institutional Litigation," 93 *Harv. L. Rev.* 465 (1980).

[22] See Chayes, *supra* note 2. See also Cavanagh and Sarat, "Thinking about Courts: Toward and Beyond Jurisprudence of Judicial Competence," 14 *Law and Soc'y* 371 (1980).

[23] See Glazer, "The Judiciary and Social Policy," in *The Judiciary in a Democratic Society* 67 (Theberge, ed., 1979); Glazer, "Should Judges Administer Social Services?" 50 *The Pub. Interest* 64 (1978).

[24] *The Federalist*, at 480 (B. Wright, ed., 1961).

[25] See Frug, "The Judicial Power of the Purse," 126 *U. Pa. L. Rev.* 715 (1978).

长的领域。

此外，无论法院在其判决中采取何种手段，它都没有办法对法院外发生的事情保持持续、有效的监督和审查。在这个问题上，就像在其他问题上一样，法院只限于处理当事人自己提交的内容。即使在这个问题上，似乎也有一些灵活性，允许法院了解正在发生的事情（超出当事人提交给法院的信息）并对其进行监督。但这种灵活性是有限的。因此，（法院）不愿意发出需要持续监督的禁令。我们也不能忘却，判决的执行并不是法院的事务，而是掌握在行政部门手中的事务。法院的职能随着化解冲突的判决的作出而停止。因此，法院的活动是受限的，其手段也是有限的。这一现实对司法裁量的进行有影响。

（五）所需改革的范围

我强调，只有在存在冲突的情况下才会进行司法裁量，法院一般不会限制将冲突带到它面前。这一因素对司法裁量权的行使和司法立法的合理性有重要影响。当我们在处理有限的、紧凑的改革时，[26] 这种改革透过进行司法裁量来完成是合适的。另一方面，裁判的机构性限制使得对整个法律领域的全面改革变得困难。因此，例如，即使对价的要求源于判例法而非制定法，在一个对价对合同义务的产生至关重要的法律体系中，法院通过司法立法的方式来废除这一要求是否合适也是令人怀疑的。[27] 废除对价要求涉及

---

[26] 在上议院中，对下议院传闻规则进行全面改革，意见不一。参见 *Myers v. Director of Public Prosecutions* [1964] 2 All。大多数人决定将这一问题留给立法机关处理。对这种做法的批评，参见 Freeman，前注 1。

[27] See *Justice Holmes in Southern Pacific Co. v. Jensens*, 244 U. S. 205，221 (1917).

对整个合同结构的深入剖析，对整个法律体系都有影响。所有这些都导致了这样的结论：由立法部门来作出这一改变是合适的。根据事物的本质，这一领域的司法立法需要很长的时间才能完成。这将是有条不紊的。不安定性会急剧增加。司法机关所面临之机构性限制的严峻程度可见一斑。

182 　　通货膨胀与债务估值。在以色列发生了一个有趣的案例，即因为通货膨胀的增加而导致的债务估值问题。从理论上讲，估值问题是一个广泛的话题，涉及法律的各个领域，似乎这个领域的改革应该通过制定法来进行。立法机关在掌握了本国的整体经济情况后，可以权衡债务估值的短期和长期影响。立法部门也可以对不同类型的债务进行区分，甚至可以制定不同的估值方法。另一方面，提交给法院的经济情况——由于我所讨论的机构性限制——是片面的，而且往往十分狭隘。我写过很多关于通货膨胀和估值问题的判决书，我可以证明，我从未清晰知晓经济的完整情况以及通货膨胀对经济的影响。我从来没有得到关于债务指数化本身是否是一个通货膨胀要素的信息，以及这种公共政策的考虑是否不应该使天平倾斜。司法改革总是局部的，总是在缺乏完整法律图景的情况下进行的。首先是在侵权行为方面，[28] 然后是在合同、[29] 准合同[30] 和法定义务[31]方面。可以肯定的是，法律工作并没有完成。在我看来，立法介入是最可取的。然而（尽管如此），我认为法院除了在这一领域进行干预外别无选择。当通货膨胀率达到两位数时，将各

---

　　〔28〕 F. H. 39/75 *Port Authority v. Ararat*, 31 P. D. 533; C. A. 467/77 *Horowitz Port Authority*, 33 P. D. （1）256.

　　〔29〕 C. A. 158/77 *Rabinai v. Man Shaked*, 33 P. D. （2）281.

　　〔30〕 C. A. 741/79 *Kalanit Hasharon v. Horowitz*, 35 P. D. （3）533.

　　〔31〕 C. A. 91/78 *Megda v. The Minister of Finance*, 33 P. D. （2）393.

方意见提交给立法机关是一回事——正如伊扎克·卡汉（Yitzhak Kahan）法官在港务局诉亚拉腊（FH39/75, *The Ports Authority v. Ararat*）[32]一案中所做的那样。当通货膨胀率达到三位数时，这样做又是另外一回事。因此，在我看来，这个问题的司法经验并不消极。[33] 这得益于这样一个事实，即通货膨胀率的大幅增长使得在估值问题上向法院提起的诉讼数量成倍增加，而且在相对较短的时间内，有可能涵盖大多数需要解决纠纷的领域。

　　近似案例。自然，有限的、紧凑的改革（在这种情况下，司法造法是合理的）和全面的、开放的改革（在这种情况下，司法造法是不合理的）之间的区别并不明确，而且有许多边缘案例。这些案例中的一种情形是禁止传闻证据规则。创造更多的例外情况——以至于耗尽规则的任何意义——是适合由判例法进行的有限改革，还是应该留给立法机关进行全面改革？[34]

（六）公共政策考量的本质

　　我指出了摆在法官面前的事实基础。我也注意到这个基础在历史信息方面非常丰富，在社会现实方面非常匮乏。我还引导读者注意，有时法官没有足够的智识工具来处理社会政策方面的信息。所有这些因素都直接影响司法裁量。当作为新规范基础的政策是法官利用其掌握的工具能够合理地学习和应用的类型时，那么在进行司法裁量和司法造法时就可以考虑到这些因素。另一方面，如果作为新规范基础的政策是一种导致法官在锚定立场遇到困难的类型时，

183

---

〔32〕 F. H. 39/75, *supra* note 28.

〔33〕 See A. Yoran, The Effect of Infation on Civil and Tax Liability（1983）. 就通货膨胀对法律义务的一般影响，亦可参见 K. Rosenne, *Law and Inflation*（1982）。

〔34〕 See *Myers v. Director of Public Prosecution*〔1964〕2 All E. R. 881.

考虑到它的机构性限制，那么最好不要创造这种新规范，而是把任务留给立法机关。

在我看来，在个人和公民权利问题上的政策考量——如言论自由、示威自由、人的尊严、职业自由、结社自由、投票自由和其他基本人权——是法官拥有必要工具来权衡的考量因素。同样，法院也不难考虑到可能来自逻辑或社会信仰条款（the articles of faith）或现有成文法的政策考量，如保护合同的第三人，保护普通法配偶（common-law spouses）*，免除对价的考量，以及其他可能从立法机关搜集到的不同层次的抽象考量。

另一方面，法官应注意运用经济和社会政策的复杂考量，这些考量经常是争议的主题，需要专门的知识和信息，并可能需要作出假设和假定，而这些假设反过来又需要额外的假设。[35] 安全和合理的方法通常是将[36]问题留给立法机关，立法机关可以从专家那里获得所有相关信息，并可以制定出适合该议题的整体的公共政策。

法官有资格处理的政策考量（因为他所掌握的信息和他所受到的法律教育）和法官没有资格处理的政策考量之间的这种区别自然是不精确的。在确定边界之所在时，存在广泛的司法裁量。此外，

---

　　* 普通法配偶指的是没有经过结婚，但是和结婚的配偶有同等权利的人。他们在分离之后虽然不用申请离婚，但同样可以申请孩子抚养权、赡养费、监护权、配偶抚养费、财产分割等。——译者注

　　〔35〕　See Fuller, *supra* note 1. 富勒教授提出了多中心裁量的概念，这并不适合于裁判。

　　〔36〕　然而我们必须研究其他部门是否更适合于收集数据、理解数据并从中得出结论。参见 R. Neely, *How Courts Governance America* (1981)。立法者往往没有利用其优势。最好不要将非司法立法理想化。对司法部门的一些限制实际上也存在于对其他部门的限制。然而，我们必须研究其他部门是否更适合于收集数据、理解数据并从中得出结论。

经常发生的情况是，这两类考量混杂在一个问题中。例如，合同或侵权问题不仅提出了法官可以处理的政策考量，而且还提出了需要数据支撑的社会经济问题，而这些数据通常是法官无法处理的。对国家安全和公共福利的考量也是如此。甚至在法庭上也不一定能够知道法院的工作量到底有多少。出于这个原因，我对声称某项规则会导致法院滥权的说法（"洪水"论）之有效性持高度怀疑。我总是怀疑这种说法需要进行社会研究，而法院通常没有这方面的资料。

另一类政策考量是那些法院可能具有理解和审查的机构能力，但其性质决定了法院不宜过分插手。这是不可控的问题，或"政治问题"理论，需要单独处理。

（七）所需解决方案的性质

法院所掌握的手段是有限的。因此，我们要求他给出解决方案的性质，这会影响到司法裁量的合理性。当建议的解决方案是缩小或扩大责任范围，废除或捍卫豁免权，或建立一个行为标准（对个人或政府），司法立法可能是这项活动的一个适当框架。其原因是，司法部门拥有必要的手段来对这些问题给予适当的解决。还应注意的是，这些领域就其性质而言，是基于个别案件累积的生活经验所得，即通过在逻辑和经验的考虑基础之上从一个案件到另一个案件的运动。因此，承认新的注意义务和建立适当的注意义务标准是适合法官的立法行为。同样的情况也适用于为根据合理性和公平性标准进行行政裁量而制定规则。另一方面，当建议的解决方案是建立机构性框架时，司法部门就不是这种类型之立法的适当架构。

侵权行为。基于这些考虑，公认的做法是，侵权行为，特别是过失引起的，是进行司法裁量的适当领域，其旨在改变责任和损害的程度。[37] 但在这里，我们也必须指出司法机关的机构性限制。这些限制不仅涉及侵权责任潜在的社会影响和对判例法融贯性及其自然发展的考虑，而且还涉及法院有权使用的补救措施问题。例如，法院不得设立基金或机构来赔偿受害者。因此，即使法院有权确定某种侵权责任是绝对责任，而不是基于过错产生的责任，法院也不能作出《道路交通事故受害人赔偿法》（1975 年）中规定的安排。这部法律规定，除绝对责任外，还设立了赔偿上限和特别基金，以覆盖肇事逃逸和其他情况而产生的损失。

一个新的定位？建立机构性结构的一个特殊情况是承认一种特殊的法律地位。原则上，这应该由立法部门通过立法来完成，因为一种法律地位对所有法律部门都有影响，而通过司法立法来发展普通法是不可取的。因此：有些人认为，收养的可能性不应该通过判例法，而只能通过制定法来创造。[38] 然而，在这个问题上，人们似乎也不应制定硬性规定。例如，通过司法部门和立法部门的共同努力，普通法配偶的地位在以色列得到了发展。这一经验似乎是积极的。

配偶财产。一个有趣的案例是配偶共享的资源。在这里，从理论的角度来看，适当的框架是诉诸立法机关，因为财产的分享对不同的法律领域（财产、继承、破产）有诸多影响。它对第三方有影响。[39] 对规范的融贯性考量和机构性限制使得这一领域的判例法

---

[37] See R. Keeton, *Venturing to Do Justice* (1969); Keeton, "Creative Continuity in the Law of Torts," 75 *Harv. L. Rev.* 463; Peck, "The Role of the Courts and Legislatures in the Reform of Tort Law," 48 *Minn. L. Rev.* 265 (1963); Peck, "Comment of Judicial Creativity," 69 *Iowa L. Rev.* 1 (1983).

[38] See Friedmann, *supra* note 17, ch. 1

[39] See Weisman, "Can a Spouse Confer a Better Title Than He Possesses?" 7 *Isr. L. Rev.* 302 (1972).

的发展存在极大的问题，尤其是因为在一个特定的社会中，对整个讨论主题可能存在分歧。然而，尽管有这些考量，这些问题在以色列主要是通过判例法发展起来的，而且目前看来对经验的总体平衡是积极的。另一方面，立法介入也不是很成功，然而，对共同财产问题的任何普通法发展都必须考虑到司法部门在这一领域中是否适合进行创新。似乎在未来别无可能，只能根据法院在机构上是否适合发展这一独特议题的程度来限制判例法发展的可能性。因此，在配偶间的相互关系问题上，普通法的作用领域是宽广的。而在共同财产对第三方的影响方面则并非如此。在这里，需要基于法院的局限性保持司法审慎。

（八）合议庭成员的司法裁量

到目前为止，我的关注点一直在法官个人身上。问题是他应该如何选择最合理的可能性。但是，当决定由最高司法机关作出时，通常是由几个法官组成的合议庭作出。这一现实是否必然会改变司法裁量的进行？乍一看，答案是否定的。法官会就最合理的可能性形成自己的立场，并以书面的形式提出。这可能是多数意见或者少数意见。的确，这也是实践中经常出现的情况。但并非总是如此。在一个由多名法官组成的合议庭中，有时会努力达成一致意见，这是很自然的。[40] 从整个体系的角度来看，这有好处。[41] 如果在法官席上不可能达成一致，自然会努力使得合议庭的大多数成员达成共同立场。这种努力需要从法官个人的视角作出一定的让步开始。有时，这种让步只是在文字风格上。有时则是在裁决的边界或范围

---

〔40〕 英国的经验可参见 Paterson, *supra* note 4, ch. 1, at 109。

〔41〕 See Cross, "The Ratio Decidendi and a Plurality of Speeches in the House of the Lords," 93 *Law Q. Rev.* 378 (1977).

上，有时则是在推理的锐度上。在这种情况下，法官可能会写一份意见，或认同一位同事撰写的意见，以此反映出当时可能达到的最为合理的可能性。当然，法官不会在他看来是基本和必要的问题上让步。他不会同意一个在他看来并不合理的可能性。然而，在最合理的可能性范围内，他可能会赞同一项裁决，尽管如果他作为单独的法官来裁决该案件，他将以稍微不同的方式来确定其边界及进行其推理。同样，从法官个人的角度来看，可能和可欲之间的差异是微不足道的。然而，在一个事实设定下看似微不足道的差异，在另一设定下则可能是决定性的。

（九）最合理的可能性与司法时限

到目前为止，我们对最合理之可能性的理论考察一直假设司法部门有无限的时间可以支配。有时，这种假设与现实相去甚远。不少时候，法官在时间上的压力使他无法投入所需的时间来研究问题的所有方面。通常情况下，真正的问题是，在法官可支配的时间内，能达成最为合理的可能性是什么？时间限制困扰着现代的许多法院，特别是像以色列这样的最高法院，它不能控制其所处理问题的数量。在这种情况下，法官经常遭受到压力，因为他没有足够的时间来处理某些问题。当然，在他确信自己已经达到了适当的解决方案之前，他不会作出决定。然而，有时他被催促着同意同事提出的意见，而这个意见可能在所有细节上都不能被他所接受，他这样做除表示"我同意"之外，自己可能什么都不写，只是因为没时间。在其他时候，他可能满足于当事人的论点而不进行自己的考察。在这些时间限制下，法官并不总是能作出最好的决定。

一个法官合议庭之间的协商程度因国家的不同而不同。在美国最高法院[42]产生的说服程度与在英国上议院[43]出现的说服程度不同。而它们都与以色列最高法院法官的说服程度不同。这在很大程度上取决于该法院惯有的司法传统。然而，传统会随着时间的推移而改变。法官的更替经常会在协商的问题上发生有关传统的变化。有时，一位法官——通常是院长——在这个问题上起着关键的作用。[44] 对司法协商的全面分析不在本研究的框架范围之内。只需注意到，以法官个人为基础的司法裁量模式必须考虑到这样一个事实，即法官经常是一个合议庭的成员，其判断可能包含多数意见、协同意见、异议意见[45]或不加解释的简单同意意见。我们还应该考虑到不同法官之间的协商策略，[46] 但不应过分强调这一因素。在我看来，这涉及的是一个边缘议题。主要的问题是，过去和现在都是法官的内部确信，即他的选择是正确的。在协商过程中，他可能会相信自己犯了错误。但协商不可能让一个确信自己立场的法官加入反对意见的阵营。这种相互说服最多可能在边缘问题上出现妥协。尽管这些问题很重要，但它们仍然是边缘性的。因此，在我看来，如果说服的努力导致个人层面的紧张，那么放弃它比实现这种

189

---

[42] Murphy, "Marshaling the Court: Leadership, Bargaining and the Judicial Process," 29 *U. Chi. L. Rev.* 640 (1962).

[43] See Paterson, *supra* note 4, ch. 1, at 109.

[44] See Danelski, "The Influence of the Chief Justice in the Decisional Process," in *Courts, Judges and Politics* 695 (W. Murphy and C. Pritchett, eds., 3d ed., 1986).

[45] See Simpson, "Dissenting Opinions," 71 *U. Pa. L. Rev.* 205 (1923); Stephens, "The Function of Concurring and Dissenting Opinions in Courts of Last Resort," 5 *U. Fla. L. Rev.* 394 (1952); Traynor, "Some Open Questions on the Work of State Appellate Courts," 24 *U. Chi. L. Rev.* 211 (1957); Fuld, "The Voices of Dissent," 62 *Colum. L. Rev.* 923 (1962); Brennan, "In Defense of Dissents," 37 *Hastings L. J.* 427 (1986).

[46] See W. Murphy, *Elements of Judicial Strategy* (1964).

边缘优势更好。最高法院的法官们在他们的职业生涯中每天有许多小时、每年有许多天、甚至许多年都在一起共事。保持良善、友好的个人关系通常比反复尝试说服同事改变立场要好。当然，人们在这个问题上持有各种不同的立场，我对这个问题的看法也已改变，而且正在不断地改变。[47]

三、司法裁量与司法偏倚性

一个适当司法程序的基本特征是，裁决争议的法官公正地行事。至关重要的是，诉讼各方和整个公众都要相信，法官不会因为某一方的特点或属于某一群体而偏向于一方或另一方。决定法律的不是原告的个人特征，而是其主张的力度。不偏不倚性意味着法官与他面前的当事人有平等的关系。他在裁判结果中没有什么个人利益，他得出的判决不是因为他对一方或另一方有某种倾向，而是因为他服从于法律。没有偏见是司法过程的关键。没有它，公众对司法部门的信心就会减弱。而没有公众的信任，裁决就无法践行其职能。[48] 正如法兰克福特大法官所指出的："法院的权威——既无钱也无剑——最终依赖于公众对其道德制裁（能力）投注的持续性信心。"[49] 由此产生了蒙着眼睛的法官的形象。也产生了这样的说

190

---

〔47〕 See Schaefer, *supra* note 94, ch. 2, at 10："在一个由多名法官组成的法庭上，没有人可以或应该用他选择的语言来表达每一条意见。当然，每个法官都可以而且应该向其同事提出建议。但是，法官之间的关系是一种个人关系，而且是一种持续的关系，过度的建议可能会影响到其效率。自满的默许和过度的自信之间的平衡的确很微妙。"

〔48〕 See Kurland, *supra* note 3, at 42："法院表达其任何意愿的能力完全取决于公共舆论的支持程度。正如托克维尔很久以前告诉我们的那样，没有民意，法官就无能为力。"

〔49〕 *Baker v. Carr*, 369 U. S. 186, 267（1962）.

辞：是"法院"在裁决，而不是"法官"。[50]

许多法律都是基于确保法律所珍视的这种不偏不倚性的愿望而制定的。因此，例如，为对抗制存在提供的解释之一是，它保证了法官在当事人眼中的客观性，因为在对抗制中，准备事实依据的任务是由当事人而不是由法官来承担。根据这一论点，纠问制将调查和询问的任务加于法官本人，损害了这种观念。同样，拥有体系拘束力的先例本身在一定程度上也被解释为是为了确保不偏不倚的法官的概念，他根据先例规则强加给他的滞后材料进行裁决。[51] 事实上，宣告理论本身，即法官宣告既有的法律而不是创造新的法律，部分是基于需要确保这一概念在当事人眼中的地位。同样，作为司法程序的基础之一，在判决书中说明理由的责任，其逻辑也部分来自让当事人和公众相信判决没有偏倚性的需求。

这种对不偏不倚性的基本需要在简单案件和中间案件中得到充分的满足，在这些案件中，法官根据特定的法律行事，他的决定也明确来自这套法律。从这些案件被定义为法律共同体完全支持其结果的案件来看，我们可以得出结论，司法不偏不倚性是存在的，因为没有一个合乎理性的法官会在任何其他基础上作出决定，即使法官偏离先例，认为它是明显错误的，不偏不倚性也不会受到影响，因为合乎理性的法律人会证立该结果。

当法官裁判疑难案件时，情况就会发生变化。在这些案件中，法官有选择的自由。他没有义务作出这样或那样的决定。他可以根

---

[50]　See J. Noonan, *Persons and Masks of the Law* (1976).

[51]　See Lucke, "The Common Law: Judicial Impartiality and Judge-Made Law," 98 *Law. Q. Rev.* 29, 75 (1982); Hart and Sacks, *supra* note 26, ch. 1, at 588; Christie, "A Model of Judicial Review of Legislation," 48 *S. Cal. L. Rev.* 1306, 1316 (1975); Stevens, "The Life Span of a Judge-Made Rule," 58 *N. Y. U. L. Rev.* 1 (1983).

191　据自己的裁量选择 X 方案，拒绝 Y 方案。这可能会使得当事人或者公众对他的无偏倚性产生质疑。他们自然会问，如果他可以自由地作出有利于某一方当事人的决定，为什么他要作出不利于该方的决定。法官在疑难案件中进行裁量时必须考虑到这一现实。法官并非通过忽视来解决这个问题，相反，他只是利用了司法部门所拥有的信用。但这种信用并不是无限的。因此，法官在进行裁量时必须考虑到这一无偏倚性的因素，因为它可以影响到对合理裁量的表达。例如，它要求法官意识到他的选择并给出恰当的说明。它要求他要使当事人相信他的裁决是中立的，也就是说，即使当事人有变化，该规则也将被适用。它要求法官在考虑是否偏离先例时要特别敏感。法官在进行裁量时必须考虑到这些和其他一些要素。

第七章
机构体系间的相互关系

一、政府架构间关系中的基本问题

法官通过行使裁量权进而对他面前的案件作出裁决，但他裁决的意义并不止于此。伴随着他的裁决，他建立了一条一般的规范，这条规范必须被纳入整个规范体系。它必须与作出裁决的框架内的机构性体系相一致。然而，除此之外，司法裁量必须符合机构性—政府体系的一般结构。行使裁量权的法官是作为司法部门的一部分进行的。他的司法决定必须符合该部门与其他国家机关关系的基本观念。这些基本观念源于社会对民主和权力分立的看法。它们受到社会对司法功能看法的影响。因此，司法立法并非唯一的立法形式，甚至不是主要的立法形式。其他部门也创造法律。从普遍的观点上来看，司法立法必须与这种整体性立法相融合。法官只是整个法律管弦乐队中的一位乐手，他的演奏必须与音乐会的其他部分和谐一致。

二、司法裁量与民主问题

裁判的基本特征是独立性和不偏不倚性。为了确保这些基本原则，需要建立各种安排。这些规定要求法官不对公众或其代表负责。[1] 他不受不信任投票的影响。这些安排在简单案件和中间案件中不会引发民主方面中的困难。当法官在疑难案件中进行裁量时，情况就不同了。在这些案件中，他必须在多种可能性中作出决定。这一决定主要是通过对不同价值选取某种立场而达致的，这些价值需要争夺最优的地位。为此，法官必须优先考虑 X 政策而不是 Y 政策。无论法官的决定是什么，他都要确立社会的政策。他把有组织的社会力量置于这一政策之后。法官的这种政策乍一看似乎与基本的民主原则相矛盾，根据这一原则，民主制度中的政策是由人民通过他们的代表决定的，而不是由法官决定的。[2] 因此，该论点认为，在疑难案件中的司法裁量包含了不民主的因素。[3] "民主"的论据并不是说，由于法官不具有代表性，不对公众负责，所以裁决是不民主的。而是说，对疑难案件的裁决是不民主的，因为政策是由法官所决定的，而不是由人民决定的，而这是开明之民主

---

〔1〕 法兰克福特大法官在"美国劳工联合会诉美国门窗公司"［American Federation of Labor v. American Sash and Door Co., 335 U. S. 538, 555（1948）］一案中说："由于本法院行使的权力在本质上是寡头的，杰斐逊一生都认为法院是'一个负责任的机构'并'独立于国家本身'。法院不能因为它声称为人类目的服务而免于寡头政治。"另见 Levontin, "On Law and Other Things," 9 *Mishpatim* 175, 179（1979）。谈到法官，列文廷说道："后者不向公众提供一个平台，不认同公众，也不承诺促进和捍卫公众。公众没有机会根据他们在公开场合提出的想法和方案来选择和拒绝他们。"

〔2〕 See McClesky, "Judicial Review in a Democracy: A Dissenting Opinion," 3 *Hous. L. Rev.* 354, 356（1966）.

〔3〕 关于"民主论证"，参见 Rostow, "The Democratic Character of Judicial Review," 66 *Harv. L. Rev.* 193（1952）; Dahl, "Decisionmaking in a Democracy: The Supreme Court as a National Policy‐Maker," 6*J. Pub. L.* 279（1957）; Choper, "The Supreme Court and the Political Branches: Democratic Theory and Practice," 122 *U. Pa. L. Rev.* 810（1974）; Bishin, "Judicial Review in Democratic Theory," 50 *S. Cal. L. Rev.* 1099（1977）。

制所要求的。

（一）解决问题时的考量：围绕没有对制定法进行合宪性司法审查的情况展开

在英国或以色列这样的法律制度中，没有对制定法的合宪性进行司法审查的制度设置，由此，对民主论据的正式回答就需要分两步走。首先，立法机关本身是通过建立公开的规则或建立填补制度空白的程序，同意（明示或默示地）司法确立政策——从而赋予法官基于政策考量确定法律规范的权力；其次，立法机关有权改变法官所确定的政策，因为他可以通过制定法的形式改变司法规则。[4] 立法部门使用这种废除的权力是恰当的，且使用这种权力并不表示对司法部门的不尊重。这种形式上的论证具有很重的分量。它使国家能够通过其代表，将政策的确定放置在它认为合适的地方。然而，这一论据并不能解决所有方面的问题，因为它将主张法院首先不应该决定政策，从而将改变法院决定的义务强派给立法机关（由于各种原因，立法机关有时可能难以履行这一义务）。因此，论据是，在民主制度中，政策是由选举产生的机构，而不是由法院所制定的。[5]

如果事实上，司法裁量和民主之间存在着紧张关系，那么似乎可以通过以下两种方式来消除这种紧张关系：第一，通过消除疑难

194

---

〔4〕　See Agresto *supra* note 75, ch. 4. 从这一论据中，萨斯曼法官得到了对司法能动主义的授权。See Sussman *supra* note 44, ch. 1, at 216："以色列立法机关的这种优越性，不受正式成文宪法的约束，在我看来，证明了关于法院工作的这一结论：美国最高法院的法官们宣扬的司法自制，以免国家模式由人民没有选择的人决定，而国会却无能为力，这种克制在以色列没有必要，因为以色列的立法机关是非常强大的。"

〔5〕　关于法院确定政策的危险性，参见 P. Devlin, *The Judge* 17（1979）："把司法机关当作一个精英，绕过民主进程中拥堵的交通要道，这非常具有诱惑力。但这只是表面上的绕行。事实上，它将是一条永远不会重新并入高速公路的道路，而将不可避免地通向极权主义国家，无论道路多么漫长和曲折。"

案件。在没有疑难案件的情况下，法院不会制定政策，冲突也就避免了。第二，通过将法院转变为一个对公众负责的代表机构。但这两种方式都是不可能的。对于第一种方式，我们已经看到，裁量可能被压缩，但不能完全被消除。至于第二种，它的某些方面是美国一些州的普遍做法，这些州通过定期选举选择法官。众所周知，这种制度是有争议的。似乎公认的观点是，这种制度的弊端太多，以至于替代性方案并不现实。无论如何，如果要完全消除司法裁量的存在与民主制度间的紧张关系，就不能止步于法官的选举，而必须允许他们像所有其他公众代表一样行事。这种纯粹的"政治"裁判模式会导致其毁灭，因为它消除了裁判的独立性、中立性和不偏不倚性。因此，基本的出发点必须是，司法机关不是一个代表机关，法官不对公众负责（既不直接也不对公众的代表如立法机关负责）。这是法官作为裁判者的主要优势，必须警惕地加以维护，因为法官的主要职能就是进行裁决。正如菲利普·库尔兰德（Philip Kurland）教授在谈到司法机关的时候写道："它在政治上是免责的，如果要它在今天这个纷繁复杂的社会中履行主要职能，就必须保持这种状态。"[6] 然而，人们同样接受的是，在疑难案件中，法官制定政策，而根据民主论据，这与恰当的民主机制是不一致的。

在这种形式下，该论据使关于民主性质的问题变得更加尖锐。民主是否仅仅是人民的统治，和他们通过自己选出的代表决定政策？还是说民主也意味着政权必须忠于某些基本价值？我的论点是，[7] 民主不是单一层面的。它不是简单的多数人统治。民主是多维的。它是某些基本价值的实现，如基本人权。因此，以色列的《独立宣言》宣告了国家的建立和基于多数人统治的机构的建立，

---

[6] See Kurland, *supra* note 77, ch. 4, at 44.

[7] See Bishin, *supra* note 3.

并进一步规定，以色列——

> 将为所有居民的利益推动国家的发展；它将建立在以色列
> 先知所设想的自由、正义和和平的基础之上；它将确保所有的
> 居民不分宗教、种族或性别享有完全平等的社会和政治权利；
> 它将保证宗教、良心、语言、教育和文化自由。

一个多数人剥夺少数人基本权利的政权是一个多数人统治的政 196
权。然而，这并不是一个民主政权。[8] 没有人权就无法维持民主。
只要能确保人权，多数人统治就是民主的。没有人权的多数人统治
就不是民主。因此，民主是多数人统治和某些基本价值（如人权）
之间的一种微妙平衡。在有正式宪法的情况下，宪法本身决定了这
两者之间的平衡。在没有正式宪法的情况下，多数人决定了这种平
衡。在这种制度下，多数人统治的平衡点是多数人的自我克制。

在此背景下，我们必须再次审视由法官决定政策与民主制度不
相容的主张。根据这一主张，民主制度要求政策由人民根据他们选
出的代表制定，而不是由法官制定，因为他们并不代表国家，也不
对国家负责。现在看来，必须从不同的角度来看待这一主张。当法
官在民主的基本价值观的背景下制定政策时，他的行为并不违背民
主，而是根据民主所做出的。如果民主是多数人统治和某些基本价
值之间的平衡，那么根据基本价值制定政策的法官就会将民主所要
保护的那些价值付诸实施。一个根据民主的基本价值适用政策的法
官使得民主忠实于它自己。正如阿蒂亚（Atiyah）教授所指出的：

> 一个独立的、不对政治负责的司法机构，对于现代民主政
> 府来说，肯定与选举产生的、在政治上可以接受的立法机关和
> 行政机关一样重要。一个愤世嫉俗的人可能会说，正是司法机

---

〔8〕　See Rostow, *supra* note 3, at 199; Bishin, *supra* note 3, at 1131.

关的独立和无须担责才使得民主可以被容忍和运行。[9]

当然，我们的假设是，法官在正当性区域的边界内合法行事。人们还假设，立法机关可以在任何时候建立对其有吸引力的平衡。然而，只要立法机关不采取行动，而法官在形式正当性区域的范围内运作，那么基于民主制度基本价值的政策决定就不应该被视为是不民主的行为。法官所做的只是确定他所认为的多数人权力与自我克制之间的边界。如果代表多数人的立法机构不认可这一边界，它有权将其转移到它认为合适的区域。

这种分析让问题的各个侧面都更加清晰，但它并没有真正解决这些问题。我们剩下的问题是：民主制度所追求的基本价值是什么？如何根据这些价值确定政策？当基本价值未能充分地在立法中得到明确体现，而是需要自行塑造时，司法裁量的问题就凸显出来。当基本原则彼此之间不存在冲突时，司法裁量的问题就比较容易解决。例如，困难的是，我们能否将隐私作为民主的一项基本原则加以接受。当政治表达、选举、示威或出版自由的原则与行动自由（在示威问题上）或与个人尊严权（在诽谤问题上）或与公正审判（在审判规则问题上）发生冲突时，就会出现困难。在这些需要内部平衡的原则下，法官应该如何制定政策呢？

我的做法是，在以社会基本价值为背景设定政策时，法官必须考虑到一个事实，即他不是在外部空间工作。他必须意识到，他是在类似于等式的框架内工作，这个等式的一边是多数人的统治，另一边是社会的基本价值。当他在基本价值的范围内决定政策时，他必须考虑到多数人统治的因素。因此，例如，基于全国共识形成的政策比没有共识基础的政策要好。这样一来，在等式的一边就承认

---

[9] Atiyah, "Judges and Policy," 15 *Isr. L. Rev.* 346, 363 (1980).

了另一边的存在。法院不必为了多数人的统治而在基本价值问题上让步，因为这样做他就会违背民主原则。但是，当基本价值相互矛盾时，法官必须作出决定，必须根据它们的分量和力度在它们之间进行权衡，他应该考虑到这样一个事实，即民主不仅仅是基本价值，也是多数人的统治。人们不能忘记，多数人的统治是民主的一个原则性构成部分，而不是一个反民主的事项。因此，民主原则影响着在解决疑难案件时司法裁量的进行。它是法官在寻求合理进行裁量之方式时必须考虑到的一个重要因素。

（二）解决问题时的考量：围绕存在对制定法进行合宪性司法审查的情况展开 198

在像美国这样的法律体系中，民主问题更加严重，因为美国有一部正式的成文宪法，保证对制定法的合宪性进行司法审查。在这种制度下，代表人民的立法机关可能会发现自己处于这样一种境地：它无权——通过常规立法——改变司法部门的政策，因为后者是通过法官解释宪法的裁量来表达的。在这里，人们也可以给出一个形式性答案，根据这个答案，人民表决通过宪法时就赋予了法官决定政策的权力，甚至在其他部门的政策与宪法相冲突时，可以将其取消。在这种情况下，法官不仅没有违背人民的意志，而且恰恰相反：他实现了宪法中所表达的国家意志。

这只是一个形式性回答，因为（真正的）问题是：从实质上来看，谁来决定国家意志？政策是由今天的法官来制定的，而不是由今天的国家（通过其合法的代表）制定的。正如我们已经目睹的，实质性的回答是在确定民主制度本身的性质中找到的。正如我们所看过的，这个政权不仅是多数人的统治——它通过其代表决定政策，一个民主政权还捍卫着某些基本的价值观。一部宪法包含了这两方面的内容：它不是一个只保障代表制度实现的文件；一部宪法性文件还试图限制多数人，约束其权力。宪法制度是一种在多数人决定社会政策的权力与多数人不能伤害的某些价值之间取得平衡的制度。当法院通过制定与代议制多数人的政策相对立的政策来体现宪法这一性质时，它就是在保护宪法本身的价值。托克维尔（Tocqueville）写道，正式的成文宪法和司法审查可以抵御"多数人的暴政"（the tyranny of political assemblies）。[10] 由此可见，声称司法决策是一种反民主的行为，就像声称宪法是一份反民主的文件一样。[11] 因此，国家的民主性质不是由其每个机关的代表决定的，而是由整个政权的民主质量决定的。

199 　　这种民主制度的基本概念并没有解决问题，尽管它调整了问题的重心。现在摆在我们面前的问题是，宪法所要保护的那些基本价值是什么？宪法规则由于其一般性，有时被定性为宽泛的、开放性的术语。[12] 许多基本规则并没有为合意的基本价值建立明确的锚点。因此，问题就变成了如何界定基本价值的性质。正如美国的经验所显示的那样，这可能会在律师群体中、在公众中以及在法官本身中产生巨大的争议。大家都同意，在一个承认对制定法的合宪性进行司法审查的宪制政体中，关于基本价值的最终决定权在法院手中。但对于法院确定这些基本价值的标准却存在分歧。

　　因此，在一个承认司法审查的宪法政权中，司法裁量和多数人统治之间一直存在着紧张关系。多数人在创造法律之时，认为自己是在维护体系的基本原则。而法院在废除制定法时，则认定多数人的做法是错误的。这种紧张关系最初可以通过以精确的措辞起草宪

---

〔10〕　See A. de Tocqueville, *Democracy in America* 83 (Oxford U. Press, 1946).

〔11〕　See Raz, *supra* note 12, ch. 1, at 198.

〔12〕　See Carter, "Constitutional Adjudication and the Indeterminate Text: A Preliminary Defense of an Imperfect Muddle," 94 *Yale L. J.* 821 (1985).

法，从而给立法者和法官提供某种方向来缓解。然而，鉴于人们希望避免将宪法冻结在一个特定的现实中，以及希望赋予宪法一个能够经受时间考验的全面含义，这种解决方法是有问题的。而且，即使采取一种谨慎的起草方法，一种意识到立法者和法官之间紧张关系的起草模式，也不能完全避免它。归根结底，减少这种紧张关系取决于各个机构本身，也就是立法和行政部门，它们必须试图在公认的价值核心内进行立法和执行，避免在边缘地带犯险。然而，这也取决于司法部门，它在确定受保护之价值的时候必须克制自己。它也必须在公认的核心价值框架内运作，必须避免在边缘地带冒险。因此，在这里我们也得出了一项政策，即司法部门在根据宪法制度中的基本价值行使裁量权来确定（一般）政策时，它也必须为自己制定政策。

（三）　以色列的情况

200

在以色列，大多数制定法的合宪性不受司法审查的制约。[13] 少数制定法（只有那些与基本法的既定规则相抵触的制定法）要接受这种审查。[14] 即使在这种情况下，以色列议会的多数或特别多数也可以"巩固"制定法，从而保护其不受司法审查。这一法律现实是由于这样的事实而造成的，即在国家成立时没有制定正式的宪法；根据"哈拉里决议"（Harari decision），这一问题是在缓慢的、零散的基本法颁布过程中发展起来的。参与投票的以色列议会的多

---

[13]　See Nimmer, "The Uses of Judicial Review in Israel's Quest for A Constitution," 70 *Colum. L. Rev.* 1217 (1970); Klein, "A New Era in Israel's Constitutional Law," 6*Isr. L. Rev.* 376 (1971).

[14]　H. C. 98/69 Bergman v. *Minister of Finance*, 23 P. D. (1) 693; H. C. 246/81 *Derech Eretz Association v. Broadcasting Authority*, 35 P. D. (4) 1; H. C. 141/82 *Rubinstein v. Chairman of the Knesset*, 37 P. D. (3) 141.

数议员决定政策，它有权改变法院制定的政策。在少数情况下，以色列多数或特别多数的议员，被授权来实现这一结果。当然，只要立法机构没有发表意见，政策的制定——在解释法律规范（无论是制定法还是普通法）或填补制度中空白所需的范围内——都由法院在公认的价值框架内完成。

当然，这种情况是否可取是值得怀疑的。制定一部正式的、书面的宪法，对制定法的合宪性进行司法审查，以及对宪法进行有限的修改难道不是更好吗？可以肯定的是，在这个问题上的意见是充满分歧的。对这个问题的广泛分析超出了本书的范围。因此，我只从司法裁量的角度来讨论它。一方面，有人认为我们根本不需要一部正式的成文宪法，也不需要对制定法的合宪性进行司法审查，或者至少在人权问题上不需要这样一部宪法。以下是兰道法官的观点，他说：

> 我曾以为，我们所有人都能接受的宪法结构是议会民主制，在这种结构中，人民通过他们选出的代表表达他们的意愿，作为政策问题的最终裁决者。如果选举产生的议会不能很好地履行其职能，就不能通过建立一个由一群人组成的寡头政权来找到补救之策——无论他们多么聪明、睿智和诚实——将授权他们在制定法律的问题上推翻公共代表的言论，而不用在选举中时时向公众作出交代。[15]

在论辩的另一方，一些人声称，一部成文宪法是可取的，法院必须通过对制定法的合宪性进行司法审查的手段来守护它所确立的边界。

---

[15] Landau, "The Court's Power and its Limitations," 10 *Mishpatim* 196, 200 (1980).

在我看来，这个难题的答案取决于两个因素：人们对立法部门能够自我克制的信任程度，以及人们对司法部门能够自我克制的信任程度。在没有成文宪法和司法审查的情况下，多数人统治和民主的基本价值之间的平衡由多数人自己决定，质言之，由其自我克制决定。因此，当人们相信多数人将自我克制时，就不太需要成文宪法和司法审查制度。议会的多数人在自我克制中会确保在多数人统治和民主制度的基本价值之间保持适当的平衡。另一方面，当人们不相信多数人会自我克制，怀疑它会损害民主制度的基本价值时，就需要一部成文宪法和对制定法的合宪性进行司法审查。当然，在这个问题上，各个国家的决定是不一样的。威廉·比辛（William Bishin）对此进行了讨论：

> 实现民主的方式——如果我们指的是多数人统治和多数人克制的适当平衡——将因国家而异。它将取决于人民的传统、制度和教育。在一个特定的社会中，可以想象，多数派机关可以被安全地授予决定宪法问题的大部分权力。但在另一个社会，这可能不是实现民主所必需的多数人权力和宪法权利适当组合的最佳方式。[16]

因此，例如，在英国，立法机关的自我克制似乎存在足够的平衡，所以那里的趋势似乎是反对成文宪法和对制定法的合宪性进行司法审查的。[17] 另一方面，大多数在第二次世界大战后建立的新国家，以及大多数在战争中经历过不愉快的国家——如德国、意大

〔16〕　Bishin, *supra* note 3, at 1120.

〔17〕　See L. Scarmann, *English Law, the New Dimension*（1974）；M. Zander, A Bill of Rights?（1975）；Fritz, "An Entrenched Bill of Rights for the United Kingdom: The Constitutional Dilemma," 10 *Anglo-Am. L. Rev.* 105（1981）；Abernathy, "Should the United Kingdom Adopt a Bill of Rights?" 31 *Am. J. Comp. L.* 431（1983）.

利和日本——都制定了正式的宪法并确立了对制定法进行合宪性审查的制度。[18]

当然，以色列的情况取决于这样一种观点。在我看来，我们的历史经验表明，我们有一部正式的宪法和司法审查机制是可取的。基于现实，人们强烈怀疑，立法机构在急于实现短期政治目标时，会损害基本的民主价值。我们是一个古老的民族，但却是一个年轻的国家，没有议会的经验，也没有诸如英国民族精神中深深烙印的自我克制之性格。然而，我们正处于建设国家的历史进程中。因此，这需要一些灵活性。我建议制定一部成文宪法，并建立司法审查制度，同时在某些不会造成太大负担的条件下，允许对宪法和解释宪法的法院裁决进行修正。

成文宪法和司法审查也与人们对司法部门的信任程度有关。如果说没有成文宪法和司法审查意味着立法机关的自我克制，那么成文宪法和司法审查的存在则意味着法官的自我克制。[19] 法官是否能够通过在多数人统治和民主的基本价值之间找到适当的平衡来约束自己？这个问题的答案也取决于一种观点。在我看来，以色列成立以来累积的经验是积极的。每当它根据政权的基本价值制定政策时，法院总是能够克制自己，确实很少有立法机关被迫干预并改变我们对一个基本问题的判断的情况；而且其中一些是在法院的敦促下出现的。我们必须希望，这种经验在成文宪法和司法审查的框架内也能得到证明。

203

---

〔18〕 M. Cappelletti, *Judicial Review in the Contemporary World* (1971).

〔19〕 See Justice Stone in *United States v. Butler*, 297 U. S. 1, 79 (1936)："虽然政府行政和立法部门违宪行使权力会受到司法约束，但对我们自己行使权力的唯一约束是我们的自我克制意识。"

三、司法裁量与权力分立

(一) 问题

根据纯粹的理论模式，权力分立意味着"功能意义上的立法与组织意义上的立法是相同的，功能性检验中作出的裁判与组织性检验中作出的裁判是相同的，功能意义上的行政与组织意义上的行政是相同的"。[20] 根据这一模式，立法部门必须处理立法，而且只处理立法。行政部门必须处理执行问题，而且只处理执行问题。司法部门处理裁判问题，而且只处理裁判问题。就我使用该术语的意义而言，该模式没有为司法立法留有任何空间，也没有为司法裁量留下任何空间。

纯粹的、理论上的分权模式并不存在于任何现代制度中。孟德斯鸠本人也不相信这种模式，因为他的方案承认，立法机关将处理一些裁判事务，如审判贵族，而行政部门将处理一些立法事务，如行使否决立法的权利。[21] 孟德斯鸠认为，司法部门不享有个人意义上的独立性。在我们这个时代，权力分立的理论模式有一些重要的例外被认可。只需回顾一下，在以色列，议会参与裁判，如选举上诉、取消豁免权和中止议员资格。同样，行政部门也参与裁判和立法事务，即行政部门进行次级立法，其范围也在不断扩大。司法部门不仅处理裁判问题，还处理立法事务——即司法立法——和执行事务。

纯粹的、理论上的分权模式，即每个政府机构都是独立的，不仅不被接受，而且也不可取。在一个民主政权中，人们必须在多数人统治和基本民主价值之间取得平衡。如果每个部门单独存在，不

204

---

[20] Klinghoffer, *supra* note 1, ch. 3, at 23.

[21] See Montesquieu, *supra* note 13, ch. 1.

与其他部门互动，没有平衡和监督，这种平衡就不可能存在。这种情况最终会导致力量和权力在其中一个部门手中积累，其结果是民主的基本价值可能受到损害。这将挫败权力分立的目标，即不是建立一个独立的、理论上的结构，而是保证民主的基本价值。因此，现代观念并不包含纯粹的分权模式，而指一种更为灵活的模式，并且多认为每个机关都会承担一些职能，但前提是各机关之间要相互制约和平衡。对此，沙姆加尔法官谈到了以下几点：

> 权力分立并不一定意味着建立一个绝对防止各部门之间有任何联系的屏障，而是主要体现在维持各部门权力之间的平衡，在理论和实践上，通过特定的相互监督得以独立。[22]

维特康法官中肯地指出：

> 一个恰当的民主制度——尽管有权力分立的概念——并不意味着议会的专制主义。在这个制度中，有足够的空间进行制衡，为此，我们有一些机关，其中最重要的是司法部门，它们并不是建立在民主选举之上的。[23]

因此，我的结论是："一个开明的民主制度是一个权力分立的制度。这种分立并不意味着每个部门都各自为政，不考虑其他部门。这样的观念会深深打击民主本身的基础，因为它意味着每个部门在其自身范围内的独裁。恰恰相反，权力分立意味着各部门之间的互相平衡和控制。各部门不是用墙隔开，而是用平衡和监督的桥梁隔开。"[24] 这种方法的目的不是提高效率——它并没有实现——

205

---

〔22〕 H. C. 306/81 *supra* note 14, ch. 3, at 141

〔23〕 A. Witkon, *Politics and Law* 71（1965）.

〔24〕 H. C. 73/85 *"Kach" Party Faction v. Chairman of the Knesset*, 39 P. D. （3）141.

而是避免任意性,[25] 无论是立法机关、行政机关还是司法机关的任意性。

(二) "平衡和监督的桥梁"

其中的出发点是, 在权力分立原则的框架内, 法官必须作出裁判。这是他司法职能的本质。为了作出裁决, 他必须在形式合法性的范围内, 自行构建用于解决争议的法律规范, 并根据该规范对冲突进行裁决。在简单案件或中间案件中不会出现问题, 在这些案件中, 给定的规范及其适用范围没有问题。但在疑难案件中却不是这样。在这些案件中, 对于规范的实际形成, 存在司法裁量。对规范的解释, 存在司法裁量 (无论该规范是制定法还是判例法)。在填补缺乏规范的空白时, 存在司法裁量。难道权力分立原则不要求在这种情况下, 法官求助于立法机关, 并要求其在解释或创制规范方面提供指导吗? 尽管这在今天看起来很奇怪, 但这种安排在 17 和 18 世纪的欧洲是存在的。如今, 我们不再习惯与立法机关开展这样的对话。我们对权力分立的基本概念是, 在争端中作出决定的权力也包括——明示地或默示地——制定裁决案件所依据的规范的权力和责任。[26] 法官作出判决就意味着去解释法律。因此, 解释规范 (无论是制定法还是判例法) 的责任由法官承担, 而且只能由他承担。任何其他方法都会导致其他部门对司法过程进行不必要的干预, 并可能损害司法行为的独立性。

---

〔25〕 See *Justice Brandeis in Myers v. United States* 272 U. S. 52, 293 (1926): "其目的不是为了避免摩擦, 而是通过在三个部门之间分配政府权力所带来的不可避免的摩擦, 使人民免于专制。"

〔26〕 See *Marbury v. Madison* 5 U. S. (1 Cranch) 137, 177 (1803); *Powell v. McCormack* 395 U. S. 486 (1969); *United States v. Nixon*, 418 U. S. 683 (1974); H. C. 306/81 *supra note* 14, ch. 3; H. C. 73/85, *supra note* 24.

206   因此，我们看到，司法裁量和司法立法与现代意义上的权力分立原则并不矛盾。然而，权力分立原则仍然可以影响法官在进行裁量时对各种选项的选择。人们不应忘记，即使立法不是立法机关的唯一专利，它也是立法部门的主要职能。我们也不应忘记，尽管执行不是行政部门的唯一职责，却是其职能的本质。因此，在进行司法裁量时，法官将这些因素考虑在内是合适的。[27] 因此，举例来说，如果将某项立法行为交由立法部门完成是切实可行的，那么应选择这种可能，因为相较于另一种选择——司法立法，它更符合分权原则。同样的，如果将执行行为交由行政部门完成是切实可行的，则就优先选择这种可能，因为与司法机关代为执行相比，它更契合权力分立结构。当然，在必须保护民主基本价值的情况下，不应采取这种方法。但是，如果有几种方式可以保护这些价值，法官应该选择符合基本趋势的方式，即把大部分造法工作留给立法部门，而把大部分执行工作留给行政部门，这才是他们的职能和专长。

四、司法裁量与司法功能的社会观念

正如我们所看到的，司法裁量在其民主性质和在权力分立结构中的地位方面引发了难题。不适当地进行司法裁量可能会挫败社会对司法裁量在由政府权威组成的机构性安排中的地位的观念。这就是这种司法功能的观念对进行司法裁量的重要性。正如弗里曼（Freeman）教授所说："每个机关对其如何运作有一定程度的共识。为了理解司法角色并确认司法创造力的正当性，我们必须探索界定

---

〔27〕　See Stone, *supra* note 40, ch. 1, at 667.

对法官角色的共同期望。"[28] 在一个对司法过程的基本观念是法官　207
是立法机关嘴巴的社会中践行司法裁量的方式，与在一个对全面发
挥司法创造力给予实质正当性肯认的社会中践行司法裁量的方式是
不同的。每个社会都有自己的协定，即司法立法的程度——司法裁
量的产物——与其他部门所立之法相比，要有适当的平衡。法官必
须考虑到这一协定。在协定之外进行司法裁量，以及在协定范围内
不进行司法裁量，都可能动摇公众对司法系统的信心。当法官在疑
难案件中进行司法裁量时，公众对适当的权力分工和适当范围内的
司法立法的基本观念应该摆在面前。

(一) 社会观念——流变中的现实

社会对司法功能的观念不是静止的，可能会发生变化。坚持以
某种方式进行司法裁量，并使其为公众所知，从长远来看，可能会
改变人们对进行司法裁量之正当性的认识。因此，必须谨慎地进行
司法裁量，同时在公共协定的边界处为自己开辟一条道路，从而影
响协定本身。因此，在进行司法裁量时，必须避免损害公众对司法
立法应在何种领域运作的基本意识。

(二) 社会中的特殊因素

在社会对司法裁量的观念框架中，必须特别考虑到社会中几个
要素的观念：

1. 我们必须考虑立法部门和行政部门的成员。他们对形成适当
进行司法裁量的观念特别有意义，因为这三个部门构成了国家的政
体，它们共同守护着法治。此外，在一个缺乏正式宪法的法律体系

---

〔28〕　Freeman, "Standards of Adjudication, Judicial Law Making and Prospective O-
verruling," 26 *Curr. Legal Probs.* 166, 181 (1973).

内，司法部门能否长期在立法部门和行政部门所反映的共识之外进行裁量是值得怀疑的。总有那么一种危险存在，这些机构将利用其立法权力将司法裁量拉回到共识的界限范围之内。

2. 我们必须考虑到法官群体本身。他们之间最好能对司法功能的本质和司法裁量的本质达成共识。当然，我们不能期望完全一致，但似乎最好能有个共同的基本观念。的确，总有一些法官走在队伍的前列或后列，这种现象有其自身的优势。然而，在司法功能的性质方面，大多数法官应该有一个共同的智识基础，这似乎是可取的。

3. 我们还必须考虑到连接司法部门和公众的律师和辩护人。正是他们将法官的语言翻译成人们日常使用的语言。他们将判决翻译给公众。他们在很大程度上影响了公众对司法部门之期待的形成。他们对司法裁量的进行是否"正当"提出意见，这样做是为了创造关于适当进行司法裁量的公共意见。如果司法部门和律师对如何进行裁量持有截然不同的基本观念，这将是一种不健康的情况。此外，律师和法官在进行司法裁量方面都发挥着作用：律师准备土地，有时还需要播种，法官则负责收割。如果没有辩护（advocacy）的真正作用，就无法进行正确的耕作，不会提出必要的事实依据，也不会揭示出适当的替代方案。律师的职能在进行司法裁量方面发挥了决定性作用。

4. 必须考虑到法律学者，他们处理法律理论，并在其研究中为法律科学和司法裁量以及司法立法的理论奠定基础。他们的意见和他们对进行司法裁量之方式的基本观念，对于确定实践中进行司法裁量的方式尤为重要。

5. 最后，必须考虑开明的公众。法官对开明公众之立场有着特别的兴趣，虽然它在政府各部门中并不扮演正式的角色，也不是法律专家，但它反映了法官在进行司法裁量时所需的智慧和克制。这些开明的公众——法官通常认为自己是其中的一员——极大地影响了社会对司法裁量基本观念的形成。[29]

(三) 司法功能与 "预期推翻" 的社会观念

一个反映社会对司法功能的观念和进行司法裁量之间相互关系的适例可以在 "预期推翻" 的问题上找到答案。[30] 这个主题围绕法院的新规则不溯及既往，而只在意未来运作是否可取的问题。这种方法于美国已经在一定程度上得到了确立。[31] 在英国，它是个仍在争论的主题。[32] 在这个争论的框架中，社会对司法所扮演之角色的观念是反对采用预期推翻规则的一个主要原因。反对 "预期（推翻）规则" 的人指出，英国社会对司法功能投诸的观念与预期规则并不相容；[33] 事实上，该规则涉及社会对司法职能的观念[34]以及社会对司法功能之期望的完全扭曲。[35] 弗里曼教授对此写道："我的论点是，预期推翻不是一种司法技术，它不符合法律界所期望的裁决标准，也不符合普通人期待司法机关所维护的法律秩序中的价值。"[36] 他继续说："反对预期推翻的主要理由是，它扭曲了

〔29〕 See Landau J. in C. A. 461/62, *supra* note 60, ch. 4; H. C. 58/68 *supra* note 51, ch. 2, at 420, citing W. Friedmann, *Legal Theory* 403（4th ed. , 1960）; W. Friedmann, *Law in Changing Society* 45（abridged ed. , 1964）.

〔30〕 See Tedeschi, *supra* note 27, ch. 1.

〔31〕 See *supra* note 47, ch. 5.

〔32〕 See D. Lloyd, *supra* note 88, ch. 2.

〔33〕 See *Birmingham City Corporation v. West Midland Baptist（Trust）Association（Incorporated）*〔1969〕3 All E. R. 172, 180："我们不能说昨天的法律是这样的，明天就会变成另外的样子。如果我们确定关于通知日期的规则是错误的，我们必须裁决它一直是错误的。"（里德勋爵的观点）

〔34〕 Scarman, "Law Reform by Legislative Techniques," 32 *Sask. L. Rev.* 217, 219（1967）.

〔35〕 See D. Lloyd, *supra* note 88, ch. 2, at 858.

〔36〕 Freeman, *supra* note 28, at 202.

210　公众对司法角色的期望。"〔37〕 德弗林（Devlin）勋爵很好地表达了对预期（推翻）规则的反对意见：

> 我不喜欢它。它越过了划分司法和立法权力的卢比孔河*。它把法官变成了不加掩饰的立法者。有人认为抛却伪装总是好的，这是很肤浅的想法。伪装的需要阻碍了活动的开展，因此限制了权力。伪装的个人跨过了卢比孔河，如果他们宣称自己会被送回去，这与穿着制服和乐队演奏的军队在河上架桥是完全不同的。〔38〕

对于这种体系在美国被接受的说法，人们可以回答说，美国社会对司法功能的观念与英国是不同的。当然，这种考虑并不是唯一的因素。因此，例如，有人认为，追溯性地适用一项规则的不公正性对司法部门的损害比对预期规则的承认要更大。这是一个复杂的问题，社会对司法功能的观念在其中占据了核心地位。

五、司法裁量与政府各部门间关系

（一）其他部门立法活动的考量

在进行司法裁量时，法官应该考虑到政府各部门这一复杂的体系，以及在一个以权力分立为基础的民主国家中，它们在公众眼中的正当性。正如我们所看到的，司法裁量的进行和由此产生的司法立法

---

〔37〕　Ibid. , at 204.

　*　在西方，"渡过卢比孔河"（英语：Crossing The Rubicon）是一句很流行的成语，意为"破釜沉舟"。这个习语源自公元前 49 年，恺撒破除将领不得带兵渡过卢比孔河的禁忌，带兵进军罗马与格奈乌斯·庞培展开内战，并最终获胜的典故。——译者注

〔38〕　Devlin, *supra* note 5, at 12.

并不是在真空中进行的，它们不是唯一也不是最为重要的立法行为。
与司法立法同时进行的还有立法部门的立法和行政部门的立法。法官
必须审视整个立法情况，并将这种整体的立法考虑在内。[39] 他必须　211
考虑其他部门的立法活动。立法机关——无论是初级立法机关还是次
级立法机关——在立法[40]或司法[41]之失误被揭露时，是否以应有
的速度作出反应？立法机关是否有自己的政策，根据该政策，哪些领
域适合进行司法立法？[42] 这个问题过去是否向立法机关提出过，如
果提出过，立法机关的反应如何？[43] 是否有可能在不久的将来被提
交给立法机关？也许这个法律问题已经在其日程上了？如果以某种方
式进行司法裁量，它的反应可能是什么？某次司法裁量的进行是否会
刺激立法机关进行自己的立法活动？

　　这些问题和其他问题都与合理进行司法裁量有关。法官必须考
虑其他部门，就像他期望其他部门考虑他一样。如果某个问题通过
立法来安排是合适的，而这个问题已经在立法机关的议程上，法官
就不应该选择安排这个议题的可能性。合理地进行司法裁量是把这
个问题留给立法机关自身来处理。在各部门之间制造竞争是不可取

----

〔39〕 See Koopman, *supra* note 45, ch. 3.

〔40〕 See Friendly, "The Gap of Lawmaking—Judges Who Can't and Legislators Who Won't," 63 *Colum. L. Rev.* 787 (1963).

〔41〕 See Sussman, *supra* note 44, ch. 1, at 218："法院对立法机关的忠诚和它的从属关系并不是一条单行线。为了使法院能够按照要求履行其职能，立法机关必须承担某些义务，在此我要抱怨的是，立法机关并不总是能够正确地履行其职责。我对立法机关的第一个抱怨是，它没有对法院的裁决进行必要的跟踪，当法律中出现明显的漏洞时，立法机关没有适时地进行修补。"See also Calabresi, *supra* note 11, ch. 1.

〔42〕 See Friedmann, *supra* note 17, ch. 1. 弗里德曼教授对"法律人法"和"政治法"进行了区分。前者可以通过司法立法制定适当的规范，而后者则要求立法机关进行规制。

〔43〕 See *Lord Reid in Shaw v. Director of Public Prosecution* [1962] A. C. 220, 275："议会都不敢涉足的地方，法院更不应贸然介入。"

的。另一方面，如果该主题不在立法机关的议程上，而且除非发生不可预期的事件，否则它没有机会被列入议程，那么没有理由不采用安排此一事项的可能性。在这种情况下，没有理由等待可能不会发生的立法活动。当然，在这两个极端之间有许多情形，法官对是否处理这些案件或是否将其留给立法机关有裁量的空间和余地。

212

（二）"政治问题"

当我们要求法官决定立法部门在其内部事务领域的活动是否合法时，司法裁量和政府各部门之间的相互关系问题就出现了。[44] 法官应该进行裁量，对立法部门的这种"内部管理"采取立场，还是应该让此事不了了之？这不是一个简单的问题，因为其中有两个相互冲突的考量因素。最高法院在"萨里德诉以色列议会议长"（H. C. 652/81, *Sarid v. The Speaker of the Knesset*）[45] 一案中讨论了这两个因素，我在那里指出：

> 一方面是法治原则，它在形式上意味着国家的所有行为主体必须尊重法律。法治原则既针对个人，也针对政府机关，它也适用于代表本身，——这就是"法治对立法者的统治"。因为没有法官就没有法律，而法院不介入的地方，法治原则就会受到影响。另一方面是这样的原则：众议院的议事规则是其内部事务，从权力分立的角度看属于立法部门自身，它也有审查和检验自己决定的工具。因此，司法部门应该尊重立法机关的内部事务，而不是干预它们。此外，以色列议会关于其与政府之间相互关系的决定常常带有沉重的政治包袱。为了尽可能避

---

〔44〕 Zemach, "The Problem of Unjusticiability of Parliamentary Procedures," 3 *Tel-Aviv U. L. Rev.* 752（1973）.

〔45〕 36 P. D.（2）197.

免"裁判的政治化"，司法部门应该保持沉默。在解决这一难题时，可以选择其中一个极端的解决方案，[46] 或者在司法能动和克制之间寻找一个黄金分割点。以色列最高法院决定寻求这一黄金分割点。因此，它确立了这样一条原则：除非担心损害我们宪法制度的结构基础，否则法院不会干预以色列议会的内部标准。[47] 这样，法院确立了一个标准："考虑到对议会运转结构的所谓伤害程度以及对我们宪法制度结构基础的影响程度。"[48]

213

这一标准适用于法院对以色列议会内部程序的干预程度。在其他问题上也存在类似的困境，这些问题会牵涉政府各部门之间的相互关系。[49] 这些问题不在本书的讨论范围之内。然而，可以想象的是，类似于在议会内部程序问题上采取的方法也可能适用于其他情况。一方面，这将表明法官意识到需要保护各部门之间适当的相互关系，另一方面，这体现了法院在确定法律是什么以及在提交给法院的事项范围内保护其规则方面的作用。

（三）司法裁量和共识问题

问题。我已经讨论了在新的基本价值渗透到法律体系边界的问题上的共识问题。我现在提出的问题是和它有关系的，因为它涉及社会对法官从基本价值中得出的法律规范必须存在某种程度的社会

---

〔46〕 在英国，议会程序不受司法干预。参见 R. Heuston, *Essays in Constitutional Law* 92（2d ed. , 1964）。

〔47〕 H. C. 652/81, *supra* note 45, H. C. 73/85 *supra* note 24.

〔48〕 H. C. 652/81 ibid. , at 204.

〔49〕 P. Strum, *The Supreme Court and PoliticalQuestions*（1974）；Y. Zemach, *Political Questions in the Courts*（1976）.

认同。法官在进行裁量时，是否必须使因进行裁量而产生的法律规范（无论是通过制定法还是判例法解释，还是通过其他方式）得到社会的认同？从各部门之间的相互关系以及从公众对司法机关信任的角度来看，这个问题相当重要。

考虑社会认同。我的观点是，法官必须考虑到社会对社会价值和由此产生的法律规范的认同或不认同的程度。[50] 法官必须寻求一个符合社会协定或至少不违背社会协定的解决方案。[51] 我认为最好是避免选择一个与公众基本观念严重冲突的方案。因此，例如，在以色列，在整个"民事婚姻"领域，司法克制是合理的，因为这个问题是公众激烈争论的主题。[52] 这种做法的原因在于民主的考量，在于权力分立的考量，在于确保公众信任的需要。在我看来，法官不应该把自己看作是一个新的社会协定标准的制定者。[53] 一般而言，众议院是在这一问题上作出巨大改变的恰当机构。从长

---

〔50〕 德弗林勋爵对能动性裁量（activist discretion）和动态性裁量（dynamic discretion）进行了区分：前者在社会共识的框架内运作，后者则试图改变共识。法官应该是积极的，但不是动态的。参见 Devlin, *supra* onte5, at5。

〔51〕 See *Diplock L. J. in Greelong Harbor Trust Co. v. Gibbs Birght and Co.* ［1974］2 W. L. R. 507，

〔52〕 See C. A. 373/72, *Tefer v. The State of Israel*, 28（2）P. D. 7, 15. 艾奇奥尼法官写道："在以色列，当我们启动一项新的法律制度，如民事婚姻时，情况并非如此。在这里，立法机关有意识地将这一制度从法典中略去。任何关注以色列工作和各党派想法的人都可以看出，这个问题是以色列公众之间发生冲突的一个主焦点，至今还没有一个引入民事婚姻的决定，这个决定将获得适当的法律形式。而我们这些被要求与任何政治论辩和争论保持距离的法官，是否应代替立法机关，在一个分裂公众的问题上作出决定？如果我们这样做了，别人会不会质疑，而且正确地质疑道：'谁把你们置于此，谁授权你越过立法机关的边界？'因为我们生活在其中的法治，以及我们所奉命保护的我们的掌上明珠，是基于权力的分立和保护它们之间的领域，以便没有人可以越过。"

〔53〕 See Traynor, *supra* note 74, ch. 4, at 1030："法官作为仲裁者的责任使他失去了作为十字军战士的资格。"

远来看，与社会协定相抵触的活动，将损害公众对法院系统及其正常运作能力的信心。

可以肯定的是，共识的问题很复杂。通常情况下，没有关于共识的信息。有时不存在共识，也就是说，这个问题并没有给公众带来任何麻烦。有时对是否存在共识有着真正的争议。有时，法官认为案件的严峻程度非常高，而且这个时候的价值与基本价值发生了尖锐的冲突，所以除了作出有前瞻性的判决外，别无选择。在这些情况下，我们都不能制定硬性的规则。在这个问题上，司法裁量是非常关键的。因此，如果没有共识，或者共识难以确定，那么对社会共识的考量不需要影响到司法裁量，法官必须考虑其他因素。我不认为只有在有共识的情况下，才可以进行司法裁量，且只是在共识的范围内进行。我所要确定的是，如果共识的确存在的话，法官如何对它进行考量？在这里，我也无法提供一个简短而恰当的万能公式。也许我们至多可以说，违背社会共识的行为往往是不可取的，而且反对共识的活动最好不要成为常规事项。此外，法官必须在其范围内行事的社会协定，是一个立足于体系基本价值的协定。法官不能在只反映一时情绪的社会协定的框架内行事。相反，他必须在核心和基本的框架内行事，而不是在临时和短暂的框架内行事。当社会不信任自己的时候，法官不必表达当时的情绪。他必须坚定地反对这些情绪，同时表达社会共识，这些共识反映了他所处社会的基本原则和开明公众所信任的条款。

215

（四）"法律人法"

基于这些考虑，法官在诸如民事诉讼和证据法等领域可以进行裁量。对于那些被认为是"法律人法"的其他领域也是如此，如合同和侵权行为领域。另一方面，有些法律领域带有沉重的意识形态包袱（如以色列家庭法的某些部分），在这些领域中，法官必须根据共识的考量来仔细权衡他所走的每一步。因此，例如，我认为在所有涉及谁是犹太人这一问题的事务中，为了使用犹太人这一表述的法律，司法克制是可取的。[54] 另一方面，在涉及"什么是善意"的问题上，为了使用善意这一表述的法律之目的，可能会产生激进的司法能动主义。

六、司法裁量与司法部门的公信力

（一）公信力的中心

216　　　我讨论了各部门之间的相互关系以及在它们之间保持平衡和审查的必要性。我注意到有必要了解社会对司法功能的观念。这些考虑产生的原因是我认识到，法官所拥有的最为重要的财产就是公众对他的信任，也就是说，公众认为他是在依法伸张正义。如果公众没有这种信心，法官就无法审判。法官既无刀，也无剑。他所拥有的只是公众对他的信任。[55] 这是法官必须小心呵护的财产。在一个案例中，我用以下话语讨论了该问题：

　　　独立的司法权威存在的一个基本条件是，公众相信司法部门是在法律的基础上追求正义；相信审判能够公正地、中立地、平等地对待每一方，并且在结果中没有谋求任何个人利益；相信审判处在较高的道德水平。没有这种公众的信任，司法机关将无法发挥功能……公众对司法机关的信任是该部门所拥有的最为宝贵的财产。它也是国家最为宝贵的财产之一。巴尔扎克（De Balzac）的表述众所周知："对司法机关丧失信心

---

〔54〕 H. C. 58/68 *supra* note 51, ch. 2.

〔55〕 See Justice Frankfurter, *supra* note 49, ch. 6.

是社会末日的开始"。对公信力的需求并不意味着对受欢迎程度的需求。确保信心的需求意味着需要维护公众的感觉，即司法裁判是以公平、客观、中立和不偏不倚的方式作出的。左右结果的不是声请人的身份，而是其主张的力度。这意味着要让人觉得，法官不是法律冲突的一方，他不是为自己的权力而战，而是为法治而战。[56]

公信力不是一个既定的事实。我们不能将它的存在视作理所当然。公信力是一个不稳定的问题，必须培养它。破坏它比保护它更容易。多年的努力可能会因为一个不幸的决定而永远失去。因此，在进行裁量时，法官必须牢记这一需求。如果所有的法律教义都无济于事，而法官只剩下自己的良心，那么他必须问自己，他的决定会对公众、对司法系统的公信力产生什么影响，换句话说，对公众认为法官是在依法伸张正义的感觉会产生什么影响。这种信心会因为不恰当司法裁量的展开而受到损害。由此可见司法伦理规则的重要性。在法庭上或在判决书中不经意的一句话就能使多年来取得的信任化为泡影。因此，每个法官都必须这样看待自己，公众对整个司法系统的信任取决于他，取决于他的行为（在法院的墙外和墙内），取决于他进行的司法裁量。当然，仅凭公众对裁决的信心，我们能做的不多。然而，没有信心，我们就什么也做不了。确保信心的需求并不意味着需要保证其受欢迎的程度，而是需要维护公众的感觉，即司法裁量是通过对法律和国家基本价值的中立应用而客观进行的。司法裁量的进行是为了维护人民所信赖的那些条款，而不是法官所信赖的那些条款；法官不是国家权力斗争的一方，他不是为自己的权力而战，而是为法治而战。这些思想在首席大法官马

217

---

[56]　H. C. 732/84 Tsaban v. Minister for Religious Affairs.

歇尔的以下话语中得到了雄辩的表达:

> 司法权与法律中的权力不同, 它并不存在。法院仅仅是法律的工具, 它不能决定什么。当人们说他们是在进行司法裁量时, 这仅仅是一种法律上的裁量, 是在辨别法律规定的路径时所进行的裁量; 而当辨别出法律规定的路径时所进行的裁量, 法院的责任就是遵循它。行使司法权的目的从来不是为了实现法官的意愿; 而是为了实现立法机关的意愿; 或者说, 是为了实现法律的意愿。[57]

马歇尔法官在此并不否认司法裁量。他本人也是美国伟大的法官之一, 也在美国宪法运行的关键案件中进行了司法裁量。对制定法合宪性的司法审查本身就源自他在马伯里诉麦迪逊 [*Marbury v. Madison* (1803)] 一案中的判决。[58] 在上面引用的话语中, 首席大法官马歇尔强调了一个基本事实, 即法官是在法律的框架内而不是在法律之外创造法律。他试图以此来确保公众对司法部门的信任。因此, 法官不是立法机关说话的嘴巴, 但立法机关也不是法官的嘴巴。法官忠于法律规范, 忠于法律制度, 忠于法律的最高地位。正是法官对法律及其制度的这种忠诚, 激发了公众对法官的信任。

218

(二) 公信力与公共意识

我已经强调了保持公众对法院系统信心的基本性质。一个重要的问题是, 确保对这种信任的需要与公众对司法裁量和司法立法存

---

[57] *Osborn v. The Bank of the United States* 22 U. S. (9 Wheat) 738, 866 (1824).

[58] U. S. (1 Cranch) 137 (1803).

在的认识之间有什么样的关联？我指出，法官必须意识到存在司法
裁量。公众是否也必须意识到这一点？在这个议题上存在意见分
歧。[59] 一种观点——主要由法官持有——认为，提高公众对司法
裁量和司法立法存在的认识是不可取的。[60] 拉德克利夫勋爵的话
代表了这种观点：

> 我个人认为，如果法官对他们的立法功能保持沉默，将更
> 好地服务于公共利益。毫无疑问，他们会谨慎地促进法律的变
> 化，因为他们不能不这样做，即使他们愿意。亮出其底牌，宣
> 传其目的的法官，可能确实能显示出他是一个强大的人，不受
> 过去的束缚，但我非常怀疑他对法律作为一种稳定的、在法官
> 手中很安全的规则的普遍信心所造成的伤害，是否比他对法律
> 作为一套很好地适应了时代情绪的规则的信用所造成的伤害
> 更大。[61]

这种做法的理由很复杂。在某种程度上，它们与保证司法过程
神秘性的愿望有关系。他们所依凭的信念是，如果公众意识到不仅
立法机构而且法官也在创造法律，那么他们对法律的信心就会动
摇。[62] 他们从这样的做法中获得了支持，即如果公众得知法官不

---

[59] See Atiyah, *supra* note 9.

[60] See Edmund-Davies, *supra* note 38, ch. 3; Devlin, *supra* note 5, at 12.

[61] Radcliffe, *supra* note 42, ch. 3, at 265.

[62] See C. Radcliffe, *The Law and Its Compass* 39 (1960): "我们知道这一切，
这在法律人中是很常见的。当然，它承认了法官的立法能力，而这种能力只有法官
自己才有可能质疑，而且要出于很好的理由才可如此。在我看来，评论家们用这么
多的笔墨来证明这个相当明显的结论是一件让人惊讶的事情。如果法官宁愿采用这
样的公式——因为它们就是公式——他们只是宣布法律，而不是制定法律，他们只
是在实践中显示自己是个聪明人而已。他们的分析可能是薄弱的，但他们对法律性
质的认识是健全的。人们对它的尊重越强，它的发展就越是让人难以察觉。"

219　仅宣告现有的法律，而且还创造新的法律，那么公众对司法部门的信心和司法部门的独立性就会受到损害。[63]

我不能接受这种做法。它混淆了两个应该分开处理的问题：司法立法的理想范围是什么，以及让公众了解这种立法有多大好处。当然，在一个特定的系统中，司法创造和司法立法有可能达到一定的比例，如果公众知道了这些，可能会动摇公众对司法机关的信心。处理这种情况的正确方法不是对公众隐瞒现实，而是改变现实。因此，无论司法创造和司法立法的程度如何，公众都应该知道这些情况。斯通曾这样写道：

> 公民们相信，从判决中产生的负担不可避免地来自先前存在的法律，而事实上法律决定的产生方式则可能是另外一种，这在某种程度上是一种欺骗。了解我们义务的设计者的权利，

---

〔63〕 See Radcliffe, supra note 42, ch. 3, at 271："我们不能冒在人们心目中将法官的原型形象与立法机关截然不同的形象混为一谈的风险。"斯卡曼勋爵说："伟大的法官以其不同的方式成为司法能动主义者。但是，如果要避免司法的依赖性受到威胁，就必须遵守宪法规定的权力分工，或者更准确地说，功能分工。因为如果人们和议会认为司法权只受制于法官的良知（或如塞尔登所说，受制于御前大臣的尺码＊），那么对司法系统的信心就会被担心它会因为在应用中变得不确定和武断而取代。那时，社会将准备好削减法官的权力。他们伸张正义的权力将受到法律更多的限制，而这是不必要的，或者说是今天的限制。" See *Duport Steel Ltd. v. Sirs*〔1980〕1 All E. R. 529, 551.

＊御前大臣的尺码（Chancellor's foot），约翰·塞尔登曾在 17 世纪写道："衡平法是一个调皮捣蛋的东西，对于普通法来说，我们还有一个衡量标准，知道该信任什么。而衡平法依据的是御前大臣的良知，随着其范围的宽窄，衡平法也随之变动，如果衡平法制订衡量的标准，我们可以称这尺码是御前大臣的尺码。"这段话显示了 17 世纪时的衡平法带有很强的个人特征。到 1818 年，御前大臣艾尔登勋爵则说："没有什么事比一个人在离开衡平法院时，回想起我所做的一切正是印证了衡平法如同御前大臣的尺码一样变化无常的指责更令我痛苦的了。"该变化显示，到 1818 年，衡平法已变成如普通法那样确立起来的已成定规的各类原则的集合。——译者注

就像了解我们的原告和法官的权利一样，可能也是自由的一部分。[64]

在一个民主国家，公众有权知道谁在创造法律，又在什么范围内创造法律。我们不应该掩盖真相。如果公众发现法官说一套做一套，那么就会挫败公众对司法机关的信任。杰罗姆·弗兰克（Jerome Frank）法官讨论了这个问题：

> 法庭不应该向公众隐瞒他们被授予了附属立法权，而是应该尽一切努力让公民了解这种权利是如何行使的。如果法官总是谈论"解释"，如果他们总是避免和反感使用"司法立法"这一短语，他们的行为是具有误导性且不民主的。向我们的公民提供关于法院的正确建议，就必须告诉他们"立法机关的立法"和"司法机关的立法"之间的区别。[65]

因此，我们必须向公众指出司法裁量的真正边界。我们必须说明司法裁量、司法创造和司法立法在实践中都是真实存在的；它们是凭借立法机关本身的（明示或默示）批准而进行的；它们不是无限制的；公众通过法律规定的方式，并通过被授权的机关，总是有权进行介入并实现其所希冀的结果；而且这种介入不会损害法官或其地位。当公众意识到真相时，就会对法官产生更多的信任，而不是被引入歧途。正如道格拉斯法官所说：

> 但更直率、更公开、更直接的做法更符合民主传统。它反映了卡多佐的坦率。全面披露原则在政府中的地位和在市场中的地位相同。一个披露正在做什么以及为什么要这样做的司法

---

[64]　Stone, *supra* note 40, ch. 1, at 678.

[65]　Frank, "Words and Music: Some Remarks on Statutory Interpretation," 47 *Colum. L. Rev.* 1259, 1271 (1947).

机构将孕育公众的理解。而基于理解产生的信心比基于敬畏产生的信心更为持久。[66]

（三）意识与教育

启迪公众的主要困难在于公众的理解能力，因为如果说司法裁量即使对法律人来说也是一个困难的问题，那么对非专业人士来说就更是如此。它包含精细和极其精细之间的区分。人们怀疑，真正的情况不会被适当地理解。有一种危险是，一旦有人失去了他的天真，他将不再知道该相信什么。[67] 一个已经确信法官并不是立法机关嘴巴的人，可能会相信法律总是法官说话的嘴巴。从一个极端到另一个极端的危险总是存在。但解决困难的办法不在于忽视它，而在于试图解决它。当公众难以理解时，不应讳莫如深，而须教会其去理解。

221 在一个年轻人用电脑书写奇迹的时代，向他们说明司法裁量及其局限性是可能的。正如公众能够理解行政部门的次级立法一样，公众也可以理解——如果能够得到说明的话——司法部门的次级立法。这种教育功能首先是由普通教育系统承担的。它们尤其被加之于法官自身。他们必须避免使用重复的旧公式，因为这些公式并不再能够反映现实。他们必须说明现实的存在。有时这可以在判决书中完成，有时可以在法院的工作框架之外完成。可以肯定的是，教育的努力绝不能被夸大。我们必须始终回到一个基本原则，即法官的主要职能是裁判，其他的都是次要的。但在这些次要职能的框架中，我看到了教育的重要地位。法官不仅仅是进行裁决。他还需要担任一个教育性的角色。

---

〔66〕 Douglas, "Stare Decisis," 49 *Colum. L. Rev.* 735, 754（1949）.

〔67〕 See Holmes, *supra* note 122, ch. 1, at 292：“当教导无知的人要怀疑时，他们不知道自己还可以安全地相信些什么。”

第八章

司法政策与裁判模式

一、界定司法政策

每位法官都应该有意识地为自己制定一项解决疑难案件的司法政策。这些政策牵涉到指导法官进行裁量的基本考量——规范性、机构性和机构间性。这一政策是法官对其在疑难案件中如何进行裁量之构想的总和。这些是在合理范围内进行司法裁量的基本标准。因此，司法政策是一个体系化、严谨的概念，即如何处理疑难案件的困难，或者如维特康法官所说的"司法规划"，是一个有意识地、明确地规划法律未来发展的过程。[1]

二、司法政策与法律政策

区分司法政策和法律政策是很重要的。[2] 司法政策是对各种考量因素有意识的表述，法官则根据这些考量因素在疑难案件中选择不同的合法选项。另一方面，法律政策指的是法律规范的目标——立法或法官制定的法律规范所要达致的原则、社会目标和标准。法官的司法政策要在法律政策为疑难案件所遗留的选择框架内

---

〔1〕 Witkon, *supra* note 17, ch. 1.

〔2〕 See Barak, *supra* note 2, ch. 3, at 46. 人们可以不谈法律政策，而是谈公共政策。

进行运作。[3]

每条法律规范都有其特定的法律政策。在简单案件和中间案件中，这一法律政策的制定并不涉及司法裁量。然而，在疑难案件中，法官则必须进行司法裁量，以实现法律政策。在疑难案件中，每一法律规范都有一系列法律政策的考量，使其与众不同。司法政策就在这个范围内运作。虽然法律政策从一个规范到另一个规范会发生变化，但司法政策没有经历这些转变。恰恰相反，它是一项全面的政策，指导法官在疑难案件中、针对任何特定的规范必须作出选择。然而，如果说法律政策对每个规范都是不同的，而司法政策是相同的，那就错了。因此，在司法政策的框架内，法官在制定标准时可以考虑到特定法律规范的性质，其就在这种情况下践行了司法裁量。司法政策随着一种法律规范到另一种法律规范而发生变化。然而，司法政策的这种变化与法律政策的变化不是一回事。在所有规范、制度和制度间的考量背景下观察，司法政策变化是由规范之间的差异造成的。法律政策的变化则反映了不同规范的不同目标。

要在司法政策和法律政策之间作出这种区分相当困难。可以说，司法政策只是要求法官在疑难案件中合理行事之规则的法律政策。因此，司法政策是合理性规范的法律政策。[4] 然而，法律政策和司法政策之间的区分似乎是相当有用的，因为它强调了不同类

---

[3] 因此，司法政策在简单案件和中间案件中是没有意义的。法官必须选择那个唯一具备合法性的可能，而没有司法政策运作的空间。这些案件中的司法政策可以说是选择唯一合法的解决方案。这一用法消除了在这些案件中使用该特定术语的必要性。因此，司法政策只有在疑难案件中才是重要的。

[4] 有时，司法政策构成了某一规范的法律政策，超越了合理性规范本身。因此，例如，当被解释的规范确定了法院的管辖权或有权施以补救措施时，司法政策的考量可能成为该规范法律政策之考量的一部分。

别的考量。通过法律政策，法官在疑难案件中发现了某一法律规范
在他面前的各种选项。例如，当法律规范是一个制定法规范时，法
官着手发现立法目的，而在疑难案件中，他创制了立法背后之目标
所带来的各种可能性。因此，法律政策揭露了疑难案件中各种选择
的正当性范围。另一方面，司法政策涉及法官确立标准，以便在棘
手的案件中从可供选择的方案中进行选择。很自然地，这些标准对
于规范和目的来说是外部的，尽管它们的目的是确定在各种选择中
的选项，所有这些选项都符合规范的目的。因此，这些标准就是我
之前讨论过的规范性、机构内和机构间的考量。

三、司法政策的非拘束性本质

就其性质而言，司法政策的原则对法官没有约束力。如果这些
原则具有约束力，司法裁量就会消失。案件将不再是一个疑难案
件，而会变成一个简单案件或中间案件。司法政策不是锚定在法律
规则中的政策。它由一系列考量因素组成。它的意义在于对选择自
由的认识，以及在各种选择中对规范性、机构内和机构间性因素的
权衡。当然，其中一些因素可能会在多年后被普遍接受，以至于判
例法或立法将其视为具有约束力的法律。这意味着司法裁量将进一
步被限制，一些案件将从疑难案件转变为简单或中间案件。然而，
在这种转变发生之前，司法政策是一种法外政策。

四、司法政策——单个法官的政策还是整个司法机关的政策？

司法政策反映了法官为解决疑难案件而有意识制定的标准。那
么是每个法官都有自己的政策吗？如果疑难案件中司法裁量的进行
纯粹是主观的，那么司法政策也会因法官的不同而改变。然而，正
如我所观察到的，我们并没有发现这种情况的发生。司法裁量包含

一个广泛的、客观的范围，反映了法官群体所接受的东西。当然，除此之外，还有一个领域，在这个领域中，客观标准是无用的，而是由法官自己决定的。在客观领域的范围内，我们可以说，司法政策不225 是对每个法官都不同，而是对所有法官都是共通的，也就是对整个司法部门来说是共通的。在这个领域，司法政策就是司法部门的政策。但正如我们所看到的，在进行司法裁量所需考虑的客观因素之外，还有一个主观因素，反映了法官的世界观，这基于他的个人经验和他对司法角色形成的观念。这种主观因素——在清除了任何特殊和超常的东西后——就其性质而言，在不同的法官间存在差异。

因此，司法政策在内部结合了各种因素，其中有些是所有法官共有的，有些则因法官的不同而有所变化。在一个特定的法律体系之中，客观因素越强，所有法官共有的司法政策的份额就越大。另一方面，主观因素越强，司法政策的共同方面就越狭窄，个人因素就越多。法官个人的伟大之处在于，他有时能够战胜自己的冲动，按照一般的政策行事，[5] 即使它与自己的政策不同；而在其他时候，他又能违背普遍接受的做法，为自己的政策提供发挥作用的空间。当然，核心问题是，在什么情况下，法官应该克服他的冲动，在什么情况下，他又应该放任自己的冲动？每个法官都必须根据自己的经验和专业知识来回答这个问题。

五、司法、立法和行政部门的政策

我们已经看到，在某些情况下，人们可以讨论司法部门进行裁量

---

〔5〕 See Mendelson, "Mr. Justice Frankfurter on the Construction of Statutes," 43 *Cal. L. Rev.* 652, 673 (1955): "一名伟大的法官在解读法律方面的天赋，不在于他对这个或那个策略性价值的偏爱（无论它们多么有价值），而在于他对自己职能限制的尊重——立法机关和法院之间，民族和国家之间宏大的战略分工。"

的政策。那么，是否存在立法部门进行裁量的政策，以及行政部门进行裁量时的政策呢？在我看来，这些问题必须得到肯定的回答。

我曾说过，司法政策是指导司法部门在法律给予它的若干选项中作出选择的一系列因素。司法政策反映了在规范性因素、机构性因素和机构间因素之前取得平衡的考量因素——这对于司法机关来说是独一无二的。[6] 除了这一政策，还有立法和行政部门的政策。这些部门有时也会面临这样的情境：他们必须在众多合法可能性中选择一个。立法部门在宪制体制下颁布法律时，会发现自己处于这种情境。行政部门在宪法和法律的范围内运作时，会面临这种规范性情境。当这些部门在自己的领域内面临"裁量"的情境时，他们必须为自己制定一个进行裁量的政策。事实上，我所讨论的规范性、机构性和机构间的考量也适用于立法和行政部门。这些部门也必须考虑到体系的成长方式、体系的一致性和体系的自然发展。同样这些部门也必须考虑到它们的机构局限性以及它们和其他部门间的关系。因此，这些部门在进行裁量时也必须阐明一项明智的政策。例如，它们必须确立一个立场，即何时适合让某一法律规范（如具有拘束力的先例规则或解释规则）在一项制定法立法中得到体现，以及何时该立法应通过裁判来发展。

当然，立法部门和行政部门的政策与司法部门的政策不同。三者都必须制定一项政策，权衡规范性、机构内和机构间的因素，然而对这些因素中每项的权重及其内容的权重在不同的部门之间都有所不同。例如，所有部门都必须考虑到机构上的限制，然而这些限制在不同机构间会发生变化。司法部门的限制与其他部门的限制并不相同。因此，司法部门必须在社会共同价值观的框架内运作。另

226

〔6〕 See Summers, *supra* note 21, ch. 2, at 723.

一方面，立法部门——特别是当它不受宪法限制时——都可以向制度中注入违背社会共识的新价值观。毫无疑问，立法或行政部门选择违背社会共识的情况是罕见的。然而，这些部门在作出选择时的考量性质与司法部门的裁决不同。事实上，该部门的性质决定了其考量的性质。不同性质的考量因素指导立法、行政和司法部门进行裁量。

政府部门的三个分支都在进行裁量。但它们以不同的方式和基于不同的考量来进行。因此，他们取得了不同的成果。这三个部门都走在立法之路上，但它们乘坐的是不同的交通工具。因此，它们的速度和旅行的成本也就不同，旅行的品质和沿途遇到的危险和障碍也不相同。[7]

六、司法政策——审判的政治？

司法政策可以说是裁判的政治。然而，正如我们所看到的，"政治"（politics）这个词有很多含义。如果我们把这个词理解为决定如何进行司法裁量的政策路线，我们可以说司法政策是司法部门的政治。[8] 同样，如果我们把"政治的"（political）一词理解为政府权力的行使，即确定社会的方向[9]、资源的分配[10]以及它所遵循的政策，那么司法政策确实是裁判的政治。[11]

---

〔7〕 See Breitel, "The Lawmakers," *Cardozo Memorial Lectures*, vol. 2, 807, 822：
"这两个政府机关在同一条路上行驶，只是乘坐不同的交通工具。交通工具的不同使得驾驶方式、速度以及谁能通过谁不能通过等方面存在重要差异。"

〔8〕 See MacCormick, *supra* note 20, ch. 1, at 238.

〔9〕 See Bell, *supra* note 38, ch. 1, at 247.

〔10〕 See Miller and Scheflin, "The Power of the Supreme Court in the Age of the Positive State：A Preliminary Excurse Part One：On Candor and the Court, or Why Bamboozle the Natives?" *Duke L. J.* 273, 274（1967）.

〔11〕 See Shapiro, "Judicial Modesty, Political Reality and Preferred Position," 47 *Cornell L. Q.* 175（1962）.

另一方面，如果政治被理解为国家各党派有分歧的问题，如果人们把裁判的政治理解为法官考虑到各政党在争夺统治地位时拥护的观点，那么司法政策和政治显然没有任何共同之处，而且司法裁量与政治的关联越少越好。

政治这个术语是不清晰的，比起它含义清晰的部分，模糊的部分要更多。它会立即引发反对，因此，法官最好与它保持距离。尽管如此，它对司法政策的认同对裁判来说非常重要。司法部门不仅要了解自己如何看待自己的重要性，还要了解其他部门如何看待它，看待它的行动、角色和运行。不可避免的是，法官认为是在法律规范的基础上对纠纷进行裁决的正常裁判行为，有时会被其他部门和公众解释为是威胁到这些部门所珍视的权力地位的政治行为。法官必须承认这一现实。兰道法官用以下方式讨论了这个问题：

> 人们仍然非常担心，法院显得好像放弃了它的适当位置，而弯下腰去进入公共论辩的舞台，而且它的决定会被一部分公众以掌声接受，而另一部分则以情绪化和完全拒绝的方式被接受。在这个意义上，我认为自己在这里作为一个被赋予这一职责的人，要在每一个适当提交给法院的问题上以法律为基础进行裁决，因为我事先知道，一般公众不会看法律推理，而只会看最后的结论，这场超出公众分歧的论辩可能导致法院作为一个机关的正确位置受到侵害。然而，我们能做什么？这就是我们的角色，这就是我们作为法官的职责。[12]

"这就是我们的角色，这就是我们作为法官的职责。"法官必须在其最佳司法意识的基础上作出决定，而这种意识是建立在适当的司法政策之上的。在这样做的时候，他必须承认有关裁判的"政治"

---

[12] H. C. 390/79 *Dweikat v. State of Israel*, 34 P. D. (1) 1, 4.

指控。但这一指控不能控制他的行为。我在一个案件中探讨了这一点：

> 整个问题是重要的，并处在我们宪法生活的中心。法治和法律的权威问题与总统的赦免权以及行使这一权力的问题结合在一起。我们将从法律的角度来处理所有这些问题。这个问题困扰着公众，但决定我们前行之每一步的不是这种喧嚣。我们根据宪法标准，并根据反映我们国家生活所信仰之条款的基本价值来运作。我们的做法不是以短暂的情绪为指导，而是以我们作为一个民主国家存在的基本国家观念为指导……我们知道，整个问题是公共论辩的焦点，从政治动态性的角度来看，我们的判断可能被用作政治力量斗争的武器。我们对此感到遗憾，但我们必须执行我们的司法任务……我们的作用是确保其他部门在法律的框架内运作，以确保政府的法治化。虽然政府各部门是崇高的，但法律比我们都高。除非我们在提出适当请求的情况下审查其他部门的行动，否则我们将无法履行我们的司法职责，正如现在摆在我们面前的那些主张所揭示的那样。[13]

适当的司法政策——是的；裁判的政治[14]——是的；通过裁判实现政治——绝不是的。

七、裁判模式

（一）多元模式

法律文献通常对不同裁判模式进行区分。这些区分主要涉及在体

---

[13] H. C. 428/86 *Barzilai v. State of Israel*, 40 P. D. (3) 505.

[14] See J. A. G. Griffith, *The Politics of the Judiciary* (3d ed. , 1986).

系内最高法院的活动，各种模式旨在描述国家最高司法机关的活动性质。[15] 所有的模式都假定了司法活动——换句话说，是对争端的解决。它们在司法立法——也就是说，创造一个新的规范——的范围上有所不同。有些模式反映了其创造者对理想状况的想象。其中一些被说成是可欲的，但不是假设情况的模型。另一些人认为，这种假设的情况是危险的，代表了现有模式可能恶化的不理想状态。

最高司法法庭有三种基本的、假设的裁判模式：宣告模式、政策模式和作为裁判附带的立法模式。在光谱的一端是宣告模式，另一端是政策模式。在两者之间，我们可以找到作为裁判附带的立法模式。这三种模式中的每一种都有一个坚实的核心，它被一个半影区所包围。在这个半影区，有许多额外的子模式，就像围绕太阳公转的行星一样。当然，离核心越远，与核心的联系就越弱，在某一点上就进入了另一模式的引力区域。因此，各个模式之间的区别，特别是边缘地带，是不精确的，在半影区，它们是重叠的。

230

（二）宣告模式

根据宣告模式，法官参与裁判——换句话说，参与决定争端。只要他确立了裁决所需的规则，他就只是在宣告已经存在的东西。即使他制定了一个新的规则，这也是一种揭示，而不是创造。在他的规范活动中，法官没有裁量的空间和余地。法律就在那里，而法官必须遵守它。就像有一张地图在那里，法官就必须遵循其路线。

这就是孟德斯鸠心目中的理想模式。[16] 法官是立法机关的传

---

〔15〕　See Weiler, *supra* note 17, ch. 1; Winter, "The Growth of Judicial Power," in *The Judiciary in a Democratic Society* 29 (Theberge, ed. , 1979); Atiyah, "Judges and Policy," 15 *Isr. L. Rev.* 346 (1980).

〔16〕　Montesquieu, *supra* note 13, ch. 1, at 209.

声筒，重复法律的语言。[17] 人们在布莱克斯通（Blackstone）的著作中也发现了这种模式的痕迹。[18] 法官阐释隐藏在制度中的规则。[19] 即使后来的司法裁决推翻了之前的裁决，也并不意味着旧的裁决是错误的，而意味着它根本就不是法律。因此，判例法就其本质而言是具有追溯性的。

在现代，人们发现这种宣告性观点仍是一些理论家作品的核心，其中包括罗纳德·德沃金教授。[20] 虽然他不接受宣告模式的所有特征，但其方法的重心建基于法官没有裁量的论据之上。法官必须根据体系中存在的原则（如果涉及普通法）或根据原则和政策（如果涉及立法）进行作业。他必须实现嵌于体系内的目标。他不创造权利；相反，他承认独立于他而存在的权利。这种观点来自承认"自然权利"的道德自由主义哲学进路。权利是一个太过重要的事务，以至于不能将之托付于法官。

（三）政策模式

政策模式认为，法官不仅要参与决策，还要参与政策。事实上，在这两者之中，裁判的功能是比较边缘化的。法官的主要任务是制定政策。在这一点上，法官与普通立法者相似。像立法者一

---

〔17〕 莫里斯·科恩教授称其为留声机理论（the Phonograph Theory）。参见 M. Cohen, "The Process of Judicial Legislation," *Law and Social Order* 12, 113（1933）。

〔18〕 See Blackstone, *Commentaries of the Law of England* 88（13th ed., 1978）.

〔19〕 关于宣告理论可参见第三章。宣告理论是在关于预期推翻先例的问题框架内援引和讨论的。See Friedmann, "Limits of Judicial Law-Making and Prospective Overruling," 29 *Mod. L. Rev.* 593（1966）; Freeman, "Standards of Adjudication, Judicial Law Making and Prospective Overruling," 26 *C.L.P.* 166（1973）; Tedeschi, "Prospective Revision of Precedent," 8 *Isr. L. Rev.* 173（1973）.

〔20〕 Dworkin, "Natural Law Revisited," 34 *U. Fla. L. Rev.* 165（1982）.

样，法官确定他所看到的社会价值，并据此制定法律。[21] 法官有绝对的裁量权。他本身就是一位立法者。在立法时，他考虑到了社会共识的因素，就像普通立法者所必须做的那样。如果忽略了这些，他可能会损害法院的效力。因此，法官有社会目标。他为实现这些目标而谋划战略与战术——无论是在法院的四面墙之内还是之外都是如此。[22]

法律人和政治学家所勾勒的这一模式，[23] 基于 20 世纪 30 年代"现实主义"哲学的思潮。[24] 它很好地反映了批判法学派（Critical Legal Studies school）支持者们的观点。[25]

（四）作为裁判附带的立法模式

这种模式将对具体冲突的裁决置于裁判过程的中心。然而，它也承认，法官在冲突中作出裁决的同时，也在确立法律。通常情况下，他重复现有的法律。然而，在少数但仍有相当数量的案件中，他创造新的法律。在这样做的时候，法官进行的裁量不是绝对的，而是有限的。

当然，在这个模式中，还有几种子模式。约翰·贝尔（John　232

〔21〕　See M. Shapiro, *Law and Politics in the Supreme Court*（1964）; M. Shapiro, *Courts*（1981）.

〔22〕　Murphy, *Elements of Judicial Strategy*（1964）.

〔23〕　See Miller, *supra* note 1, ch. 1; Schubert, *Judicial Decision Making*（1963）; Dahl, "Decision Making in a Democracy: The Supreme Court as a National Policy-Maker," 6 *J. Pub. Law* 279（1957）; Glazer, "Towards an Imperial Judiciary," 41 *The Public Interest* 104（1975）; Goldman and Lamb（eds.）, *Judicial Conflict and Consensus: Behavioral Studies of American Appellate Courts*（1986）.

〔24〕　See *supra* note 104, ch. 1.

〔25〕　书目可参见 Kennedy and Klare, "A Bibliography of Critical Legal Studies," 94 *Yale L. J.* 461（1984）。

Bell）教授[26]区分了"共识模式"和"缝隙中的立法模式"：前者的基础是，司法创造的边界由社会共识划定；[27] 第二种模式的基础是，法官在法律的缝隙中作为立法者行事。[28] 现代实证主义者［如 H. L. A. 哈特和麦考密克（MacCormick）］和法律过程学派的成员（如享利·哈特、萨克斯与富勒）都接受了"作为裁判附带的立法模式"。据说这种模式反映了英国法院的裁决现实。[29]

（五）适当模式：受限的司法裁量模式

在本书中，我对政策模式持保留态度，我认为它没有准确反映司法过程。它也没能正确描述司法现实。它也不是合适的模式；规范性、机构性和机构间的考虑要求我们拒绝它。将这种模式发展到极致，就是裁判的终点。

宣告模式有一些积极的特点。它保留了裁判的底色。它在过去确保了公众对裁判的信心，而且至少在不久的将来，可能有能力继续确保这种信心。它可能会保护制度中所承认的基本权利。然而，作为一种审判模式，它并不反映现实，所以是无用的。它建立在一个虚构的基础之上，因此，利大于弊。归根结底，它可被归结为一个主张——没有人有异议——即法官必须在形式合法性的范围内行事。宣告模式不能告诉他应该如何做。

在我看来，唯一合适的模式是作为裁判附带的立法模式。这种

---

[26] See *supra* note 38, ch. 1.

[27] See Devlin, *supra* note 5, ch. 7; Wellington, *supra* note 20, ch. 1.

[28] 霍姆斯法官说："我毫不犹豫地承认，法官确实而且必须立法，但他们只能在法律的间隙中立法；他们的行为幅度被限制在摩尔到分子之间。" See *Southern Pacific Company v. Jensen*, 244 U. S. 205, 221（1917）（Holmes J.).

[29] Bell, *supra* note 38, ch. 1.

模式承认争端中的裁决在司法过程中的核心地位。然而，它也承认在疑难案件中存在司法立法。总的来说，它正确地反映了现实。它代表了一个人们应该向往的适当模式。

我认为基于共识的子模式有问题，因为它只关注到司法过程的一个方面。可以肯定的是，我同意，在存在共识的情况下，法官应该据此行事。然而，如果没有共识，或者共识不明，要怎么办？共识原则可以而且应该构成司法裁量框架中一个重要考量因素。但它不能成为一个独立的子模式。

我也不认为缝隙中立法的子模式是合适的，因为它对规范性、机构性和机构间的因素考虑得不够。法官既不像立法者那样思考，也不像立法者那样行动，即使他在法律的缝隙内运作，也是以司法而非立法的方式进行的。司法思维过程控制着法官的所有活动，无论这种活动是针对法律本身还是法律的缝隙。法官必须为立法者着想，但他不能像立法者那样思考。规范性、机构性和机构间的考量创造了一张要素之网——它有时是补充性的，有时是矛盾性的——当法官在疑难案件中进行裁量时，他必须进行权衡。在这些考量的基础上，他必须制定一项司法政策，这就是司法部门的政策。

在我看来，最好的模式就是我所主张的受限裁量模式。法官创造法律，只是裁判行为的一个附带条件。他是通过使用他的有限司法裁量权限来实现的。

第九章

司法裁量的适用：以推翻先例为例

一、问题

推翻先例的法律问题是一个关键的问题，不论在大陆法系还是普通法系的传统中，大多数最高法院都面临这个问题。[1] 无论是在大陆法系还是在普通法传统中，大多数国家都存在着推翻先例的权威。即便是英国的上议院也不再受先例的约束。美国的最高法院从不受自己判决的约束，加拿大、澳大利亚和以色列的最高法院也不例外。在所有这些国家，问题都是一样的：最高法院何时应该推翻自己的判决？显然，如果先前的裁决是法院能够接受的，那就不会出现这个问题。但如果法院能够接受先前的裁决呢？这里我们必须区分两种类型的先前判决。有时，法官可能认为先前的判决是不正确的、不合法的，或者先前的判决建立在错误的前提上（在一

---

[1] See R. Cross, *Precedent in English Law* 12（3d ed. , 1977）; Friedman, "Stare Decisis of Common Law and Under the Civil Code and Quebec," 31 *Can. Bar. Rev.* 723（1953）; Silving, "Stare Decisis in the Civil and in the Common Law," 35 *Revista Juridica de la V. de Puerto Rico* 145（1966）; Cappelletti, "The Doctrine of Stare Decisis and the Civil Law: A Fundamental Difference or No Difference at All?" in *Festschrift fur Konard Zweigert* 381（Bernstein, Kotz, eds. , 1981）; Koopman, "Stare Decisis in European Law," in *Essays in European Law and Legislation*（O'Keefle and Schemars, eds. , 1982）; Bale, "Casting Off the Mooring Ropes of Binding Precedent," 58 *Can. Bar. Rev.* 255（1980）.

个简单案件中的错误判决）。在这种情况下，法院必须偏离先前的　235
立场。[2] "纠正错误并确立正确的规则是法院的道德和法律责
任。"[3] 但在其他时候，先前的判决只是其中一种可能。它是合法
的，但并不是当前法院在审判中会选择的选项。这些是疑难案件，
它们往往不止有一种解决方法。[4] 在这种情况下，可以说本法院
有推翻先例的裁量权。[5] （那么）法院在作出裁判时必须考虑哪
些因素呢？

二、合理性检验

最高法院面对着一桩疑难案件。其中的法律问题可以用两种方
式作答。在最高法院先前的裁决中，选择了一种答案，但目前法院
认为另外一种答案更为可取。法院应否推翻其先例呢？它可以自由
选择，其既没有义务遵循其先例，又没有义务偏离其先例。然而在
作出选择时，法官必须合理行事。[6] 他不能抛硬币；相反，他必
须权衡合理的考虑，平衡对立的观点。一方面，法官必须考虑支持
尊重先例的各种要素，另一方面，其必须评估那些要求推翻先例以
支持其他选择的全部论据。法官必须对每一组考虑因素给予适当的

---

〔2〕 See *Schick v. Minister of the Interior*, 26 P. D. （2）33, at 42；Landau, *supra*
note 17, ch. 1, at 296. C. A. 29/59 *Ein Harod HaKibbutz HaMe'uhad Ltd. v. Lugasi*, 13
P. D. 1883.

〔3〕 H. C. 547/84 *Ohf Ha´ Emek Agricultural Society v. Ramat Yishai Municipal
Council*, 40 P. D. （1）113.

〔4〕 See ch. 1.

〔5〕 人们指出，在一些判决中，当一个案件能够用两种方式进行争论时，不
应该偏离先例，例如可参见 *Shick, supra* note 2；also see *R. v. National Insurance
Comp.*, 〔1972〕A. C. 944 at 996。在我看来，正是在这些"可以以两种方式争论"
的案件中，出现了是否要推翻先例的问题。

〔6〕 See *OhfHa'Emek, supra* note 3, at 141

重视。在此之后，他必须将它们置于天平两端，并选择其中的优势方。质言之，他必须选择利大于弊的观点。[7] 在执行这一切的过程中，法官毋宁需要进行裁量。争论不休的观点在法官面前并没有被标注上适宜的权重。法官必须自己进行评估，在没有制定法引导的情况下，这一行为涉及裁量。在相互对立的考量因素中作出决定是一个涉及法官个人[8]所秉持之司法政策[9]的问题，其必须在符合司法机关之政策的情况下进行。该决定必须符合规范性、机构性与机构间考量的既定规划，我将讨论这一点。当然，在这些考量因素被应用的范围内，法官要靠自己的力量，[10] 选择他认为更可取的解决方案。在权衡是否推翻一个先例时，法官必须客观地行事。他必须实现的不是他个人的观点，而是他认为符合社会要求的观点。此外，他不得偏爱自己先前的判断而反对他人的判断，也不得仅仅因为曾经是自己的观点而宣扬以前接受或拒绝过的观点。在法官面前，所有的观点都是平等的，包括他自己的决定。

推翻最高法院的先例是一件严肃的、负有责任的事情。充分评估所有方面并决定是否推翻，需要极大的敏感性。这是法官技艺的一部分，但这不仅仅是技艺。这是一个必须以不带情感色彩的理性来面对的过程。先例不是神圣的，推翻它也不是预言。法官面临一个复杂的考量体系，他必须意识到这一点。他还必须认识到，推翻先例是功能意义上的立法。这种立法是法官职责的一部分；他不能

---

[7] See *United States v. Southern Underwriters Ass.* , 322 U. S. 533（1944）（Jackson and Stone JJ.）; also see *Florida Department of Health v. Florida Nursing Home Ass.* , 450 U. S. 147, 155（1980）（Stevens J.）.

[8] See *Yehoshua v. Appeals Committee Under the Invalids（Pension and Rehabilitation）Law* , 5709-1949, 9 P. D. 617（Witkon J.）.

[9] See Yadin, "True and Stable," 28 *HaPraklit* 152（1979）.

[10] See Schaefer, *supra* note 94, ch. 2, at 22.

躲在声称这是立法机构的专属领域的背后。发展法律并使之适应社会现实是法官的职责。为了实现这一作用，有时法官有必要推翻自己确立的先例。

三、规范性考量

每位法官都在一个特定的规范框架内行事，[11] 他的决定必须与该规范框架相一致。这也适用于推翻先例裁决。事实上，支持尊重先例的一个重要论据是，推翻先例会扰乱和损坏规范性框架。[12]　237
其主张是，尊重先例可以确保稳定性[13]、确定性、一致性、连续性和值得信赖的属性，从而使公众、政府机构及其代理律师能够谋划他们的行为。推翻先例则破坏了体系的稳定性，并可能带来混乱。它扰乱了法律的确定性。一个现有的、已知的规则比旨在改善它的变动所带来的不确定性更为可取。[14] 这些变化与依靠现有规则处理事务的公众的合理期待严重冲突。推翻先例削弱了一致性，这是每个规范体系的基本特征，也是建立在公正、公平和平等基础上的体系。一致性意味着类似的案件要得到类似的审判，但在偏离先例之后，类似的案件会得到不同的解决方案。最后，偏离会破坏体系的连续性，并与现在及过去相结合以迎接未来的需要相冲突。偏离现有先例的法官并没有与现有的法律结构保持一致，而是脱离了现有的法律结构，跟随自己的鼓点行进。由此产生的疑虑是，

---

〔11〕　See ch. 5.

〔12〕　See Wasserstrom, *supra* note 89, ch. 2, at 60; Hart and Sacks, *supra* note 26, ch. 1, at 587.

〔13〕　See *Balan v. The Executors of the Estate of Litwinski*, 15 P. D. 71, 76（Silberg J.）.

〔14〕　埃尔登勋爵指出："法律应该是确定的，而不是让每位法官都去想方设法改进它。"参见 *Sheddon v. Goodrich*, 32 E. R. 441（1803），447。

"随着时间的推移，法院从一个'判决之家'变成一个'法官之家'，其意见和成员一样多"。[15] 这破坏了整个体系及其应对当前需求的能力。[16]

与那些支持尊重先例的考量相比，还有一些支持偏离先例的考量。这些也是与规范体系有关的。其根源在于这样的假设：为了存续，规范体系必须发展并符合不断变化的需求。[17] 法律制约着人与人之间的关系，当这些关系发生变化时，法律也应随之改变。法律的历史就是使得法律符合社会不断变换之需求的历史。一个不允许成长的规范体系最终会停滞不前。因此，只有通过确保变化才能保证稳定性、确定性、一致性和连续性。停滞不前并不能带来稳定，[18] 生活和法律之间的差距不断扩大，导致不稳定的状态，直到法律发生了改变。正如老鹰通过运动保持稳定一样，法律也只有在运动中才是稳定的。[19] 只有当判例法得到发展，将社会的新思想吸收到体系中，以及抛弃旧的、过时的思想时，才能实现一致性和连续性的目的。[20]

此外，偶尔也会有一个司法判决在作出时就已经无法反映社会的正义感。保存这样的先例只会加剧这种不正义感。因此，实现的稳定性和确定性就是不正义的稳定性和确定性。[21] 在这方面，如

---

〔15〕 Silberg J. in Balan, *supra* note 13, at 75.

〔16〕 See *supra* note 3, at 145.

〔17〕 See Barak, "Case Law and Social Reality," in *Sefer Sussmann* (*Festschrift in Memory of Justice Yoel Sussmann*) (Jerusalem, 1984, in Hebrew), 71.

〔18〕 See Levontin, "Thoughts on Precedent," 17 *Hok U' Mishpat* 1 (1955).

〔19〕 See Sprecher, *supra*, note 94, ch. 2, at 509; Douglas, "Stare Decisis," 49 *Colum. L. Rev.* 735 (1949).

〔20〕 See *Kaufmann v. Margins*, 6 P. D. 1005, 1034.

〔21〕 See Levontin, *supra* note 18, at 1; also see Yehoshua, *supra* note 9, (Witkon J.)

此的决定最终是有害的，因为如果不能反映社会的正义感，任何决定都不可能是稳定的或确定的。的确，推翻一个先例确实会扰乱那些信赖它的社会公众的期望。但这种困难并不总是存在。首先，在许多情况下，当事人行为时并不了解该规则，或者即使他们知道该规则，也并不信赖它。其次，即使当事人信赖一项规则，这种信赖也往往必须考虑到改变的可能。一项规则如果有争议，或者司法意见指出了未来改变的可能性，就属于这种情况。最后，如果存在真正的信赖，变化可以是预期性的而不是追溯性的。因此，信赖和期待问题最终不需要给这套规范性考量带来负担。[22]

四、机构性考量

机构内的考量支持法官尊重先例。[23] 法院是一个旨在为公众提供服务的机构。首先，这项服务是在现有法律的基础上解决当事人之间的冲突。从解决中产生的规则只是该过程的副产品，而不是该过程的本质。提供适当和有效的服务证明了对先例的不懈维护。当事人知道他们面对的是什么；在冲突发生前指导他们行为的同样的法律将有助于解决冲突。他们不需要担心法律可能会改变，也不需要为预期这种前景而投入任何努力。法院按照久经考验的真实规则有效地运作。它不需要不断地重新审视自己的假设。事实上，如果要重新评估每项决定，那么司法任务就不可能完成，几代人的努力也将付诸东流。[24] 这会鼓励人们随着法官的每次变动而重新求助于法院。此外，虽然现有规则的结果是已知的，但新规则的结果是无法确定的；由于制度上的限制，法院往往无法预测其新规则的

239

---

[22] See Cardozo, *supra* note 6, ch. 1, at 146.

[23] See ch. 6.

[24] See Cardozo, *supra* note 67, ch. 1, at 149.

影响。最后，公正性是司法过程和公众对法官信任的根本。这一条件证明了尊重先例的合理性;[25] 偏离完全可以遵循的先例可能会造成非客观性和偏见的印象。[26]

但也有支持推翻先例的机构内考虑。法院不仅仅是一个解决个别冲突的机构；它决定附带建立一条规则。当这种规则来自一个赋予其裁决以先例权威的法律体系中的最高法院时，该规则在功能意义上就是法律（追溯性或预期性的）。像立法机关一样，法院也必须审查其行为，根据当前的需求进行调整，并纠正错误——为法院建构法律服务的工具在改变法律时也同样健全。这种行为与保证司法客观性和公正性的需要并不冲突，因为每个明智的人都会认识到，法院有责任改变法律，使其符合社会现实，或消除以前的错误。

五、机构间考量

机构间考量也支持尊重先例而不是偏离先例。[27] 就其不民主的性质而言，司法立法引发了一个问题。当法院偏离其先例时，这个问题变得尤为严重，特别是当推翻是预期性的时候更是如此。推翻先例也违反了分权原则，分权原则的实现要求由立法机关而非司法机关来改变已决定的法律。事实上，当法官推翻其先例时，有一种感觉是他越过了裁判和立法之间的细微边界，特别是当这种推翻

240

---

〔25〕 See Stevens, "The Life Span of a Judge-Made Rule," 58 *N. Y. U. L. Rev.* 1, 2 (1983); Cardozo, *supra* note 67, ch. 1, at 112.

〔26〕 See Lucke, *supra* note 70, ch. 1; see ch. 6.

〔27〕 See ch. 7.

是预期性时表现得很明显。[28] 此外，推翻先例损害了公众对司法角色的信任。先例不应该像一张当日购买才有效的票证。[29] 公众对司法功能的正当性有一定的观念。推翻先例——特别是当它是预期性的时候——会贬损这种观念。

反驳这些论据，可以说推翻先例并不改变没有推翻先例时的司法特性。当法官创造一条之前并不存在的新规则时，他就参与了立法。如果法官在改变自己的决定，在民主考量或权力分立方面没有任何区别。事实上，如果我们原则上接受法官参与立法，我们也必须接受法官可以根据事务和时代的需求改变其立法。此外，对先例的预期推翻并不比追溯性推翻更具有立法性质，[30] 但它确实维护了信赖旧先例之公众的合理期待。此外，法官愿意承认自己的错误，而司法系统也愿意通过改变看似不正确的规则来顺应不断变化的环境，这都增加了公众对法官和司法系统的尊重和信任。[31]

六、权衡相互冲突之考量中的司法裁量

我已经讨论了支持和反对尊重先例的各种考量。[32] 对于是否推翻先例的问题，似乎没有明确的答案；相反，答案必须从对不同

241

---

[28] See Devlin, *supra*, note 5, ch. 7, at p. 1; Scarman, "Law Reform by Legislative Techniques," 32 *Sask. L. Rev.* 217 (1967).

[29] 正如罗伯特在史密斯诉奥尔赖特案中所描述的那样。参见 *Smith v. Alwright*, 321 U. S. 649, 669 (1944)。

[30] Kocourek and Kovan, "Renovation of the Common Law Through Stare Decisis," 29 *Ill. L. Rev.* 971 (1935).

[31] See Douglas, *supra* note 19, at 747.

[32] 关于经济进路和先例原则及其偏离，可参见 Landes and Posner, "Legal Precedent: A Theoretical and Empirical Analysis," 19 *J. Law and Economics* 249 (1976); 关于从政治科学视角出发的进路，参见 Shapiro, "Towards a Theory of Stare Decisis," 1 *J. Legal Studies* 125 (1972)。

考量因素的权衡中得出。[33] 因此，我们关注的不是一种或另一种方法的胜利，而是妥协。看来，在达成这一妥协之时，我们的出发点必须是尊重先例。在我看来，各种考量因素要求推翻先例是例外而非常态，而且只有在特殊情况下才会实施。在这个问题上，证明责任必须适当地归于打算推翻先例的人，而不是归于打算保存先例的人。[34] 所以，只有在天平明显倾斜于推翻这一侧时，才应该选择这条道路。法官必须扪心自问，如果与改变行为本身所造成的损害一起考量的话，那么支持新规则的考量因素是否超过了支持旧规则的考量因素的分量。[35]

在进行这一衡量时，必须重视我们所提出的各种考虑。在这样做的时候，绝不能把稳定与变化相提并论。这种对立是人为的，因为它没有正确反映法律的性质。法律的生命是一种更新，目的是在经验和逻辑的基础上使规则符合社会的现实。[36] 因此，我们面临的问题不是静止与运动、僵化与灵活、稳定与变化的问题，而是运动的速度、灵活的程度和变化的数量的问题。同样，在权衡是否偏离先例的考量时，我们不应该将裁判（尊重先例）和立法（倾向于推翻先例）的司法功能对立起来。这种对立并不能反映现实，因为每个司法行为中都有一定程度的立法。因此，问题在于立法的程度。事实上，在解决争端的框架内，法官有义务推进法律，使其符

242

---

〔33〕 对平衡需求的论述，参见 Cardozo, *supra* note 67, ch. 1, at 113；也可参见 Jackson, "Decisional Law and Stare Decisis," 30 *A. B. A. J.* （1944）。

〔34〕 O. W. Holmes, Collected Legal Papers（New York, 1921），290；Witkon, *supra* note 17, ch. 1, at 480.

〔35〕 "一个先例是否会被修改，取决于强调拟提出之规则（proposed rule）的政策是否强大，足以压过支持现有规则的政策和作出改变的不利因素。" Schaefer, *supra* note 94, ch. 2, at 12.

〔36〕 See R. Pound, *Interpretation of Legal History*（Cambridge, 1923），1.

合不断变化的社会现实。[37]

七、信赖在先规则的问题

法官在决定是否推翻一个先例时必须考量的一个因素是对现有既存规则的信赖程度。如果公众和行政机关在处理其事务时广泛地依赖现有规则，那么只有重要的反对因素——或预期推翻——才能证明偏离所信赖的先例是合理的。先前的决定已然创造了一个期待之网。[38] 公众和行政机关信赖它，并因此决定他们的行为。现在推翻它将损害这些正当的期望，并可能扰乱社会的有序运作，最终破坏公众对法律和法院的信任。在这种情况下，应该考虑是否最好由立法机关来改变该规则。在这一框架下，颁布一项法律，并在立法过程中对各种公共利益进行讨论。立法行为不具有溯及力，通常允许公众为新法律的生效作好准备。

上述考量在财产法的某些领域占据主导地位。所有权利益的确定是发挥有序社会功能最为重要的基础之一。当公众根据一项裁判规则获得所有权时，法律的改变会损害这一基础。[39] 类似的考虑也适用于合同法领域。合同法有几种基本理论。[40] 但无论何种理论，合同一旦产生，它就会带来对实现其中所含义务的期待体系。 243
这种期待体系通常是基于赋予合同效力的现有法律而生的。该法律的改变、转移或完全无效，会打乱当事人的合理预期，并与任何合

---

[37] See Pollock, "Judicial Caution and Valour," 45 *L. Q. R.* 239, 295 (1929).

[38] See *Washington v. W. C. Dawson and Co.*, 264 U.S. 219, 238 (1934) (Brandeis J.).

[39] See Landau, *supra* note 17, ch. 1, at 301; Weisman, "Some Fundamental Concepts of Property Law: A Critical Survey," 11 *Mishpatim* 41, 59 (1981).

[40] 对于该多元理论的检验，可参见 Barnett, "A Consent Theory of Contract," 86 *Colum. L. Rev.* 296 (1986)。

同法理论相悖。类似的考量也适用于单方法律行为。因此，举例来说，如果遗嘱人根据法院解释的继承法的形式规则订立遗嘱，那么法院修改其过往的判决，决定根据继承法判定订立的遗嘱无效，将是一个特殊的步骤，因为该法律在过去被同一法院解释得并不恰当。

侵权法中的某些领域，如法院过去的判决或解释，也可能产生合理的信赖和期待，当法院通过其判决改变法律时，应加以权衡。[41] 例如，当法院考虑将责任的基础从过错改为绝对责任或严格责任之时，就可能是这种情况。这样的改变——假设它在体系框架中是正当的——可能会损害那些以现有法律为基础的潜在侵权行为人的群体。例如，将他们的责任建立在更严格基础之上的司法革新会要求重新制定保险、保费和风险分配政策。因此，如果新规则具有追溯性，这可能会产生巨大的破坏性影响。[42] 关注到这种改变的法院理应考虑到这一点。

这种关于公众对现有规则之信赖的考量范围的确有限。通常情况下，当事人和公众行为时并不会意识到规则的存在。侵权法和合同法中的广泛领域就属于这种情况。例如，在绝大多数情况下，合同当事人在签订合同时似乎并不清楚合同法中关于错误和失效的规则，而这些规则的改变并不会影响到对信赖的考量。有时，即使当事人知道某项规则，他们也不信赖该规则，而改变也不会影响他们的合理预期。因此，尽管继承法可能授权法院在形式上存在缺陷的情况下仍可以使得遗嘱生效，但遗嘱人在订立遗嘱时却并不信赖这一规则。[43] 相反，遗嘱人试图按照法律的要求起草他们的遗嘱。

---

〔41〕 See Keeton *supra* note 11, ch. 1, at 39.

〔42〕 See Schwartz, *supra* note 51, ch. 5.

〔43〕 See *Koenig v. Cohen*, 36 P. D. (3) 701, 718.

有关遗嘱尽管有缺陷但仍然有效的规定是法院的事情，并不产生信　244
赖性。因此，在一般情况下，没有什么可以阻止偏离涉及程序（民
事或刑事）或证据法的先例。通常来说，公众不会在这些领域以司
法所立之法为基础行事。诉讼程序的一方在其中没有"既得利益"，
因此，改变也不会影响信赖原则。

　　从信赖的角度来看，我们原则上可区分那些创造权利和义务的
法律（初级法律）和那些对侵犯这些权利和义务的行为给予救济的
法律（次级法律）[44]。一般而言，如果有的话，当事人会依赖与
合同的履行有关的法律，而通常不会考虑那些在违约情形下的救济
之法。同样，当事人通常不会考虑法院在诉讼过程中可能给予他们
的程序性救济。因此，从这个角度来看，推翻一个涉及次级法律的
先例应该比推翻一个涉及初级法律的先例引起的问题要更少。

　　有时，案件当事人和公众都是在了解判例法和信赖判例的情况
下行事。然而，这并不排除推翻先例的可能性。例如在这种情况
下，当事人所信赖的规则是有争议的，而且有人支持将其废除。此
时，公众在安排其事务时必须牢记，该规则可能会发生改变。如果
当事人不采取相应的行动，他们只能怪自己。在那些旧规则是以过
时的社会观念为前提的情况下尤当如此，而且可以预期其会随着社
会观念的变化而变化。因此，例如，在以色列，长期以来，人们认
为土地的占有者对入侵者不承担照料的义务。[45] 多年来，人们清

---

〔44〕　See Hart and Sacks, *supra* note 26, ch. 1, at 135; also see Weiler, *supra* note 119, ch. 1.

〔45〕　See Cr. App. 35/52 *Rotenstreich v. A. G.*, 7 P. D. 58; C. A. 360/59 *A. G. v. Berkowitz*, 14 P. D. 266.

楚地认识到，这一规则——至少是在入侵者是未成年人的情况
下[46]——是奠基在过时的社会观念之上的，改变即将到来。因此，
245 占有者不得不期待变化，并相应地指导他们的行为。[47] 侵权过失
中的注意义务、[48] "违反法定义务"的责任[49]、行政法中"主体
地位"（standing）规则、[50] 关于刑事犯罪中"从犯"（accessories）
的法律规定[51]、严格责任的罪行[52]以及其他各领域中的情况也是
如此。法律学者已然敦促其进行改变，法官也表示——附带意见和
异议意见——应该对判例法进行改变。

因此，我们发现，信赖原则在宽泛的领域内并不成立。卡多佐
注意到了这一点，他说："茫然失措的诉讼当事人被裁决的虚假光
芒引诱进入诉讼程序，却在光芒熄灭和裁决被推翻时遭遇幻灭，这
样的画面在多数情况下只是大脑兴奋的产物。"[53] 即使在那些能够
适用该原则的领域，它既不是唯一的因素，也不是决定性因素。除
了该原则之外，还有其他因素——我们将考量这些因素——可能带
来相反的结果。最后，决定必须建立在平衡各种因素的基础之上。

法院经常会改变他们的判决，尽管各方都有异议，但根本不涉

---

〔46〕 See C. A. 146/64 Berstlinger v. Rubinstein, 18 P. D. （3）215；C. A. 63/64 Gabbai v. State of Israel, 18 P. D. （4）582.

〔47〕 See Barak, "Occupier's Liability Bill," 2 Mishpatim 129 （1970）.

〔48〕 See, for example, Jerusalem Municipality v. Gordon, 39 P. D. （1）113.

〔49〕 See F. H. 6/66 Shehadev v. Hilu, 20 P. D. （4）617；C. A. 145/80 Vaknin v. Beit Shemesh Municipal Council, 37 P. D. （1）113 （1983）；Sultan v. Sultan, 38 P. D. （3）169.

〔50〕 See Z. Segal, Locus Standi in the High Court of Justice （Tel Aviv, 1986, in Hebrew）, 227.

〔51〕 See ch. 5.

〔52〕 See Cr. App. 696/81 Azoulai v. State of lsrael, 37 P. D. （2）565 （1983）.

〔53〕 See Cardozo, supra note 6, ch. 1, at 122.

及信赖问题。在我看来，这种做法是不恰当的。即使信赖原则本身不是决定性的，但还是应该考虑到它，法官应在其裁决中解释它在面对这种信赖时偏离现有先例的理由。

八、现行规则所依据考量因素之本质的影响

在推翻一项现有规则时必须考虑的一个重要因素是该规则所依据的法律政策。[54] 在这方面，我们可以区分出基于原则的法律政策考量（如正义、公平和道德）或基于标准的法律政策考量（如合理性、过失和诚信），以及基于政策本身之目标的考量（如公共利益、国家安全和儿童利益）。事实上，从规范性考量的视角来看，这三种考量中的任何一类变化或错误都可以成为修改法律的理由，只要这种变化是以自然、渐进和融贯的方式进行的。然而机构和机构间的考量可能会在推翻先例方面对原则和标准及社会目标进行区分。

似乎机构上的考量更有利于推翻一个基于原则和标准的先例，而不是基于社会目标的先例；此系法院的机构性限制所致。对法官来说，考虑原则和标准的变化比考虑社会目标的变化更为容易。前者需要的信息较少，而且信息的技术性也较低。社会目标，就其本质而言，往往是基于主体与客体间的因果关系而生，而就法官掌握的那些工具而言，通常很难考虑这种关系。与社会目标的影响相比，原则和标准对一组特定事实的影响更容易被掌握。因此，对法官来说，识别适用原则和标准方面的错误比识别执行社会目标方面所犯的错误更加容易。

在我看来，机构间的考量也更容易推翻基于原则和标准产生先

---

[54] See Summers, *supra* note 21, ch. 2.

例，而不是基于社会目标产生先例。政治机构和公众通常更容易接受有关原则和标准的司法裁决所产生的规则变化。这种决定通常被认为是与司法功能不可分割的。另一方面，政治机构和公众可能会认为，基于社会目标的规则变化更应该由政治机构来决定，而不是由法官来决定，因为法官既不经选举也不对选民负责。事实上，与基于社会目标的法律相比，民主的考量可能更容易促进基于原则和标准的法律的改变。

247 自然，这种考量类型之间的区分是不精准的。再者，所有三种类型的考量要素往往不可分割地交织在一个体系中。最后，法官往往没有研究这些考量因素的性质和它们之间的区别。然而，我认为我所提出的区别产生了一个评估推翻先例的具体标准。[55] 在我看来，它可以用来解释法院愿意推翻有关过失中注意义务的先例。[56] 同样，它也可以用来解释不愿意推翻程序处置的先例[57]（多在于民刑程序中，较少体现在证据规则中）。有些人认为，侵权行为中的注意义务主要建立在原则和标准之上，而对社会目标的关注程度较低。[58] 因此，在侵权行为这一领域，人们更愿意进行变革。然而，程序规则主要是基于程序效率和稳定性的社会目标，在这些问题上，人们倾向于减少干预。但对正义的考量也是程序规则的核

---

〔55〕 这也体现在法官在试图证立推翻先例的行为时所使用的修辞中。这种修辞通常是基于"正义"或"效率"的主张。

〔56〕 See Berstlinger, *supra* note 46, at 223.

〔57〕 See Ein Harod, *supra* note 2, at 1892; *Weismann v. Farzhi*, 17 P. D. 1527, 1531; *Davidson v. Davidson*, 27 P. D. （2）20 （1973）, 23; see Port Authority, *supra* note 28, ch. 6, at 536.

〔58〕 See *McLughlin v. Brain*, ［1982］2 W. L. R. 982, 998 （Lord Scarman）.

心。民事诉讼程序代表了正义和效率之间的某种平衡;[59] 事实上，就正义的考虑在民事诉讼程序中发挥的作用而言，它们是偏离该领域先例的理由。

有些人[60]区分了"涉及生活现象本身"的法律领域和"法学家智识建构之成果"的法律领域。法院对前者享有裁量权，而后者则要求稳定。因此，人们可以认为，对第一种类型的裁决比对第二种类型的裁决更简单。我发现这种区分很困难。（因为）所有的法律领域都涉及"生活现象本身"，所有的法律领域都基于"法学家的智识构造"。在这一点上，我认为行政法和票据法、侵权法和财产法之间没有区别。我认为，这种区分的基础——除了前面讨论的信赖原则——是作为各种规则基础的法律政策的不同。

我想再次强调，关于一项规则所依据的法律政策之性质的这种考量本身并不是决定性的。它是在决定要不要推翻一个先例时必须权衡的几个因素之一。有时，它与其他考量因素一起催生了一套特定的解决方案。例如，当信赖与处理社会目标的规则结合在一起时，反对变化的考量就会得到支持。与之相反，当没有信赖因素，而规则是建立在正义或道德等原则之上时，支持推翻的论点就会得到加强。当各种考量因素导致了相反的结论时，主要的困难就出现了。例如，如果信赖的因素证明尊重先例是合理的，而基于正义和道德的先例原则证明推翻先例是合理的，那么法官必须平衡各种考量。

---

[59]　See Sussmann, "When We Do Not Know What ' Justice' Is, We Should Prefer Order," in *The Importance of Procedure and the Protection of Justice* (Jerusalem, 1966, in Hebrew), 9.

[60]　See Landau, *supra* note 17, ch. 1, at 300; and see Pound, *supra* note 17, ch. 1.

九、时间推移的影响

有意思的是考虑时间对法官推翻其任职法院所制定之先例的意愿可能产生什么影响。例如，一个先例的"年轻"（youth），即最近才作出的判决，会抑制推翻还是促进推翻？在这个问题上，似乎有相互冲突的考量。规范性的考量似乎倾向于一种方法，即先例越新，越容易被推翻，而先例的"任期"（tenure）越长，越难偏离它。这方面的原因主要体现在信赖性因素上。一个新的裁定，还没有牢固地扎根，就不会产生信赖性。[61] 但超过这一点，时间越长，规则就越过时，越容易偏离规则。随着时间的推移，作为先例基础的法律政策发生变化的机会也逐步增加。因此，在先例和其他决定之间出现了越来越多的割裂，例外情况的数量也在增加。最终，达到了明确地推翻它是最好的办法的程度。事实上，司法规则就像人一样。一开始，它们会随着时间的推移而获得力量，但最终会随着时间的推移而减弱。[62]

机构性和机构间的考量可能在朝向相反的方向运作。可以说，一旦一个问题被提交给法院并作出决定，重新讨论这个问题就是不适当的。除了浪费法院的时间，法院的可信度也会受到影响。

在这里，我们也面临着一个权衡的问题。我认为规范性的考虑

---

〔61〕 布兰代斯法官指出："遵循先例的教义不应阻止我们推翻该案及其后的案件。这些决定是最近的决定。它们并没有被默许。它们并没有创造出一条既得利益者聚拢财产的规则。"参见 *Southern Pacifc Co. v. Jensen*，263 U. S. 219，238（1924）（Brandeis J.）

〔62〕 萨尔蒙德认为："一个先例随着存续时间（age）的增长而获得权威的说法，必须理解为一个重要的限定条件。在一定程度上，人的力量会随着年龄的增长而增长；但这只在狭小的范围内是真的。司法判决的权威也是如此。"See Salmond, Jurisprudence 218（11th ed. 1957）.

更有说服力。法院在任何情况下都会"浪费"它的时间。问题是，是现在浪费，即当决定可以很容易被推翻而不损害合理的期待时，还是在未来浪费，因为这将带来所有的困难。此外，我不认为可信度的问题是明确的。人们可以很容易地争辩说，仅仅因为一个错误的、有害的决定是新的，就拒绝推翻它，这对法院的可信度的伤害比诚实地承认最近的错误更大。事实上，我的观点是，越是"新近"的决定，我们就越不应该感到被抑制去推翻它，而越是根深蒂固的决定，我们就越应该感到去推翻它时的责任重大。当然，这只在模糊的一点上成立，超过这一点，越早推翻先例越好。

十、问题重要性的影响

阿尔弗雷德·维特康法官指出，在决定是否推翻一个先例时，人们可以区分主要问题和技术问题：

> 当我们面临法学家争议的主要问题之一，并受到时间、地点和社会观的影响时，我不建议僵化地处理。在这种情况之下，可能有必要定期对该规则进行司法审查。然而，在我们面前的案件中，我们关注的是法律的技术性规定，而由先例所确立的规则只是试图解释立法机构模糊而隐蔽的意图（如果我们犯了错误，立法机构也没有举起手指指出我们的错误），那么我们给出的解释已经与法律本身融为一体，如果随意使用该规则并随着法院组成的每一次变化或新原告的出现而颠覆它，那是轻率而危险的。[63]

我不同意这种做法。首先，对鲁莽地自由行事和"随着法院组

250

---

〔63〕　C. A. 346/63 *Tripman v. Victor*, 18 P. D.（1）366, 368.

成的每一次变化或新原告的出现"而推翻法律的恐惧，对主要问题和技术性问题都同样适用。寻找"立法机构模糊而隐蔽的意图"是这两类问题的共同点。对于主要问题和技术问题而言，构筑"与法律本身"的结合以及两者的"合二为一"都是正确的。第二，对主要问题和技术问题的区分是很成问题的。土地交易中的书面文件要求是一个主要问题还是一个技术问题？第三，也是我们关心的最为重要的问题，我认为这种区分对于解决推翻先例的问题没有什么帮助。在一些主要问题上，规范性、机构性和机构间的考量证立了维护先例是正确的，而在一些技术性问题上，这些考量则证立了推翻先例的做法是正确的。

十一、根据规则适用的法律领域所作的区分

人们通常认为，推翻先例的程度与问题所出现的法律领域有关。[64] 例如，据说在财产法、合同法和商法（公司法和票据法）中坚持先例比在宪法和行政法中更为可取。在我看来，这些与领域相关的区别并不能显著地帮我们解决与推翻先例相关的问题。例如，我们不能笼统地说，先例在财产法中比在其他领域更应受到尊重。一切都取决于出现在法院面前问题的性质。如果问题涉及受保护租户权利的范围，我一般会劝告大家保持克制，主要是出于信赖利益的原因（以及该利益的范围）。然而，如果问题涉及土地转让需要出具书面文书的要求方面的诚信要素，我认为，对正义的考量支持偏离先例的意愿。同样，在合同法中，如果合同义务的履行及其范围存在争议，由于信赖的因素，维护先例可能更为可取。但当

251

---

〔64〕 See Landau, *supra* note 17, ch. 1, at 298; J. Stone, *Social Dimensions of Law and Justice* (Sydney, 1966), 662.

问题涉及欺诈、错误或失效时，这种考量似乎就会减弱。因此，起决定作用的不是领域，而是所出现问题的性质。

在民事诉讼中，尊重先例是否应该比在其他领域更受推崇？这种方法认为，在这里，稳定性和既定秩序是非常重要的，由一个错误的决定所确保的稳定性比一个会导致不稳定的规则的正确性要好。我对这种笼统的方法是否有必要表示怀疑。民事诉讼程序是建立在正义和效率的平衡之上的。但是，保留一个既不能确保公正又不能确保效率的规则又有什么意义呢？如果一个高效但不公正的规则可以被一个既高效又公正的规则所取代，那么为什么还要保留它呢？为什么要在需要灵活性的地方保留一个维持僵化的规则？我认为，规范性、机构性和机构间的考虑表明，在先例不再恰当的情况下，民事诉讼的某些领域已然成熟，可以进行改变。其原因在于，民事诉讼程序中没有强烈的信赖利益。司法机关很适合处理民事诉讼的问题，毕竟这些问题是司法过程的"内部管理"问题。事实上，没有人比法院更适合完成这一任务。其他机构在这个领域没有要求，他们自己的观点是，这个问题应该留给法官自己来决定。我相信，只有当法院显示自己能够使其程序符合反映现代情感的正义和效率标准，而不是固守那些被岁月侵蚀得面目全非的规则时，公众的信心才会增加。当然，就像在每一个干预型案例中一样，必须保持一种比例感。规范性的考量要求逐步发展和有计划地增长。我们不应该从一个极端跳跃到另一个极端。除非有更好的选择，否则不应改变现有的规则。但是，特别是在民事诉讼中，这一点似乎是可以实现的。改变的目的必须是让民事诉讼程序充分实现其效率和公正的目的，同时维护诉讼当事人和公众的正当利益。不符合这一目的的规则不应仅仅因为其稳定性而被保留。

据说在美国，宪法领域中应确保灵活性。因此，如果法院认为一

252

个先例的决定不恰当，就不应该避免推翻它。虽然有些人把这种做法建立在忠于宪法而不是忠于法官过去所作解释的基础上，但其他一些人强调，修改宪法的困难就是对改变宪法解释之灵活性的证立。[65] 还有人指出，宪法的本质是必须反映社会不断变换的价值观。[66] 当然，这种观点并没有得到一致的认同。有些人认为，稳定是必要的，特别是在宪法领域。[67] 在这一领域，信赖利益特别强，只应在极少数的情况下出现变化。[68] 我不建议在这个问题上采取僵化的规则。在这里，我也认为每个案件都必须根据其自身的情况来考虑。例如，一旦决定以色列总统有权在定罪前就予以赦免，即使有人认为此事应该以其他的方式决定，我也相信这一规则应该成立。[69] 赦免程序需要稳定，如果已经批准的赦免失去效力，那必定是不合适的。这方面的改变最好由立法机关来完成。与之相反，在涉及基本权利的问题上，[70] 如果社会现实被证明是有必要的，我们便不应禁止在未来对这些权利进行更大力度的保护。[71]

　　一个重要的问题是，在涉及推翻疑难案件之先例的方面，刑法是否是一个自成一脉的类别。一方面，可以说，刑事领域内的变化

253

---

〔65〕　See *Burnet v. Coronado Oil and Gas Co.*, 285 U. S. 393, 409（1932）（Brandeis J）.

〔66〕　比如，道格拉斯认为：“就宪法而言，在历史的动态要素面前，‘遵循先例’必须让位。一旦如此，新的循环又开始了。”参见 Douglas, *supra* n. 19, at 739。Also see Wright, "Precedent," 8 *Camb. L. J.* 118, at 135（1943）.

〔67〕　See *Pollack v. Farmers Loan and Trust Co.*, 157 U. S. 429, 632（1894）（White J）.

〔68〕　See Monaghan, "Taking the Supreme Court Seriously," 39 *Mod. L. R.* 1, 7（1979）.

〔69〕　H. C. 428/86 *Barzilay v. State of Israel*, 40 P. D.（3）505.

〔70〕　*Disenchik v. A. G.*, 17 P. D. 169（1963）.

〔71〕　See A. Goldberg, *Equal Justice*, 85（1971）.

意味着刑事罪责的扩大或缩小。根据合法性原则（法无明文规定不为罪），这种变化更应该来自立法机关。此外，每个人都有权信赖公认的法律解释，只要它对自己有利。解释上的改变是一种负担，并且损害了他和社会所持有的正当利益。另一方面，人们可能会说，刑法中的司法立法与其他领域中的司法立法没有本质上的区别。尽管这种变化可能会影响到罪责的范围，但它仍是立足于法律的，因此是符合合法性原则的。法律是存在的，而法官并没有在法律的框架之外创造罪责，而是以不同的方式解释法律。此外，信赖利益往往可以忽略不计，它有时甚至是不合理的。人们常常在不了解法律的情况下谋划自己的行为，甚至假设自己的行为是非法的。关于推翻先例，在我看来刑法没有任何特殊之处。与其他领域一样，每个问题都必须单独考虑。所有人都同意，不应该在没有法律依据的情况下设立任何罪名，但我认为没有理由在新的解释更恰当地反映立法目的的情况下，对一罪行要素进行的解释保持不变。我认为，罪责范围是否改变的问题不应该是决定性的。只要新的解释是合法的，我认为没有理由不通过司法途径达成。规范性、机构内与机构间的考虑也支持这种做法。刑法和其他任何领域一样，必须根据时代的要求来发展和制定。

一旦社会需求和观念发生变化，对刑事条款的解释也可能随之改变，当然，有时法定条款不够灵活，无法容纳新的内容。在这种情况之下，合法性原则要求立法机关创制一个新的容器来接纳新的社会内容。但在法定条款足够灵活的情况下，合法性原则并不要求诉诸立法机关。相反，它允许法官履行其使法律适应不断变化之社会现实的经典角色。这种适应必须是渐进的、自然的和有机的，但如果这些条件得到满足——没有任何优先理由表明它们不应该得到满足——没有任何规范性的理由阻止通过司法重新解释来改变刑

法。机构上的考量也支持这种做法。法院拥有处理任何犯罪现象的
254　必要工具。没有任何机构上的理由阻碍他们在这个领域发挥创造性
的功用。在机构间的考量中，也没有任何原则会限制刑事领域的司
法活动。

十二、预期推翻

有时，在审查了一个先前的判决并发现他希望改变它之后，信
赖性论据是如此强大——无论是单独的还是与其他论据一起——以
至于它阻止他实现他的愿望。在这种情况下，似乎只有两种选择：
尊重先例或追溯性地推翻，天平倾向于前者。然而，在这里出现了
第三种可能性：[72] 推翻先例（因为这里有支持的理由），同时只
赋予新规则预期效力（以避免对信赖利益造成伤害）。因此，我们
发现预期推翻本身就是对信赖问题的一种解决方案。它主张实现推
翻先例的优势，而不需要付出全部代价。

这种技术提出了两个不同的问题。首先，一个法院在没有具体
法律授权的情况下，只赋予其决定以未来效力的形式性问题；其
次，一个实质性问题，即法院采取这种方法是否恰当和明智。第一
个问题是权力的问题，第二个问题是裁量的问题。

权力问题有两个方面。首先，追溯性的特点是判例法所固有
的，所以一个先例或对它的偏离不能脱离其追溯性效力？第二，在
任何特定的法律体系框架内，法院是否有权在没有具体立法规定的
情况下，仅赋予其裁决以未来的效力？公认的观点是，判例法中没

---

〔72〕 See G. Tedeschi, "Prospective Revision of Precedent," 8 *Isr. L. Rev.* 173
(1973); Currier, "Time and Change in Judge - Made Law: Prospective Overruling," 51
Va. L. Rev. 201 (1965).

有任何内在的东西要求具有追溯力。因此，应由每个法律体系确定它在这一问题上的立场。[73] 如果先例的权威本身来自司法机关，那么预期效力问题也属于司法机关。在这种制度下，对权力问题的回答是，法官可能赋予他们的决定以预期效力。剩下的只是采取这种技术的智慧问题。

255

我们现在来讨论第二个问题，即采取预期推翻的司法技术是否明智。在这个问题上，人们意见不一。[74] 一边是一长串的法官和法学家，他们认为这种技术是可取的。[75] 在这些人中，我们可以算上约翰·威格摩尔（John Wigmore）教授[76]、卡多佐法官[77]和法兰克福特法官[78]以及谢弗[79]和特雷诺大法官[80]。另一方则站

---

〔73〕　See *Great Northern Ry. v. Sunburst Oil and Ref. Co.*, 287 U. S. 358 (1932).

〔74〕　对于这个问题的各种看法，参见 Nicol, "Prospective Overruling: A New Device for English Courts?" 39 *Mod. L. Rev.* 542 (1976); Note, "Prospective Overruling and Retroactive Application in the Federal Courts," 71 *Yale L. J.* 907 (1962); Kaplan, "Prospective Overruling of the Supreme Court Precedents," 9 *Mishpatim* 221 (1979)。

〔75〕　See Kocourek and Kovan, *supra* note 30; L. Jaffe, *English and American Judges as Lawmakers* (Oxford, 1969), 56; Traynor, "Transatlantic Reflections on Leeways and Limits of Appellate Courts," *Utah L. Rev.* 255 (1980).

〔76〕　See Wigmore, "The Judicial Function," in *Science of Legal Method* (1917), xxvii.

〔77〕　See B. N. Cardozo, *Selected Writings* (New York, 1947), 35.

〔78〕　See *Griffin v. Illinois*, 351 U. S. 12 (1956).

〔79〕　See Schaefer, "Precedent and Policy," 34 *U. Chi. L. Rev.* 3 (1966); Schaefer, "The Control of Sunbursts: Techniques of Prospective Overruling," 42 *N. Y. U. L. Rev.* 631 (1967); Schaefer, "New Ways of Precedent," 2 *Manitoba L. J.* 255 (1967); Schaefer, "Prospective Rulings: Two Perspectives," *Sup. Ct. L. Rev.* 1 (1982).

〔80〕　See Traynor, "Limits of Judicial Creativity," 63 *Iowa L. Rev.* 1 (1977); Traynor, "Quo Vadis, Prospective Overruling: A Question of Judicial Responsibility," 28 *Hastings L. J.* 533 (1977); Traynor, *supra* note 75, at 255.

在广大法官和法学家对立面，他们认为预期推翻是不恰当的。[81]
在这些人中，我们可能会提到里德[82]和德弗林法官[83]，以及鲁珀
特·克罗斯（Rupert Cross）教授[84]、朗·富勒教授[85]、沃尔夫
冈·弗里德曼教授[86]、丹尼斯·劳埃德（Dennis Lloyd）教授[87]
和圭多·泰代斯基教授[88]。以色列最高法院只明确提出过一次预
期推翻的问题，[89] 但这个问题并没有根据案情进行处理。在英国，
这个问题也出现在一个案例中，其中提到这个技术需要研究。[90]
迪普洛克勋爵也建议仔细研究该技术，[91] 弗里德曼法官在加拿大
也采取了类似的立场。[92] 预期推翻技术在印度以有限的形式被应

---

［81］ See Mishkin, "The High Court, The Great Writ, and Duc Process of Time and Law," 79 *Harv. L. Rev.* 56 (1965); Freeman, "Standards of Adjudication, Judicial Law Making and Prospective Overruling," *Current Legal Problems* 166 (1973).

［82］ See *Birmingham City Co. v. West Midland Baptist (Trust) Ass.*, ［1969］ 3 All. E. R. 172, 180.

［83］ See Devlin, *supra* note 5, ch. 7, at 12.

［84］ See R. Cross, *Precedent in English Law* (Oxford, 3d ed., 1977), 230.

［85］ See L. Fuller, *Anatomy of the Law* (New York, 1968), 99.

［86］ See Friedmann, "Limits of the Judicial Lawmaking and Prospective Overruling," 29 *Mod. L. Rev.* 593 (1966).

［87］ See D. Lloyd, *Introduction to Jurisprudence* (London, 5th ed., 1985).

［88］ See Tedeschi, *supra* note 72.

［89］ *Ketashvilli v. State of Israel*, 35 P. D. (2) 457, 462.

［90］ See *Jones v. Secretary of State for Social Services*, ［1972］ 1 All. E. R. 145 (Lord Simon).

［91］ See Diplock, *The Courts as Legislators* 17 (1965).

［92］ See Freedman, "Continuity and Change——A Task of Reconciliation," 8 *U. B. C. L. R.* 203 (1973).

用。[93] 它在美国得到了广泛的采纳。[94]

在评价预期推翻技术之前，应该先考虑其内容。预期推翻这一术语涵盖了几种不同的技术。[95] 第一种可能被称为纯粹的预期性。在这种方法中，法院只为未来推翻其先例。它的决定并不适用于本案，也不适用于广大公众，更不适用于未决案件。反对这种方法的人可以争辩说，推翻的只是附带意见。也可以说，不将裁决适用于本案是没什么逻辑的，因为谁会在变化对他无益的情况下主张变化呢？对此，人们可以回答说，在诉讼当事人之间不应存在歧视。"符合宪法的诉讼当事人"可能会因为对规则本身的兴趣而不是对具体案件结果的兴趣而求助于法院。

第二种技术是预期性—预期推翻。这是纯粹预期性技术的一种形式，为新规则的生效设定了一个未来的日期。推迟是为了让公众有时间重新组织其事务以期待即将到来的变化。它还为立法机关提供了一个在该问题上表态的机会。可以说，这种方法超越了裁判和立法之间的界限。也可以说，这种方法实际上是用枪指着立法机关的头，威胁说："快采取行动，否则我们将代替你采取行动。"

第三种技术是预期性—追溯推翻。这种技术将新的规则适用于所有的案件，但对该案件的适用是有追溯力的。这种方法回答了附带意见，即预期推翻的决定是无意义的意见。它也鼓励了潜在的诉讼当事人。与之相反的是，可以说这种方法对不同的诉讼当事人有歧视性。为什么要优先考虑那些案件中偶然进入审判阶段的当事

257

---

〔93〕 See Nicol, *supra* note 74.

〔94〕 See Shapiro, "Prospective or Retroactive Operations of Overruling Decisions," 10 *A. L. R.* (3d) 1371 (1968).

〔95〕 See G. Calabresi, *A Common Law for the Age of Statutes* (Cambridge, Ma., 1982),

人，而不是那些在未决案件中提出类似论点的损害赔偿请求权人？

为了克服后一种反对意见，我们开发了第四种技术。这种技术也是预期性—追溯性的，它将追溯性的效力应用于法院待决的所有主张。如果有人反对优先考虑那些已经提出诉请的人，而不是那些没有提出诉请的人，则存在第五种技术。通过这种方法，裁决是预期性—预期性的，因为它在未来某个日期生效，但在生效时，它追溯性地适用于所有人。因此，摆在我们面前的是一种预期—预期—追溯的方法，它只不过是一种延迟触发的追溯方法。

支持预期推翻的人强调说，这允许法院偏离先例而不触犯信赖问题。法院实现了预期的结果（推翻了一个无法接受的先例），而又不损害信赖利益。因此，在法律适应社会变化的同时，确定性和稳定性得以保留。事实上，它是一种"神奇的药物"，可以同时实现稳定和运动。正如废除先前法律之法通常适用于未来，而不具有追溯力那样，推翻以前先例的新司法规则也同样适用。

可以提出几个论据来反对预期推翻。首先，该技术是复杂的。[96] 没有单一的预期推翻体系——而是有几种体系。当事人永远不可能知道法院会选择哪种体系。因此，整个诉讼程序将会被打乱，因为当事人根本不知道如何处理他们的事务。其次，该制度将法官从那些限制其司法裁量的少数束缚中解放出来。判决的追溯性是对过度推翻的一种阻拦。当这一阻拦被推翻之时，人们担心所有的约束都会丧失，体系将充斥着偏离的裁决。[97] 再次，可以说未来的变化与司法过程的性质并不相称。在这个过程中，规则的制定

258

---

〔96〕 See Stone, *supra* note 64, at 663.

〔97〕 See Hart and Sacks, *supra* note 26, ch. 1, at 627; Stone, *supra* n. 64, at 664.

与裁决是相辅相成的，而在未来的变化中，两者则是分离的。[98]
就所有的意图和目的而言，法官变成了一位立法者。这不仅扰乱了
司法过程，而且严重损害了公众对司法机关的期望，从而削弱了公
众的信任。

在这些不同的对立论据中作出决定是困难的。规范性的考量支
持推翻先例的预期性方法。这种方法允许渐进的、自然的发展，同
时保证了规范的一致性。在我看来，机构性考量是中性的。关于司
法过程可能受到干扰的论据并不强，因为法院总是可以在一开始就
警告当事人，他们可以据此开展他们的诉请。关于裁判与立法分离
的论据在我看来也并不严重。预期推翻是在审判的框架内产生的，
如果它适用于诉讼各方——正如我所建议的那样——那么裁判和立
法之间就有了必要的联系。机构间的考量——主要是关于公众对司
法机关的信任——是最有问题的。事实上，如果公众对司法机关的
信任会被预期推翻所削弱，我认为这是一个重要的——而且在我看
来是决定性的——反对诉诸该技术的论据。如果这种机构间的考虑
确实有效，那么在权衡它与规范性考量时，我将优先考虑它。在我
看来，首要的问题是，关于丧失公众信任的主张有哪些优势？

对法院体系可能造成的伤害不能从理论上回答。一切都取决于
特定的社会及其对法官的期望。在美国，公众似乎已经习惯了预期
推翻，并将其视作司法过程的一个组成部分。显然，在这个社会
中，当法院采取预期推翻的技术时，公众的信任并没有受到削弱。
恰恰相反，他们声称，这增加了公众对法院的信任，因为法院会根
除自己的错误，而且是以不损害公众合理期待的方式进行的。然

---

〔98〕　See Cross, *supra* note 84, at 223.

259 而，不同的理论家认为，[99] 英国公众与美国公众不同，他们不准备接受预期推翻的技术。其他人对这一论据提出了异议。

那么，在考虑一个尚未采用先例技术的国家的最高法院未来偏离先例的可能性时，核心要素是该国公众的态度。评估这些是很困难的，因为我们通常没有什么数据，而且这种数据也很难获得。因此，人们必须问，是否值得尝试预期推翻制度，或者这种尝试本身是否过于危险。不同的法官可能有不同的看法。说来说去，在这个阶段，司法裁量是由法官的个性、经验和司法哲学来指导的。我只能表达我自己的观点，我认为，最高法院应该采用其中一种技术来尝试这一制度，首先在明确界定的领域试点——我认为是预期—追溯性的技术。如果这种尝试不成功，最高法院可以放弃它。如果它获得了成功，那么随着时间的推移，它可以拓展到其他领域。在我看来，在我们有了一些经验之前，我们不能表达我们对预期推翻的看法。

十三、结论：在真理与真理之间——稳定为先

我所考虑的问题涉及在哪些情况下，即在有裁量的情况下，推翻先例是合适的。当所有的考量因素都指向同一个方向时，决定就不难了。虽然有裁量权，但考量因素显示一种解决方案比其他解决方案更为可取，可以假设法官会作出相应选择。但在其他时候，各种考量因素会朝不同的方向发展。这时，法官必须权衡不同的考量因素，并问自己，改变带来的好处是否超过了它所造成的伤害。要做到这一点，他必须评估利益的尺度和伤害的程度。例如，他必须问自己，一个更为公正的规则所带来的好处是否超过了挫败期望造

---

[99] See Freeman, *supra* note 81, at 204；Devlin, *supra* note 5, ch. 7, at 12.

成的伤害。在进行这一评估之时，他必须客观地行事。他的直觉必 260
须得到控制。选择必须是理性的。但最终不能否认的是，法官面临
一个司法裁量的问题。他必须自己决定赋予各种考量因素以何种权
重。很自然，法官的观点——基于他的个人经验和司法理念——最
终会使得天平倾斜。而在天平平衡的情况下，最好是坚持遵循先
例。"在真理与真理之间，稳定为先。"[100]

---

　[100]　在奥夫·哈·埃梅克一案判决书中，我曾说过："先前的判例法没有拘束
力。本判决对先前判决的拘束力不是外部要求的结果，也不是强加的'内部亲和力'。
这种拘束力是先前判例法存在的结果，它使先前判例法所选择的备选方案得到重视，
并使其优于先前判例法所拒绝的其他备选方案。当然，可能存在各种考量因素来平衡
诸种情况，导致后一种选择仍然被优先考虑。有可能是被选择的替代方案造成了不可
预见的困难。也有可能是存在倾向于该方案的司法政策考量。但在没有这种考量的情
况下，我的意见是，在真理与真理之间，稳定为先。" See *Ohf Ha ´Emek, supra* note 3,
at 145.

后记:

民主社会中的司法裁量

在一个法律的社会中，统治者是法律而不是人。[1] 这一不言而喻的道理可能会让人得出结论：法治与裁量是不相容的。但我们已否定了这种说法，因为它涉及赋予行政部门[2]和司法部门裁量的权限。法治与政府的裁量权处于法律的框架内（"形式法治"），并且是在限制性标准的基础上行使的（"实质法治"）。立法、行政或司法部门的裁量和法治之间并不存在矛盾。恰恰相反，没有一定程度的裁量，社会就无法最终实现法治。没有裁量的法律最终会产生任意性。因为，主要的问题不是存在司法裁量是否合适，而是在一个渴望法治的民主社会中，这种裁量的适当边界应在何处。

每个社会都接受确定事实方面的司法裁量。问题是，我们是否应该用有关可采性的证据规则来限制这种裁量。以色列的制度要求，在确定事实方面的司法裁量需要符合错综复杂的证据法规定，
其将证据分为可采信的和不可采信的。只有在确定了一项证据的可采性之后，才能确定其分量。

在我看来，这些可采性规则（rules of admissibility）应该逐渐

---

〔1〕 See Dicey, *The Law of the Constitution* 262 (1885); Turpin, *British Government and the Constitution* 46 (1985).

〔2〕 See Davis, *supra* note 3, ch. 1, at 17; Harlow and Rawlings, *Law and Administration* 130 (1984).

被分量规则（rules of weight）所替代。一名专业的法官应该根据证据的证明价值来评估每一项证据，而具有高度证明性的证据不应该因为它没有通过可采性测试而被排除在外，司法过程的目标是揭露真相，如果可信的证据被禁止，这个目标可能会受挫。当然，在这里我们也不能从一个极端跳到另一个极端。适当的法律政策可能会证立排除某些证明性证据是正当的，例如被告的供词并非自由意志的产物。事实上，虽然我们在司法过程中寻找真相，但我们并不准备通过牺牲人的尊严来实现这一目标。给予被告人致命一击可能会获取到真实的供词，但一个民主社会仍可能选择将这样的被告人无罪释放，以避免鼓励针对他和其他类似情况的暴力出现。我们最终关注的是在民主社会查明真相的需求和在同一社会中对维护它认为值得保护的其他价值的坚持之间取得平衡。对这种困境的进一步讨论超出了本书的范围。

现代社会不仅在阐明事实方面承认司法裁量，而且在将法律适用于事实方面也承认司法裁量。当法官适用法律时，司法裁量的适当范围是什么？每个人都同意，一个仅由规则构成的规范体系，在适用规则时不包含授予司法裁量权的内容，这是不灵活也是不可取的，因为它无力处理个别案件所带来的特定困难。为了确保个性化[3]，需要有灵活性[4]，这就要求授予司法裁量权。然而，大家也同意，一个完全由原则、社会目标和标准组成的，赋予司法裁量权的规范体系也是不可取的，因为这样的规范体系可能会损害确定性、统一性和稳定性，并可能会挫败人类对提前筹划行为之根深蒂

---

〔3〕 See Davis, *supra* note 3, ch. 1, at 17.

〔4〕 See Pattenden, *supra* note 23, ch. 1, at 35："裁量的主要优势可以用一个词来概括：灵活性。" See also Pound, "Discretion, Dispensation and Mitigation：The Problem of the Individual Special Case," 35 *N. Y. U. L. Rev.* 925 (1960).

固的需求。

263　　　因此，现代社会在本质上是建立在规则与原则、[5] 先例与裁量混合的基础之上的。[6] 当然，核心问题是解决这两者之间的适当平衡。裁量和不包含裁量的规则间的适当比重是什么？在严格之规则与灵活之原则间长期出现的紧张关系中，平衡点在哪里？[7] 现代立法者的趋势似乎是通过描述原则、社会目标和标准的语言来增加司法裁量。法律的运动是一种钟摆式的运动模式，它在规则和原则之间来回摆动，[8] 后世的法律从规则走向原则。[9] 正如阿蒂亚教授所指出的，[10] 这种转变并不是对原则给予决定性重视的社会性进路的结果。恰恰相反，它源于一种实用性的方法，即为个人寻求正义，并倾向于这种追求，而非单纯维护抽象的规则。有时，它源于立法机关无法或不愿意作出概括性的规定，并选择了最容易的退路——把问题留给裁判。

　　司法裁量并不局限于对事实的确认和对法律的适用。司法裁量也存在于对法律本身的确定。对这种类型的司法裁量进行研究是本书的焦点。这种裁量存在于任何规则、原则、标准方面，无论是制定法还是判例法都是如此。对法律规范的解释总是为司法裁量留有一定的空间。总会有一些难办的案件。虽然有可能制定解释规则以减少裁量需要，但司法裁量是不能完全避免的。有法律的地方，就会有司法裁量。法律的历史也是在不同时期和不同情况下，根据适

---

〔5〕　See Salmond, *supra* notc 62, ch. 9.

〔6〕　Landau, *supra* note 17, ch. 1.

〔7〕　See Fuller, "Reason and Fiat in Case Law," 59 *Harv. L. Rev.* 376 (1946).

〔8〕　See Cohen, *supra* note 17, ch. 8, at 261.

〔9〕　See Dickinson, *supra* note 14, ch. 2, at 1081; Pound, *supra* note 3; Pound, *supra* note 27, ch. 2, at 54.

〔10〕　Atiyah, *supra* note 47, ch. 1.

当的政策考量，扩大或缩小司法裁量的历史。因此，即使是对司法　　264
裁量最为激烈的批评者也不会寻求完全消除它。真正的问题不是应
该或不应该有裁量。真正的问题在于如何划定司法裁量的适当
边界。

　　每个法律体系都有一个规范性结构，为一些争端提供已知的、
明确的解决方案。这些是简单案件和中间案件。这是确保社会生活
有序开展的静态基础，它旨在维持安全和稳定，并允许个人提前计
划他们的行动。然而，这并不是唯一存在的框架。在它旁边还有一
个解决疑难案件的结构。这是一个动态的综合体，确保更新和变
化。这两个结构对每个法律体系都必不可少。[11] 缺少任何一个都
无法存续。[12] 没有变化的稳定就是衰退。没有稳定的变化就是无
政府状态。问题总是涉及这两者之间的恰当关系。[13] 只从这些结
构中的一个角度来看待法律是一个错误。在法律中只看到稳定是错
误的。认为每个问题只有一个合法的解决方案也是不正确的。但
是，在法律中只看到变化也是错误的。认为每个问题都是无边无
涯，没有一个问题只有一个合法结果，也是不正确的。现实要复杂
得多。霍姆斯法官写道，[14] 法律的生命不在于逻辑而在于经验。
事实上，法律的生命似乎是逻辑和经验的结合。法律的生命是复杂
的。稳定和变化是密不可分的。用摩西·兰道法官的话来说，[15]
它们之间存在着"永恒的紧张和不断的更迭"。其目标是借由稳定

---

〔11〕 See Pound, *supra* note 27, ch. 2, at 54.

〔12〕 See Hughes, *supra* note 41, ch. 1, at 414.

〔13〕 See Weiler, *supra* note 119, ch. 1, at 54.

〔14〕 O. W. Holmes, The Common Law 1 (1881)："法律的生命不在于逻辑，而
在于经验。"

〔15〕 Landau, *supra* note 17, ch. 1, at 292.

性实现革新。[16] 用庞德教授的名言来说："法律必须是稳定的，但也不能停滞不前。"[17] 整个法律体系，特别是司法部门，面临的问题是如何达到这一目标。我们该如何解决疑难案件？

265　　　正确进行司法裁量对社会至关重要。正确进行司法裁量对司法机关也同样重要。在疑难案件中，法律和法官都受到了考验。[18] 公众对司法机关的信任是由法官裁量的方式决定的。我试图勾勒出一个由规范性、机构性和机构间因素组成的体系，以帮助法官正确进行司法裁量。我试图将一系列思想提升到理性讨论的范畴，以帮助司法部门形成关于进行司法裁量的司法政策。我方法的核心是假设法官能够制定法律。这就是小范围的立法，即在字里行间里进行立法。法官并不是简单地宣布现行法律是什么。然而，他也不完全参与政策制定。法官的立法与其审判是相辅相成的，当它制定法律的时候，他不是作为一位立法者，而是作为一位法官来进行。

　　立法作为裁判的附属品，其根本问题是所谓的民主问题。如何才能协调司法造法和社会民主的关系问题？司法立法意味着设定政策。它意味着在一种私人权利和另一种私人权利之间作出选择；它意味着在个人权利和公共需求之间采取某种立场；它意味着在公众关注的问题上有发言权。如何进行司法裁量，使其与建立在权力分立基础上的民主社会的要求相一致？这是一个实质问题，而不是形式问题。从形式上看，司法创造的正当性来自立法机关本身。立法

---

〔16〕　See Fuller, *supra* note 7; Pollock, "Judicial Caution and Valour," 45 *Law Q. Rev.* 293, 297 (1929)

〔17〕　庞德指出："因此，所有关于法律的思考都在努力调和稳定的需要和变革的需要这两个相互矛盾的要求。" R. Pound, *Interpretation of Legal History* 1 (1923).

〔18〕　斯通认为："法律本身就在接受审判，就像将要受裁决的案件一样。" See Stone, "The Common Law in the United States," 50 *Harv. L. Rev.* 4, 10 (1936).

是对解释权的一种下放。但司法立法的实质基础是什么？我曾试图
证明，司法创造的力量来自民主制度本身的基本原则。这些原则平
衡了多数人的统治和国家基本价值的统治。法官在进行司法裁量
时，体现了这种平衡，他在社会的民主观念框架之下运行。

　　就我自己而言，我相信这种司法创造将在未来许多场合得到体
现。不耐烦、极端主义、社会差距和贪婪——所有这些都常常带来
对基本价值观的挑战，并努力在权宜之计中找到简单的解决方案。
在所有这些中，社会需要一个忠实于其司法角色的法官。他应该服
从立法，遵循立法的指示，即便他并不同意这些指示。但是，如果
法律不明确、含糊不清或处在开放结构中，法官应该根据基本原则
来解释它，而不是根据社会的短暂情绪理解它；根据国家信仰条
款，因为这些条款在《独立宣言》中有所体现，而不是根据不断变
换的政治力量进行平衡。我真诚地希望，民主社会的人不会发现他
们的法官很天真，在每件事上都只看到安全问题。国家的安全在于
法治。我希望民主社会的人民不会发现他们的法官头脑简单，总是
在基本价值中看到最后的答案。宪法不是自杀的处方。我希望现代
社会会发现它的法官是审慎和理性的，能从各个角度审视每一个问
题；意识到他们的创造性功能，他们会客观地平衡各种利益，中立
地适用基本原则，并寻求在多数人统治和个人基本权利之间达成微
妙的平衡——这种平衡代表了民主政治的真谛。

　　如何实现这种平衡？如何进行司法裁量？对于这些问题，我无
法给出明确的回答。我所能做的就是指出法官应该考量的因素，其
中有些是规范性的，有些是机构性的，有些是机构间的。然而，即
使是这些因素也不能在每个案件中为法官所面临的问题提供唯一的
答案。法律的世界是广阔而博大的。它充满了美丽和智慧。自然，
途中有不止一条路可以走，有不止一种方式可以欣赏它的美，沐浴

266

它的智慧。剩下的就是让我重复摩西·佐莫拉院长的话——他是以色列最高法院的首任院长——他十分重视"法律人的专业精神"[19]，他指出，归根结底，"作为法官，我们必须从我们的法律意识和司法意识中寻求答案"。[20]

---

〔19〕 H. C. 65/51 *Zabutinski v. Weizman*，5 P. D. 801，813，这依赖于法兰克福特法官在"联合反法西斯难民委员会诉麦克格雷斯"（Justice Frankfurterin *Joint Anti-Fascist Refugee Committee v. McGreth* 341 U. S. 123.）一案中的观点。

〔20〕 Ibid.，at 813.

索引 [*]

译后记：
"自由裁量"不自由

　　大家都很熟悉恩吉施的名句，法律适用就是法官将眼光在规范与事实之间来回盼顾的活动。实际上，法律规范与案件事实能够完好对应起来，并不是十分容易。相反，二者之间存在差距或裂缝，反倒是在法律实践中时常出现。正是这种"规范裂缝"，往往能够产生裁量的空间。

　　司法裁量是考验法官能力的试金石。法官掌握得当，便能够灵活地运用法律，得出法律和情理上能站得住脚的好结果。而一旦误用甚至滥用，所产生之危害不堪设想，轻则侵损个人权利，重则带来司法不公和破坏司法权威。

　　司法裁量是法理论中的经典问题，既关系到如何看待法律本身，牵涉法概念层面的内容，又包含如何定位法官角色以及司法职能的问题。如果将法律仅仅看作立法机关的产物，法官只是法律的适用者，否定司法的创造性，那么会得出几乎不需要司法裁量的结论。相比之下，如果打破立法与司法之间的从属关系，承认特定情况下的司法立法，那么必定会在法体系中为裁量创造一片空间。

　　"Discretion"，直译就是"裁量"，泛指公职人员在运用公权力的过程中有灵活判断和选择的空间。在司法领域中，具体表现为法官在个案中对法律的适用有选择的空间。在一些场合下法律解释的方案不止一个，相应的法律适用方案也有多个，此时法官在多个解决方案中进行选择，就是在行使裁量权。裁量本身是一种活动，对于相关主体来说，选择权也可以称为裁量权（discretionary power）。鉴于在裁量之下选择或判断具有较大的自由度，在中文语境中经常会使用"自由裁量"的称谓。

尽管"自由裁量（权）"已经成为一种约定俗成的译法，本书还是倾向于使用"司法裁量"或"司法裁量权"，个别地方还直接使用"裁量"。本书第二部分内容处理的是对司法裁量的限制。在这个意义上，"自由裁量"并不自由，而是有其自身的内在限度。为了避免误解或误导读者，翻译过程中尽量淡化"自由"的色彩。

这本书系统处理了司法裁量的一系列问题，比之于行政法学界对裁量的讨论，这本书更偏重法理和一般理论，探讨的问题更具有基础性。概括来说本书重点处理了这样几点问题：

第一，什么是裁量。巴拉克将裁量界定为一种选择或判断权，如果在法律适用的过程中没有选择或判断空间，那么就不存在司法裁量。更进一步，这种选择必须是一种合法的而不是非法的选择，非法的选择意味着恣意或专断，这根本不是真正的裁量。

第二，司法裁量是否真正存在。对此有不少争议。一种观点认为，法官只是在宣告和适用法律，并无权发展和创造法律，因而司法裁量并不存在。典型地，他批判了德沃金的理论，德沃金主张司法裁判只有一个正确的答案，显然，在这种理论框架下，法官并无选择和裁量的空间。另一种观点认为，司法裁量是客观存在的，它必然出现于司法裁判过程中，法律的适用在一些场合离不开裁量。

第三，裁量的范围有多大。除了那种否定存在裁量的观点，在承认司法裁量存在的前提下，论者们就裁量的范围也有争议。对此主要有无限或绝对裁量论与有限或相对裁量论两种立场。巴拉克反对无限裁量论的观点，认为司法裁量是有限的和相对的，通常主要存在于疑难案件中。有意思的是，在传统疑难案件与简单案件之外，他提出还存在一种中间案件，尽管三者之间的界限并不是完全清晰的，但在简单案件和中间案件中，法律适用不存在根本疑难，并无法官裁量的空间。

第四，为什么会产生司法裁量。这其实涉及的是司法裁量的渊源或来源问题。巴拉克结合普通法和成文法的特殊背景，剖析了法律自身的不确定性、法律可能存在空缺、法律之间的冲突等，导致法官在特定场合必然要行使裁量权。普通法体系本身是在法院判决的基础上建立起来的，法官立法成了司法裁量的一种重要形式。这一点，是大陆法系国家难以相比的。

第五，对司法裁量的限制。这个问题非常重要，司法裁量如果不受到约束，则很可能挣脱理性牢笼，进而导致出现一种专断或恣意的司法。巴拉克聚焦于形式（程序）限制和实质限制。形式限制重点提到了不偏不倚和公平，而实质限制则要求法官把自己作为一个理性人，客观、合理地行使裁量权，合理性构成了限制司法裁量的最重要标准。

最后，在讨论司法裁量限制的基础上，合理性并不是讨论的终点。巴拉克别出心裁地提出了"合理性的区域"（zone of reasonableness），即法官的选择要落在合理性的一个范围内，在该范围内作选择，裁量能够得到初步的证成。当然，这并不意味着只要选择合理性区域内的任何一个选项，裁量就是完全合理的，它还需要结合个案情况，得到进一步的限制，最终使得裁量选择真正符合合理性的要求。

这本书是我和孙嘉奇博士合作翻译完成的，我们对司法裁量和裁量理论有着共同的兴趣。值得一提的是，嘉奇的博士论文将裁量理论与后果主义理论整合在一起研究，尝试构建一种全局式的裁量理论。所以，在这方面，他比我更熟悉司法裁量这个话题。

我承担本书第一至四章的翻译工作，其余部分由嘉奇负责。他比我更勤奋，早在半年之前就已完成了他那部分的翻译，而我以"龟速"缓慢前进，计划赶不上变化，迟迟未能完成，严重拖了出版的后腿。好在，经过几番努力，最终完成了翻译工作。

感谢北京麦读文化有限责任公司的曾健老师，帮助联系版权、策划出版。感谢麦读的靳振国老师，他出色的编辑工作让本书避免了很多错误。感谢我主持的"判例与法治"读书小组的同学们，我们曾一起逐页阅读过本书的英文版，大家的交流、讨论和碰撞，为我们后续翻译打下了坚实基础。此外，我的学生肖毅、袁威伟、索伊拉对本书翻译和校对也提供了重要帮助，在此特别感谢！

最后，尽管我们已经尽了很大努力，但对翻译中难点的理解和处理，难免会出现纰漏，这本身也是译者的一种"裁量"吧！无论如何，我们将这份作业交给读者，还请大家批评指正。

孙海波

2025 年初春
于中国政法大学科研楼

图书在版编目（CIP）数据

司法裁量／（以）阿哈隆·巴拉克著；孙海波，孙
嘉奇译. -- 北京：中国民主法制出版社，2025. 5.
ISBN 978-7-5162-3931-5

Ⅰ. D915. 180. 4

中国国家版本馆 CIP 数据核字第 202505M9F7 号

本书中文简体版经过版权所有人授权北京麦读文化有限责任公司，由中
国民主法制出版社出版出版。
著作权合同登记号 01-2025-2271
本书译自耶鲁大学出版社 1989 年英文版，英文版由亚丁·考夫曼（Yadin
Kaufmann）译自希伯来语。

图书出品人：刘海涛
图书策划：麦 读
责任编辑：陈 曦 贾萌萌
文字编辑：靳振国

书名/司法裁量
作者/[以] 阿哈隆·巴拉克（Aharon Barak）
译者/孙海波 孙嘉奇

出版·发行/中国民主法制出版社
地址/北京市丰台区右安门外玉林里 7 号 （100069）
电话/ （010）63055259（总编室） 63058068 63057714（营销中心）
传真/ （010）63055259
http：//www. npcpub. com
E-mail：mzfz@ npcpub. com
经销/新华书店
开本/32 开 880 毫米×1230 毫米
印张/10. 25 字数/247 千字
版本/2025 年 6 月第 1 版 2025 年 6 月第 1 次印刷
印刷/北京天宇万达印刷有限公司

书号/ISBN 978-7-5162-3931-5
定价/79. 00 元
出版声明/版权所有，侵权必究